Le Coaching
POUR LES NULS

Le Coaching

POUR LES NULS

Jeni Mumford

Le Coaching pour les Nuls
Titre de l'édition américaine : Life Coaching for Dummies
Publié par
Wiley Publishing, Inc.
111 River Street
Hoboken, NJ 07030 – 5774
USA

Première édition :
John Wiley & Sons, Ltd
Chichester
West Sussex
England

Copyright © 2006 Wiley Publishing, Inc.

Pour les Nuls est une marque déposée de Wiley Publishing, Inc.
For Dummies est une marque déposée de Wiley Publishing, Inc.

© Éditions First, 2007 pour l'édition française. Publiée en accord avec Wiley Publishing, Inc.

Tous droits réservés. Toute reproduction, même partielle du contenu, de la couverture ou des icônes, par quelque procédé que ce soit (électronique, photocopie, bande magnétique ou autre) est interdite sans autorisation par écrit des Éditions First.
Le Code de la propriété intellectuelle interdit les copies ou reproductions destinées à une utilisation collective. Toute représentation ou reproduction intégrale ou partielle faite par quelque procédé que ce soit, sans le consentement de l'Auteur ou de ses ayants cause est illicite et constitue une contrefaçon sanctionnée par les articles L335-2 et suivants du Code de la propriété intellectuelle.

ISBN : 978-2-7540-0353-7
Dépôt légal : 2e trimestre 2007

Traduction : Christophe Billon
Correction : Jacqueline Rouzet
Édition : Véronique Marta
Production : Emmanuelle Clément
Mise en page : Stéphane Angot
Imprimé en France par CPI Hérissey à Évreux

Éditions First
60, rue Mazarine
75006 Paris
e-mail : firstinfo@efirst.com
Site internet : www.pourlesnuls.fr

À propos de l'auteur

Coach et animatrice, **Jeni Mumford** applique les techniques de coaching dans ses séances d'accompagnement destinées aux particuliers et aux employés. Avant de prendre la décision de devenir coach, Jeni a passé seize ans au sein du groupe Hays. Elle a eu la chance de pouvoir changer de poste tous les dix-huit mois et d'évoluer dans des domaines tels que le recrutement, les stratégies commerciales, la gestion de projets et le développement personnel. C'est grâce à cette expérience, lui ayant permis de découvrir que l'herbe est toujours verte si vous savez prendre soin de la pelouse, que Jeni a acquis la conviction et s'est forgé l'envie de consacrer son existence à aider les autres à embrasser la vie et le métier de leurs rêves.

Dans son activité professionnelle, Jeni emploie les meilleures techniques de coaching ainsi que la PNL. Animatrice diplômée de Tetramap (modèle holistique de comportement) et de Goal Mapping (technique intelligente permettant d'évaluer les progrès en matière de réalisation d'objectifs et de les exploiter au mieux), elle affiche une immense soif d'apprendre, ce qui bonifie le travail qu'elle fournit auprès de ses clients. Lors de ses violents éclairs de lucidité vis-à-vis de sa personne, Jeni reconnaît qu'elle doit une grande partie de ses compétences à tous les chats qui ont successivement eu la mainmise sur elle et dont elle s'est grandement inspirée pour gérer les moments de bonheur et les aléas de la vie*.

L'une des choses que Jeni préfère dans le métier de coach est ce sentiment de tirer autant voire plus de profit que ses clients des séances qu'elle dirige. Elle ne les remerciera jamais assez de l'honneur qu'ils lui font en lui permettant de les observer passer de la frustration à la plénitude. Franchement, c'est une raison suffisante pour vous donner envie d'écrire un livre sur ce thème.

Vous en saurez plus sur Jeni et son activité en allant sur www.reachforstarfish.com (site en anglais).

---

* Cette philosophie peut se résumer ainsi : jouer, méditer et, en cas de doute, faire une longue sieste au soleil ou sur un lit confortable.

Dédicace

Sans l'amour et les encouragements permanents de mon mari Brian, qui m'a toujours soutenue dans ma démarche visant à trouver un sens à ma vie, ce livre n'aurait jamais vu le jour. Tu n'as jamais cessé de croire en moi, même quand nos chats se sont employés à souligner mes défauts. Je te dédie ce livre ainsi qu'aux chats (qui ne le liront pas, par principe), avec toute mon affection.

Remerciements de l'auteur

Cet ouvrage est une véritable étude de cas personnelle sur la puissance du coaching. Je ressens comme un grand privilège d'avoir réalisé mon rêve de toujours et découvert que votre destin est parfois tout tracé, nul besoin de trop vouloir une chose.

Tout d'abord, merci à l'équipe des éditions Wiley. J'ai rarement pris autant de plaisir à travailler avec des personnes, toutes extrêmement professionnelles. Je suis fière de faire partie de vos auteurs. Un merci tout particulier à Rachel, ma remarquable éditrice, qui sait merveilleusement allier compétence, intelligence, sensibilité et chaleur humaine. À Sam, qui m'a remise sur le droit chemin en début de projet avec délicatesse et en faisant preuve d'un professionnalisme indéniable. À Charlotte, dont l'enthousiasme et l'énergie ont porté cet ouvrage jusque dans les rayons des librairies. Et à Romilla, autre auteur de *Pour les Nuls*, qui a fait naître chez moi l'idée de noircir ces pages, génial modèle que j'ai eu la joie de rencontrer grâce aux hasards de la vie.

Dans la vie, mes proches sont ma première source d'inspiration et j'ai le bonheur qu'ils soient très nombreux à m'encourager. Merci du fond du cœur à maman, à ma famille, et à mes amis qui m'ont tous encouragée à me lancer.

Ce livre vaut pour l'excellence et la pertinence des réactions de mon groupe de lecteurs qui a lu les versions de travail des chapitres, testé les activités présentées et répondu aux interminables listes de questions pertinentes dans l'intérêt de la recherche.

Je suis tout particulièrement reconnaissante à Ali, qui a parfaitement compris le processus créatif et m'a encouragée de manière fort intelligente et avec sagesse lorsque pièges et obstacles me barraient la route. Merci à Pam, Carolyn, Jos, Pennie, Roma, Debbie, Brian C, Liza, Sue, Doug, Paul S pour m'avoir aidée, chacun à votre façon, à toujours penser d'abord au lecteur et à produire le meilleur livre possible en fonction de mes moyens. Quant à mes associés chez *Unlimited Learning*, Carol, Margaret et Anne, vous avez été une source d'inspiration incomparable et avez apporté toute votre bonne humeur. Tim, tu es intervenu en fin de parcours mais, à l'instar de l'incroyable coach que tu es, tu m'as brillamment éclairée de tes lumières dans les derniers instants d'écriture – merci, mon vieux !

Enfin, merci à toutes les personnes enthousiasmantes qui m'ont coachée et à tous mes clients, qui m'ont tant appris. Merci d'avoir partagé en ma compagnie la magie pratique du coaching. Vous savez tous ce que cela signifie et connaissez cette joie qui vous envahit lorsque vous trouvez les bonnes recettes.

Sommaire

Introduction 1
   À propos de ce livre..1
   Les conventions utilisées dans ce livre 2
   Hypothèses gratuites 2
   Comment ce livre est organisé..3
      Première partie : Les bases du coaching personnel.................................3
      Deuxième partie : Votre voyage dans l'univers du coaching personnel ...3
      Troisième partie : Se concentrer sur les composantes de sa vie................3
      Quatrième partie : Vivre une vie harmonieuse à tous points de vue............4
      Cinquième partie : Les dix commandements 4
   Les icônes utilisées dans ce livre..4
   Par où commencer 5

Première partie : Les bases du coaching personnel 7

Chapitre 1 : Qu'est-ce que le coaching personnel ? 9
   Brève définition du coaching personnel 10
   Ce que le coaching personnel n'est pas 11
   Vivre la vie de ses rêves 12
      Se préparer au changement..13
      Présenter son passeport pour le voyage dans l'univers du coaching 15
   Choisir le coaching personnel pour des résultats à long terme 15
   Rencontrer son coach intérieur 17
      Voici votre double personnalité !...17
      Jouir de la bonne opinion de soi 18
      Augmenter le volume sonore de son coach intérieur............................19
      Les conversations lors d'une séance de coaching 20
   Identifier ses priorités actuelles...21

Chapitre 2 : Savoir ce que le coaching peut apporter 25
   Évaluer les bienfaits et les défis du coaching...26
      Atteindre des objectifs 26
      Atteindre un certain équilibre..27
      Trouver un but à sa vie 28
      Changer d'état d'esprit...29
      Évoluer grâce à la prise de conscience de soi 29
      Apprécier le voyage..30

Le Coaching pour les Nuls

    Tenir compte des défis à relever lors d'un coaching 30
  Choisir une méthode de coaching 31
    Trouver le bon coach 32
    Penser au co-coaching 36
    Opter pour l'autocoaching 38
  Se faire une promesse 38
    Faire le point sur ses conditions de vie actuelles 39
    Formuler sa promesse 39

Chapitre 3 : Se préparer au coaching 41

  Se préparer à la séance de coaching 41
  Entamer votre voyage sur les terres du coaching 42
    Avoir une vision d'ensemble 43
    Confectionner son kit de survie 44
    Les étapes du voyage 45
  Connaître sa position sur la carte de la vie 46
  Jalonner sa progression 49
    Utiliser des objectifs intermédiaires pour fêter ses succès 49
    S'envoyer des fleurs 50
    Choisir les personnes qui vous encourageront 51
    Prévoir les échecs et les rechutes 52
    Tenir un journal 53
    Créer des images 54

Deuxième partie : Votre voyage dans l'univers du coaching personnel 57

Chapitre 4 : Afficher son meilleur moi 59

  Faire l'inventaire de ses dons 59
    Dans quels domaines excellez-vous ? 61
    Comment vous y prenez-vous pour faire les choses bien ?
    Dynamiser ses compétences 62
  Identifier ses préférences 65
    Extraverti ou introverti ? 65
    Trouver ses styles de comportement 66
    Adopter de nouveaux comportements 71

Chapitre 5 : Choisir ses croyances 73

  Comprendre le façonnement de la personnalité via les croyances 74
    D'où viennent vos croyances ? 74
    Quelles sont vos croyances ? 76
    Que vous apportent vos croyances ? 77
  Modifier ses croyances 78
    Refaçonner une croyance limitante 79

Aller au plus profond de ses croyances limitantes les plus tenaces 80
Maîtriser ses peurs 82
    Vaincre la peur source de tergiversations 83
    Identifier les peurs qui stimulent et celles qui paralysent 84
    Connaître ses peurs 85
    Minimiser l'importance de ses peurs 87

Chapitre 6 : Découvrir les valeurs qui motivent 89

Naviguer en suivant son propre cap 90
    Lire sa carte personnelle 90
    Connaître ses besoins 92
Avoir une idée claire de ses valeurs 94
    Quelles sont vos valeurs ? 95
    Réfléchir sur ses valeurs 100
Régler les conflits de motivation 101
    Rechercher son choix de cœur 101
    Gérer les changements de priorité 103

Chapitre 7 : Faire le plein de questions pertinentes 105

L'art de poser des questions 105
    Prêter attention aux hésitations 106
    Affronter la confusion 107
    Combattre la frustration 108
Ne tombez pas dans le piège des mauvaises questions ! 108
Se poser les bonnes questions 109
    Descendre dans l'entonnoir 110
    Poser des questions vraiment pertinentes 111
Écouter les réponses 112
    Quand vous ne connaissez pas la réponse 113
    Compter sur les niveaux d'énergie pour trouver les réponses 113

Chapitre 8 : Faire le point sur sa situation actuelle 115

Être lucide 115
    Prendre les bons raccourcis 116
    Trouver un équilibre entre actif et passif 116
    Redéfinir le succès 118
    Se concentrer sur les résultats 121
Exploiter son intuition 123
    Faire confiance à son instinct 123
    Prendre la vie du bon côté 124
    Être concentré et détendu 125
Savoir ce que l'on veut vraiment 126
    Vous n'avez pas besoin d'avoir ce que vous avez toujours eu 127
    Vous créez dès maintenant votre avenir 128
    Visualiser ses objectifs de vie 128
    Placer ses objectifs de vie sur son horizon 129

Chapitre 9 : Explorer les choix existants 131

Passer des problèmes aux solutions 132
    Éviter le jeu du « oui, mais » 132
    Le scénario de l'île déserte 133
Évaluer sa réserve de ressources 135
    Se constituer un réseau de soutien 135
    Accroître sa réserve de ressources 136
Enrichir sa palette d'options 137
    Développer une approche créative 137
    Profiter d'un nombre illimité d'options 139
    Réunir les meilleures conditions 141

Chapitre 10 : Monter un plan d'action efficace 143

Soigner la fixation des objectifs 143
    Mettre en pratique sa théorie 148
    Utiliser le modèle SMARTEN UP pour perdre du poids 149
Ajuster ses options sur ses objectifs 150
    Fixer des jalons sur le parcours 151
    Avancer à petits pas 152
Des stratégies simples pour mettre fin aux tergiversations 153
Garder sa promesse pour soi 154
    Penser comme un héros 154
    Quand la vie n'est plus un long fleuve tranquille 155
    Chasser le mythe de la volonté 156
    Gérer la jalousie d'autrui 156

Troisième partie : Se concentrer sur les composantes de sa vie 159

Chapitre 11 : La carrière et le travail 161

Évaluer ses attitudes vis-à-vis du travail 162
    Jouer son rôle dans différentes situations de travail 162
    Trouver un équilibre entre ses différents rôles 163
Mettre son travail en perspective 165
    Faire un choix délibéré 165
    Évaluer son travail 166
    Procéder à des ajustements au travail 168
Améliorer son travail 169
    Rester concentré 169
    Gérer les situations négatives 172
Trouver le travail de ses rêves 172
    Connaître l'objectif de sa recherche d'emploi 174
    Entrer sur le marché du travail 175
    Utiliser ses réseaux 176

Être reconnu dans son travail 176
    Recevoir des réactions 177
    Promouvoir sa marque personnelle 178
Penser à l'avenir 179

Chapitre 12 : L'argent, la richesse et l'abondance 183

Fixer le rôle de l'argent dans sa vie 184
Être financièrement à l'abri du besoin 185
    Définir ses règles du jeu financières 185
    Préparer sa survie financière 187
Vivre le mode de vie de son choix 188
Évaluer le vrai coût de son mode de vie 189
    S'autoriser à être riche 190
Entretenir un sentiment de richesse et d'abondance 192
Donnez, donnez et donnez 193

Chapitre 13 : Les relations humaines 197

Avoir de bonnes relations 198
    Créer une relation avec soi 198
    Trouver l'âme sœur 200
    Créer et faire durer une relation solide 201
    Décider de mettre un terme à une relation 203
Entretenir les liens familiaux 203
    Fixer des règles de fonctionnement en famille 205
L'amitié : savoir donner et recevoir 205
    Des amis pour la vie 206
    Rester ouvert aux nouvelles amitiés 208
Bâtir des réseaux productifs 208
    Élargir son cercle d'influence 209
    Entrer dans la danse des réseaux 210
    Jouer un rôle dans son univers 211

Chapitre 14 : Le bien-être physique, mental et émotionnel 213

Sélectionner ses objectifs en matière de santé 213
    Définir ses objectifs de santé 214
    Plonger au cœur de sa motivation 215
S'occuper de son corps 217
    Éviter les maladies 217
    Le meilleur carburant pour votre corps 218
    Trouver la forme d'exercice qui convient le mieux 219
    Force, énergie et forme au rendez-vous 221
Prendre soin de son bien-être mental et émotionnel 223
    Gérer ses émotions 223
    Jouer sur les sensations physiques pour modifier ses émotions ... 225
    Développer une résistance mentale 226

Chapitre 15 : Se développer et grandir **229**

L'apprentissage est excellent pour vous 229
    Être à son meilleur niveau 230
    Exploiter la puissance de son cerveau 231
Jouer au jeu de la vie 234
    Tirer parti d'une approche basée sur le jeu 235
    Tirer le meilleur parti de son temps libre 236
Entrer en contact avec sa spiritualité 237
    Qu'est-ce que la spiritualité pour vous ? 238
    Accéder à sa spiritualité 238
    Explorer la spiritualité via le coaching 239

Quatrième partie : Se construire une vie harmonieuse *241*

Chapitre 16 : Trouver son équilibre **243**

Trouver son équilibre 243
    Intégrer dans sa vie la théorie de l'équilibre de Boucle d'or 244
    Vérifier son équilibre énergétique quotidien 246
    Se centrer 249
Retrouver son équilibre 250
    Se prendre en main et gérer son temps 250
    Apprendre à aimer déléguer 252
    Choisir d'abandonner certaines choses 253
    Dire ce que l'on pense 254
Gérer le stress à long terme 255
    Repérer ses signaux d'alarme 255
    Utiliser les techniques du coaching dans des situations stressantes 257

Chapitre 17 : Prendre une décision qui change la vie **259**

Savoir en quoi le stade de la vie influe sur l'attitude face au changement 260
Admettre le besoin de procéder à un changement radical 263
    Passer de la douleur au plaisir 264
    Déceler des indices dans ses émotions 264
    Décider d'afficher son véritable moi 266
Prendre la meilleure décision 267
    Se sortir d'une situation 267
    Fuir une situation 268
    Partir sur des bases solides 269
Changer et assimiler une nouvelle situation 270
    Assumer le changement 270
    Passer à l'étape suivante 271

Sommaire

Chapitre 18 : Utiliser plus souvent les principes du coaching 273
Aller au-delà de l'autocoaching 274
Avez-vous les qualités naturelles du coach ? 274
Développer les habiletés essentielles pour coacher les autres 276
L'art de l'écoute 276
Établir le rapport 278
Faire preuve d'éthique dans l'utilisation des techniques de coaching 281
Développer un rôle de coach dans sa vie 282
Coacher les amis et la famille 282
Apporter le coaching dans votre travail 283

Cinquième partie : Les dix commandements 285

Chapitre 19 : Dix croyances à propos de vous-même 287
Vous êtes unique 288
Votre vie est le terrain d'exploration idéal pour le coaching 288
Votre destin est entre vos mains 289
Vous êtes plein de ressources 290
Vous êtes capable d'obtenir d'excellents résultats 290
Vous pouvez trouver les bonnes solutions pour vous 291
Vous n'avez pas à être jugé 291
Vous pouvez faire des choix pertinents 292
Vous assumez la responsabilité des résultats obtenus 292
Vous faites confiance à vos sens 293

Chapitre 20 : Dix questions pour continuer d'avancer sur la bonne voie ...295
Que ferais-je si je savais l'échec impossible ? 296
Qui est-ce que je deviens ? 296
Que fais-je actuellement pour respecter mes valeurs essentielles ? 297
De quoi est-ce que je me contente ? 298
Qu'est-ce que je donne ? 298
Quel est l'objet de mon attention ? 298
Comment est-ce que j'utilise mes talents ? 299
À quel élément est-ce que je m'accroche alors que je n'en ai plus besoin ? 300
Combien de temps est-ce que je passe avec des personnes qui m'inspirent ? ...300
Quelle chose est-ce que j'améliorerais ? 301

Chapitre 21 : Dix actes quotidiens pour trouver son équilibre 303
Avoir une vision claire des choses 303
Prendre un bon bol de bonheur pour se regonfler le moral 304
Menez une action pleine de délicatesse 304
Imprégnez-vous des mots pleins de sagesse 305

Passez de l'action à la réflexion et vice versa 305
Respirez profondément 306
Échangez un sourire..306
Faites-vous plaisir 307
Étirez-vous 307
Soyez naturel 308

Chapitre 22 : Dix ressources stimulantes 309

Votre vie est un voyage 309
Ayez une vie riche 310
Voyez les choses comme vous souhaitez qu'elles soient....................................310
Chassez vos démons...311
Soyez créatif 311
Améliorez vos talents de jongleur 312
La poésie génère le mouvement 312
On n'est vraiment bien que chez soi...313
Votre vie a un sens 313
Laissez votre coach intérieur entrer dans la danse 314

Annexe : Devenir coach professionnel 315

Les débuts...315
Se vendre 316
Se décider 317

Index..319

Introduction

Il y a quelques années, j'ai abandonné mon poste très prestigieux et lucratif au sein d'une multinationale pour me hasarder, en tant que coach, dans l'univers effrayant des travailleurs indépendants. Nombre de mes collègues que j'avais appris à connaître et à aimer au fil des ans m'ont exprimé tous leurs vœux de réussite et demandé ce que j'*allais faire* exactement. Je leur ai dit : « Eh bien, je pense que ce qui m'intéresse vraiment, c'est d'aider les gens à trouver le bon équilibre, à éprouver du plaisir et à donner un sens à leur vie. »

« Oh, répondaient-ils l'air distrait, ça me plairait bien. » Puis, leur regard se portait de nouveau sur le monticule de documents qui encombrait leur bureau et le téléphone en train de sonner. « Mais, je ne vois pas comment je pourrais lâcher mon boulot. » Et ils souriaient, tendaient le bras pour saisir le combiné et s'adonnaient aux activités qu'ils estimaient savoir faire le mieux. J'ai trouvé leur réponse très intéressante car elle résumait parfaitement les sentiments contre lesquels je me suis battue pendant trois longues années avant de faire enfin le grand saut. J'ai entamé une étroite collaboration avec des personnes d'horizons très différents qui se tournaient vers le coaching pour des raisons très diverses. J'ai découvert que lorsque vous prenez le temps de remettre en cause vos propres hypothèses, de vous pencher sur ce qu'est votre vie et non sur ce qu'elle *devrait* être selon vous ou les autres, tout s'éclaire petit à petit. Vous commencez à trouver un certain équilibre, à vous amuser plus et à donner un sens à votre vie (au fait, pour les fans du film *H2G2 : le guide du voyageur galactique*, la réponse à la vie ne semble pas être 42, quel que soit le caractère apaisant de cette pensée pour ceux d'entre vous en quête de certitudes).

Le coaching s'apparente à l'utilisation d'un moteur de recherche réellement efficace qui vous aide à résoudre vos problèmes existentiels. Technique à nulle autre pareille, le coaching vous donne les mots-clés pour trouver un sens à votre vie. Voilà pourquoi j'ai écrit ce livre, pour que vous puissiez disposer vous aussi de ce pouvoir.

À propos de ce livre

Ce livre a pour objectif de vous livrer les recettes pour parvenir à un meilleur équilibre intérieur et donner du plaisir et un sens à votre vie. Cet ouvrage pourra constituer une source d'inspiration si vous travaillez déjà avec un coach personnel. Les coachs professionnels peuvent conseiller à leurs clients de se servir de ce livre comme d'un coach virtuel entre les séances. Vous y trouverez également des informations sur la façon d'aider les autres en exploitant vos compétences en matière de coaching.

Les conventions utilisées dans ce livre

Vous pouvez pousser un grand ouf de soulagement : ce livre est vierge de tout jargon. Certains ouvrages sur le coaching personnel peuvent provoquer des maux de tête, mais celui-ci vous présente les informations de façon très pratique afin que vous puissiez rapidement et facilement opérer des changements dans votre vie. Les nouveaux termes sont présentés en *italique* et font l'objet d'une définition.

Les rares autres conventions concernent la police de caractère des sites Web et la mise en **gras** des étapes d'une procédure et des éléments clés d'une liste.

Hypothèses gratuites

Je pars du principe, peut-être à tort, que vous êtes dans certaines des situations suivantes :

- Vous avez entendu parler du *coaching personnel* et pensez que derrière ce terme plutôt farfelu se cache quelque chose d'utile et de pratique pour vous.
- Vous fouinez souvent dans les présentoirs psychologie/développement personnel des kiosques à journaux des gares et faites régulièrement des tests à deux balles sur la personnalité et les modes de vie.
- Vous en avez soupé de ces gourous médiatiques qui vous disent avoir découvert le Graal en matière d'accomplissement personnel. Vous estimez en savoir plus qu'eux sur le sujet (à juste titre).
- Vous vous efforcez d'être le meilleur possible mais, parfois, les difficultés que vous rencontrez vous laissent dans un état de frustration.
- Vous aspirez à vous nourrir de conseils pratiques pour rassembler toutes les pièces de votre puzzle de vie, mais vous n'avez pas le temps de participer à des séminaires sur la motivation.

Ce livre s'adresse à tous ceux qui *ont* une vie et souhaitent pleinement la *vivre*.

Comment ce livre est organisé

Cet ouvrage est divisé en cinq parties, chacune couvrant un thème assez large.

Première partie : Les bases du coaching personnel

Cette partie explique en quoi consiste le coaching personnel. Vous y découvrirez pourquoi et comment le coaching personnel fonctionne. Elle vous aidera à décider ce que vous souhaitez tirer du coaching et comment vous préparer au succès.

Deuxième partie : Votre voyage dans l'univers du coaching personnel

Dans la deuxième partie, vous ferez un tour d'horizon rapide de vos *comportements naturels préférés*, des croyances qui vous font avancer ou vous bloquent et des choses qui vous mettent vraiment sur la bonne voie. Vous découvrirez comment constituer votre propre réserve de questions pertinentes sur le coaching afin de vous aider dans votre périple. Les chapitres de cette partie vous encouragent à vous fixer des objectifs et à créer une stratégie solide pour mener à bien votre projet de vie.

Troisième partie : Se concentrer sur les composantes de sa vie

La troisième partie traite les différents éléments les plus importants de votre vie :

- le travail ;
- l'argent ;
- les relations humaines ;
- la santé et le bien-être ;
- le développement personnel.

Les chapitres de cette partie abordent les différentes options qui s'offrent à vous pour relever les défis se présentant au quotidien.

Quatrième partie : Vivre une vie harmonieuse à tous points de vue

Se focaliser sur une chose bien précise peut parfois mettre à mal l'équilibre de tout le système. Dans cette partie, vous étudierez votre point d'équilibre personnel et verrez comment trouver le parfait équilibre dans votre vie.

Vous pourrez également méditer sur la façon d'opérer un bouleversement radical en toute sécurité, si vous estimez qu'un changement s'impose.

Cette partie explore également le rôle que le coaching est susceptible de jouer à l'avenir dans votre univers.

Cinquième partie : Les dix commandements

Vous y trouverez dix croyances essentielles sur vous-même susceptibles d'étayer votre progression, dix questions pertinentes à vous poser pour favoriser votre épanouissement, dix choses à faire chaque jour pour maintenir votre équilibre et dix ressources stimulantes à conserver à portée de main.

Les icônes utilisées dans ce livre

Tous les livres *Pour les Nuls* comprennent des icônes dont l'objectif est d'attirer votre attention sur le contenu de certains paragraphes. Voici celles que vous trouverez dans cet ouvrage :

Cette indication met l'accent sur des activités, amusantes ou plus sérieuses, qui vous aideront à accomplir votre périple dans l'univers du coaching personnel. Partez à la recherche de cette icône si vous adorez faire les tests de personnalité dans les magazines !

J'ai été le témoin de transformations incroyables obtenues grâce au coaching. L'icône Inspiration relate dans le détail des expériences vécues réellement, autant d'indices pour votre cheminement personnel.

Introduction 5

 Cette icône attire votre attention sur un point important à garder à l'esprit, souvent abordé dans un autre chapitre et qui sert à veiller à ce que vous fassiez bien le lien si vous lisez des pages au hasard. (Si vous êtes un adepte de la lecture aléatoire, ne cornez pas les pages ! Bon, d'accord, je n'ai rien dit ! Je vous avais prévenu que j'étais autoritaire.)

 Être son propre coach consiste à trouver soi-même les réponses à ses questions. L'icône Tremplin vous signale un site Web, une ressource ou une activité digne d'intérêt qui peut vous faire franchir une étape supplémentaire dans votre quête de connaissance ou dans votre raisonnement.

 Cette icône signale des conseils pratiques en matière de coaching.

Par où commencer

« Nous sommes tous des individus », comme la foule le répète d'une seule voix dans la comédie des Monty Python, *La Vie de Brian*. Vous n'êtes pas obligé de vivre votre vie ou de lire ce livre de manière conventionnelle. Vous pouvez faire des détours, zigzaguer et vous perdre agréablement à admirer le terrain. Vous pouvez choisir de commencer par le chapitre 1, puis de poursuivre dans l'ordre des chapitres. Mais rien ne vous empêche de vous y plonger au gré de vos envies à partir de n'importe quel endroit.

Vous souhaiterez peut-être aller directement aux Dix commandements et goûter aux croyances du coaching personnel ou simplement choisir un accès au hasard. Quand vous aurez dévoré ce livre, vous pourrez aller sur mon site Web pour découvrir des ressources et des informations complémentaires, ainsi que des surprises (www.reachforstarfish.com, site en anglais).

C'est votre livre, votre choix, votre vie. Tirez-en le meilleur parti.

Première partie
Les bases du coaching personnel

« J'en ai assez que *tout* le monde me manipule. »

Dans cette partie...

De la découverte des composantes du coaching personnel au choix de son application pour votre cas personnel, en passant par la pose des bases de votre succès, les chapitres de cette partie vous indiquent comment exploiter au mieux tout le chemin qui vous reste à parcourir.

Chapitre 1
Qu'est-ce que le coaching personnel ?

Dans ce chapitre :
- Savoir pourquoi le coaching fonctionne
- Rencontrer son coach intérieur
- Accepter le changement
- Définir ses priorités dans la vie

Les gens disent beaucoup d'âneries sur le coaching personnel. La qualité des émissions de télévision, des magazines et des articles de presse sur le coaching personnel est très disparate, de contenus pertinents et stimulants à des discours trompeurs et carrément dangereux. Le véritable coaching personnel ne met pas en scène un gourou qui vous dit comment vivre votre vie. Vous pouvez bien sûr être tenté de vous blottir sous l'aile rassurante d'un « expert » capable de rendre votre vie meilleure, de corriger vos goûts vestimentaires, de gommer vos défauts physiques et de faire disparaître votre angoisse existentielle. Mais ces remèdes ne sont trop souvent que d'élégants pansements. Les changements ne durent pas sauf ceux venant du plus profond de vous-même. Le véritable coaching personnel vous permet de faire appel à votre gourou intérieur, à tout moment, où que vous soyez, avec ou sans le soutien d'un congénère.

Ce chapitre vous explique comment la magie du coaching peut opérer pour vous, vous aider à gérer les changements intervenant dans votre vie, pas seulement sur le moment, mais également tout au long de votre parcours et au gré de l'évolution de vos priorités.

Brève définition du coaching p

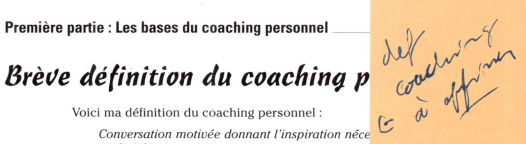

Voici ma définition du coaching personnel :

Conversation motivée donnant l'inspiration néce souhaitée.

Vous avez sans arrêt des conversations (à moins que vous ne soyez un ermite habitant dans une grotte). Vos conversations sont soit des bavardages pour passer le temps et entretenir de bons rapports avec autrui, soit des discussions aux objectifs précis au cours desquelles vous clarifiez des pensées, vous résolvez des problèmes, vous parvenez à des accords et vous vous engagez à prendre des mesures.

Le coaching personnel emploie également le dialogue pour vous mettre sur les bons rails. Lorsque vous vous lancez dans une conversation motivée avec votre coach, qu'il s'agisse d'un professionnel qualifié ou de cette partie de *vous-même* qui *joue* le rôle de coach, vous coupez court à tous les bavardages inutiles et allez à l'essentiel. Vous pouvez par exemple répondre aux questions suivantes :

- Pourquoi agissez-vous d'une certaine manière ?
- Quelles sont les croyances à propos de vous-même qui vous empêchent de prendre certaines mesures ?
- Quels choix s'offrent vraiment à vous ?
- Comment procéder pour obtenir des résultats appropriés ?
- Comment garder sa motivation ?

Vous ressortez des séances de coaching revigoré, inspiré et prêt à agir.

Le coaching personnel peut vous aider à formuler les questions conduisant à des réponses adaptées à votre cas, ce qui est largement préférable à l'appropriation des réponses données par une tierce personne. Nombreux sont les ouvrages à affirmer pouvoir vous guider vers la formule magique du bonheur, du succès et de l'épanouissement. Le livre que vous avez entre les mains est un peu différent. Je vais vous guider vers la source de votre *propre* formule magique. Les réponses ne sont pas « là-bas quelque part », vous les avez déjà en vous et le coaching personnel vous montre comment et où les trouver.

Ce que le coaching personnel n'est pas

Dans sa forme la plus pure, le coaching personnel est une technique qui utilise des questions profondes afin de faciliter votre propre recherche des réponses. Il peut cependant faire appel et fonctionner parallèlement à d'autres approches similaires. Cette section fait le tour des divergences entre le coaching et les techniques apparentées.

Voici certaines caractéristiques *ne correspondant pas* au coaching personnel :

- **Le coaching n'est pas une consultation psychologique ni une thérapie.** Généralement, un problème est à la base de la démarche consistant à solliciter une consultation ou une thérapie. Même si de nombreuses thérapies sont profondément ancrées dans l'action immédiate et orientées vers la prise d'initiatives pour aller de l'avant, elles se concentrent plus sur la compréhension et l'acceptation des dysfonctionnements afin d'avancer dans la vie. Dans le cas du coaching, on a plutôt tendance à partir du principe que vous êtes suffisamment solide et en bonne santé pour relever les défis du coaching.

- **Le coaching n'est pas du mentorat.** Le recours à un mentor est un excellent moyen d'œuvrer à son développement personnel. Vous trouvez quelqu'un qui a plus d'expérience que vous ou dont la réflexion est plus avancée dans un ou plusieurs domaines (compétences, connaissances, prise de conscience) et vous vous façonnez en prenant ce qu'il y a de meilleur chez lui. Un mentor transmet certaines idées, libre à vous ensuite de les adopter ou non. Un mentor peut également vous aider à puiser dans vos ressources intérieures, mais le mentorat tend à façonner votre potentiel de manière informelle.

- **L'autocoaching peut déboucher sur la décision de vous trouver un mentor dont vous vous inspirerez.** Il peut s'agir d'un collègue de travail capable de transmettre des opinions dans un contexte professionnel très précis. Mais ce peut également être une personne que vous respectez pour son attitude générale, quelqu'un qui n'a pas son pareil pour nouer des relations positives solides ou qui respire toujours la sérénité et l'équilibre. Vous pouvez collaborer étroitement avec un mentor ou simplement observer un modèle capable de relever les défis de la vie et faire vôtre son style.

- **Le coaching ne consiste pas à donner des conseils.** Un coach ne vous donne pas de conseils. Il peut évoquer et suggérer des choix, mais sa vertu première est de faciliter vos propres processus de pensée. Ce livre vous propose des principes pratiques qui permettront à votre coach intérieur de s'exprimer en toute liberté. Lorsque vous faites de l'autocoaching, écoutez la voix de votre coach intérieur mais sans vous réprimander.

Un coach *non directif* est quelqu'un qui évite d'intervenir et de donner des conseils. Lorsque vous êtes votre propre coach, faites toujours en sorte de prendre les choses calmement et objectivement, en vous basant sur vos souhaits et besoins réels.

Le chapitre 2 vous donne des conseils sur le choix d'un coach professionnel adapté, excellent moyen de vérifier les résultats du coaching non directif avant de l'essayer par vous-même.

Vivre la vie de ses rêves

John Lennon a écrit : « La vie, c'est le truc qui passe pendant qu'on multiplie les projets. » Je parie que vous êtes souvent trop occupé pour prendre le temps de savourer les fruits de votre travail ou la vie tout simplement.

Votre bonheur repose sur un équilibre fragile :

- ✔ **Exécuter les tâches et assumer chaque jour vos responsabilités.** Ces tâches sont des choses qui contribuent à l'harmonie de votre vie (votre travail, lave-vitrines, tondre la pelouse et remplir le lave-vaisselle). La liste des choses « à faire » englobe également les grandes choses que vous accomplissez (courir un marathon ou parfaire une éducation).

- ✔ **Avoir ce que vous aimez dans votre vie.** Ces « choses » peuvent être matériels, tels qu'une maison, une voiture de sport ou des chaussures fabriquée par un créateur. Mais, il peut s'agir d'éléments immatériels tels que la sécurité, la santé ou l'amour.

- ✔ **Être et intégrer les expériences tirées de tout ce vous faites et avez.** Il s'agit de savoir qui vous êtes, être bien dans votre peau et, lors des moments de calme (peut-être rares) où vous avez l'impression d'être la bonne personne, au bon endroit et au bon moment.

Quand ces trois aspects de votre personne cohabitent en toute harmonie, tout roule dans votre vie.

Le coaching personnel ne transforme pas votre vie en un périple multivitaminé sur des montagnes russes, à moins que ce ne soit vraiment ce que vous recherchez. Découvrir ses talents uniques et véritables priorités aide beaucoup à chasser ce qui vous empêche de faire et d'avoir des choses et d'être la personne que vous aspirez vraiment à devenir. Le coaching personnel vous fournit ce soupçon de magie qui peut transformer votre vie au-delà de vos espoirs les plus fous car ces rêves sont ancrés dans votre réalité idéale.

Chapitre 1 : Qu'est-ce que le coaching personnel ?

Se préparer au changement

Vous avez peut-être acheté ce livre car vous en avez vraiment assez de votre vie actuelle ou vous avez le sentiment persistant de pouvoir acquérir le potentiel nécessaire pour postuler à un bonheur et à un épanouissement supérieurs. Vous êtes bien entendu prêt pour le changement. Après tout, vous ne souhaitez pas que votre vie reste figée, ce qui implique des changements, n'est-ce pas ?

Peut-être. Penchez-vous bien sur la question. Les résultats obtenus grâce au coaching sont largement conditionnés par votre degré de préparation au changement et votre volonté de changer. Le désir ressenti ne signifie pas forcément que vous êtes prêt à opérer ce changement.

La plupart des résolutions formulées en début d'année ne se traduisent pas dans les faits car votre degré de préparation n'est pas à la hauteur des objectifs fixés. À moins d'avoir sérieusement étudié les options qui s'offrent à vous et bien préparé le terrain, il est possible que votre louable résolution de perdre 10 kilos, d'arrêter de fumer ou de trouver l'homme ou la femme de vos rêves perde de sa force bien avant la fin janvier. Si cela vous arrive, ce n'est pas le signe que vous allez mal, vous ne vous êtes tout simplement pas préparé à tenir la promesse faite à vous-même.

Voici les étapes à respecter pour opérer efficacement un changement :

1. **Extirpez-vous des Marais du Déni de la réalité.** Si vous avez acheté ce livre, vous ne refusez probablement pas de prendre en compte l'aspect de votre vie que vous souhaitez changer. Le coaching vous permettra peut-être de découvrir que vous résistez obstinément à la modification d'un autre volet de votre vie. Le déni est une phase délicate, en particulier parce qu'il est difficile de l'identifier. Vous devez en repérer les indices dans votre façon de communiquer avec les autres. Vous mettez-vous sur la défensive lorsqu'on vous fait remarquer que vous fumez, buvez ou travaillez trop ? Si la réponse est oui, vous êtes peut-être dans une phase de déni. Celle-ci peut durer le temps qu'il vous faudra pour percevoir la nécessité de changer, mais ce livre, et plus particulièrement le chapitre 5, peut vous aider à vous débarrasser plus rapidement du déni.

2. **Scrutez le Plateau des Projets.** Une fois ressorti des Marais du Déni, vous ne pouvez pas procéder aux changements avec précipitation, même si beaucoup de gens adoptent cette attitude lorsque la nécessité de changer un comportement ou un élément de leur vie provoque un déclic suffisamment fort. On tient généralement à bien étudier l'idée du changement. Vous commencerez peut-être à admettre, sans forcément ébruiter la chose, que vous êtes un peu accro au travail et vous vous promettrez de rétablir un jour l'équilibre entre votre vie personnelle

et votre vie professionnelle. Vous étudiez les choix qui s'offrent à vous et mettez dans la balance votre désir de changer et les obstacles qui vous empêchent de passer à l'action. Ce livre peut vraiment vous aider à parcourir un bon bout de chemin sur le Plateau des Projets. Une fois vos intentions avouées à des personnes de confiance, vous êtes prêt à passer à la prochaine étape. Pour en savoir plus sur l'étude des options qui s'offrent à vous, rendez-vous au chapitre 9.

3. **Rassemblez votre Matériel de Préparation.** Étudiez votre plan d'action. Comment changer votre vie ? De quels outils avez-vous besoin ? Qui peut vous aider ? Pas besoin de rester trop longtemps sur ce camp de base. Tout planifier sans rien entreprendre équivaut à passer à l'action sans rien planifier. Ce n'est pas le résultat que vous souhaitez ! La préparation doit vous convenir, qu'il s'agisse de vider la maison de toute trace de chocolat si vous avez décidé de perdre du poids ou de mettre sur pied un plan très complet avec toutes sortes de fantaisies. La démarche du coaching consistant à étudier tous les choix s'offrant à vous est essentielle pour pointer tous les éléments nécessaires à la mise en œuvre du changement. Vous trouverez des conseils en matière de planification au chapitre 10.

4. **Grimpez le Mont Action.** Vous êtes fin prêt à passer à l'action ! Parfaitement préparé et équipé, vous ressentez une force intérieure extraordinaire. Vous appréciez tous les bienfaits de l'accomplissement des trois premières étapes car votre force, votre volonté et votre détermination augmentent à mesure que vous progressez vers votre objectif. Notez ce qui se produit en route et attendez-vous également à devoir franchir certains obstacles afin d'aller de l'avant. Reportez-vous aux troisième et quatrième parties pour constater comment les actions entreprises peuvent avoir des répercussions sur différents domaines de votre vie.

5. **Brandissez le Drapeau de la Consolidation.** Pour installer solidement vos changements, vous devez savoir les inscrire sur la durée. Vous reviendrez peut-être de temps en temps sur un stade antérieur du changement (le Plateau des Projets par exemple). C'est une étape normale de la consolidation. Considérez cette rechute comme un moyen d'intégrer pleinement et à long terme les changements dans votre vie. Le coaching est une merveilleuse technique permettant de renforcer et de renouveler la promesse de changement que vous vous êtes faite et pas seulement dans les situations faciles.

Présenter son passeport pour le voyage dans l'univers du coaching

Vous avez déjà tout ce qu'il vous faut pour démarrer le processus consistant à changer de vie. Vous disposez déjà des talents que vous allez découvrir lors de votre périple sur les terres du coaching mais vous ne les avez peut-être pas identifiés. Ces talents sont de trois sortes :

- ✔ **Vous êtes unique et personne d'autre que vous n'a ce magnifique potentiel qui est le vôtre pour créer la vie dont vous rêvez.** Réfléchissez à ce dont vous avez besoin pour vivre une vie pleine et entière.

  Afin de rendre service aux autres, pensez d'abord à vous, sans pour autant faire preuve d'égoïsme.

- ✔ **Vos ressources sont inépuisables.** Vous n'avez pas encore atteint vos limites. Contrôlez votre vie et vous obtiendrez des résultats encore meilleurs.

- ✔ **Vous avez toujours le choix.** Même quand vous avez l'impression d'être pris au piège par les circonstances, vous pouvez assumer la responsabilité de votre propre attitude face à ces obstacles. Vous pouvez vous fier à vos sens et exploiter les éléments qui vous aideront à faire de futurs bons choix.

Le chapitre 19 vous donne des sources d'inspiration supplémentaires à travers d'autres croyances sur le coaching personnel.

Choisir le coaching personnel pour des résultats à long terme

Vous trouverez toutes sortes de réponses à vos interrogations grâce au coaching personnel. Vous pouvez suivre une formation qui vous inculquera des conseils pratiques, lire un formidable livre qui vous fournira de l'inspiration, parler avec des amis éclairés qui sauront vous orienter, trouver un modèle capable de donner un coup de fouet à votre motivation. Ces options sont très efficaces mais comportent des défauts. Pour que ces stratégies fonctionnent réellement, vous devez faire deux choses :

1. Vous approprier ces options, cette inspiration, cette orientation et cette motivation.

2. Vous engager ensuite à mettre en œuvre votre plan d'action, même en cas de fléchissement de votre motivation.

Première partie : Les bases du coaching personnel

Soyez franc. Combien de fois vous est-il arrivé de vous engager à changer quelque chose et de vous apercevoir, plus ou moins longtemps après, que vous aviez abandonné le projet ou que la méthode choisie était difficile à mettre en œuvre ? C'est face à ce type de résolutions chancelantes qu'entre en scène le coaching, dans un souci de renforcement des promesses faites.

Le coaching personnel vous apporte vraiment toute l'inspiration, la motivation et les options dont vous avez besoin. Lors d'une séance de coaching (avec un professionnel ou seul), à la fin d'une conversation ou d'une activité, vous disposez d'un plan d'action qui vous enthousiasme vraiment et que vous avez hâte de mettre en œuvre (voir chapitre 2). Le coaching personnel vous aide constamment à trouver les bonnes solutions car il vous permet d'éliminer les croyances limitantes sur ce que vous êtes capable de faire.

Bref historique du coaching personnel

Le coaching existe depuis très, très longtemps. Les dialogues de Platon de la Grèce du IVe siècle avant Jésus-Christ comprennent assurément de nombreux éléments que l'on retrouve dans le coaching : vérifier des hypothèses, explorer des idées, arriver à comprendre le monde réel.

Le coaching moderne doit beaucoup aux entraîneurs des sports américains. Regardez l'entraîneur de base-ball qui encourage son équipe, donne des conseils et motive ses joueurs.

Cela fait dix ans que le succès du coaching grandit dans le milieu professionnel. Le travail des coachs y est très comparable à celui des entraîneurs sportifs. Il consiste à encourager la performance, favoriser les résultats, créer des compétences et susciter des vocations.

Le coaching personnel est plus récent et intéresse de plus en plus le monde du travail et les particuliers. Si vous êtes cadre d'entreprise, vous allez peut-être retrouver dans ce livre les idées que vous appliquez étonnamment facilement au bureau. Nombre d'entreprises admettent que si le personnel est heureux, la productivité augmente. Les cadres supérieurs travaillent parfois avec un coach qui les aide non seulement à atteindre l'excellence, mais prend également en compte l'aspect personnel (équilibre entre vie personnelle et vie professionnelle, accomplissement).

Mon site Web vous éclaire sur les différents types de coachs que vous êtes susceptible de rencontrer si vous décidez de faire appel à un professionnel (www.reachforstarfish.com, site en anglais).

Rencontrer son coach intérieur

Votre coach intérieur peut vous aider à aller de l'avant. Vous le connaissez peut-être déjà, mais je pense que vous ne lui accordez pas le respect qu'il mérite car vous avez passé bien trop de temps à écouter les pleurnicheries de votre critique intérieur. Eh bien, l'heure est venue de changer les choses et de laisser votre coach intérieur entrer en scène ! Vous pouvez commencer par essayer de mieux comprendre ces deux caractéristiques de votre personnalité.

Voici votre double personnalité !

Votre critique intérieur adore parler et vous avertir des conséquences terribles de tous vos actes. Il évoque votre passé et vous rappelle uniquement les choses qui n'ont pas été : votre échec à un examen, un rendez-vous manqué avec l'amour de votre vie et votre licenciement. Votre critique intérieur essaie d'éliminer tout problème de votre présent et de votre avenir en vous enveloppant d'un coton et en vous persuadant d'agir le moins possible pour éviter de faire des erreurs. Néanmoins, toutes les conversations négatives que vous avez avec votre critique intérieur vous mettent le moral à zéro et vous oppressent au lieu de vous fournir la chaleur et le confort auxquels vous pourriez vous attendre, entouré de ce coton. Pire encore, votre critique intérieur est vraiment prêt à utiliser des tactiques vicieuses pour vous empêcher de vivre les rêves dangereux pour vous-même. Il déforme et adapte la réalité pour ne se concentrer que sur ce que vous estimez *ne pas pouvoir* faire ou être. Votre critique intérieur n'a pas peur de dire ce qu'il pense, que vous n'êtes pas assez bon, trop gros ou trop bête.

La bonne nouvelle, c'est que vous disposez également d'un coach intérieur qui vous encourage à persévérer et fête vos progrès. Il vous parle depuis votre avenir. Cette partie de vous-même sait comment les choses se passent et s'empresse de vous dire que tout va bien se passer ! Votre vie est certes semée d'embûches et vous vivez même des périodes très difficiles lors desquelles vous vous sentez profondément malheureux et frustré, mais votre coach intérieur se retourne sur votre vie et voit tout le positif à fêter : amusement, développement, amour et bonheur. Même ce que vous considériez comme des catastrophes s'avère être des bénédictions déguisées. Par exemple, votre licenciement vous a permis de changer complètement d'orientation et de découvrir ainsi votre véritable vocation. Et, quelle chance que l'amour de votre vie ait refusé l'invitation que vous lui aviez lancée car cela vous a ensuite permis de rencontrer votre *véritable* moitié que vous ne trouviez pas du tout intéressante à l'époque !

La mission de votre coach intérieur est de vous encourager à vous forger un avenir radieux en agissant de manière positive à l'instant présent. Votre coach intérieur veut vous dire que vous pouvez avoir confiance en vous car tout ira bien tant que vous serez positif. Vous pouvez trouver comment gérer les faux pas et, au lieu d'être malheureux et oppressé, vous pouvez vous sentir libre et plein d'énergie, respirer l'air frais et attendre avec impatience votre prochaine aventure.

Vous n'entendez peut-être pas très souvent la voix de votre coach intérieur car elle est surclassée par celle, stridente et omniprésente, de votre critique intérieur. Et, quand vous y parvenez, votre critique intérieur s'empresse de cataloguer le point de vue en question d'irréaliste ou même de vous accuser de vous apitoyer sur votre sort.

Le critique intérieur n'a pas son pareil pour nous convaincre que l'inquiétude, le cynisme et le doute sont la seule voie à suivre et que l'optimisme et la confiance en soi sont illusoires. Les deux voix viennent de vous et les deux perspectives ont de la valeur, toutes proportions gardées. Parfois, votre critique intérieur soulève quelque chose d'utile dont vous devez vraiment tenir compte. (Le critique intérieur s'appuie souvent sur une part de réalité afin de donner naissance par la ruse à un dialogue susceptible de bien vous culpabiliser.)

Il se peut même que vous ne soupçonniez pas l'existence de votre coach intérieur. Vous laissez peut-être votre critique intérieur fonctionner sur pilote automatique, votre coach intérieur n'ayant alors jamais la possibilité de prendre les commandes. Votre vie peut grandement s'améliorer si vous inversez les rôles, votre coach intérieur devenant le commandant de bord et votre critique intérieur ayant un rôle de soutien que vous surveillez très attentivement !

Jouir de la bonne opinion de soi

Votre coach intérieur, à l'instar du coach professionnel si vous vous décidez à vous payer ses services, vous soutient de différentes manières :

- il vous encourage à vous fixer des objectifs difficiles et stimulants en phase avec vos valeurs ;
- il est persuadé que vous pouvez réussir ;
- il attend que vous donniez le meilleur de vous-même et sait que vous pouvez y parvenir ;
- il explore à vos côtés les choix qui s'offrent à vous ;
- il vous aide à prendre des mesures adaptées à votre cas ;
- il vous fait aller de l'avant ;

Chapitre 1 : Qu'est-ce que le coaching personnel ?

- ✔ il fête vos succès ;
- ✔ il se réjouit des résultats positifs que vous obtenez.

Par contre, votre critique intérieur cherche à faire exactement l'inverse et se délecte de vos épisodes d'autosabotage et de cantonnement dans des schémas qui ne vont nulle part.

Qui avez-vous intérêt à écouter ?

Augmenter le volume sonore de son coach intérieur

Lorsque vous vous lancez dans un dialogue avec votre coach intérieur, la première mesure consiste à faire en sorte que sa voix soit plus forte et claire pour se démarquer de tout ce bruit blanc généré par votre critique intérieur. Essayez l'activité suivante :

1. **Prenez 15 minutes et installez-vous dans un endroit où vous ne serez pas dérangé.** Laissez votre esprit vagabonder pendant quelques instants, par exemple en portant votre attention sur une chose vécue dernièrement, un projet professionnel ou une conversation avec un ami ou un proche.

2. **Commencez à écouter les voix qui vous parviennent.** Entendez-vous la voix de votre critique intérieur ? Quelle est sa tonalité ? Que dit-elle ? Quelle est la part de négatif dans ce qu'elle raconte ? Entendez-vous beaucoup de « tu devrais » ou « il faut que » ? Est-elle sarcastique, moqueuse, stridente, vache ? Ou est-elle plutôt triste, déprimée, empreinte de lassitude ou de découragement ? Ou d'un genre complètement différent ?

3. **Maintenant, imaginez une voix complètement à l'opposé.** À quoi ressemble-t-elle ? Que dit-elle ? S'agit-il d'une voix connue que vous adorez ou complètement inconnue ? Si vous augmentez son volume sonore, comment vous sentez-vous ? Votre critique intérieur se plaint-il ? Si oui, laissez-la disparaître et se dégonfler d'elle-même et continuez d'augmenter le volume sonore de la voix de votre coach intérieur. Quelles sont les nouvelles perspectives qui s'offrent alors à vous ? Quels sont vos sentiments ?

4. **Faites souvent cet exercice.** Quinze minutes par jour pendant quelque temps peuvent très vite vous permettre de vous accorder sur les interventions de votre coach intérieur.

Quand Jo s'est mise au coaching, elle a découvert que les séances d'écriture dans son journal intime étaient ce qui lui permettait le mieux de retrouver la voix de son coach intérieur. Cela contribuait également à dompter son critique intérieur. Lorsqu'elle sentait que ce dernier était sur le point de lancer une attaque, elle s'interrompait et prenait quelques instants pour écrire ce qu'elle ressentait. Le discours dingue et méchant de son critique intérieur semblait souvent ridicule une fois couché sur le papier. Dans les 5 ou 10 minutes suivantes, elle commençait à écrire les idées que lui soufflait son coach intérieur. Elle disait que le fait d'écrire son dialogue intérieur constituait une sorte de méditation qui lui permettait de se remettre dans le bain toute revigorée et regonflée à bloc.

Les conversations lors d'une séance de coaching

Si vous vous offrez les services d'un coach professionnel, les conversations que vous aurez avec lui présenteront certaines caractéristiques, que vous pouvez appliquer à votre autocoaching. Voici ces traits particuliers qui rendent une conversation si empreinte de détermination :

- ✔ L'accent est mis sur ce que vous souhaitez retirer de cette conversation. Votre coach intérieur vous encourage à fixer un objectif précis pour la séance : par exemple, « Avant la fin du moment de recueillement que je m'offre, je souhaite avoir éclairci et parfaitement compris ma croyance limitante envers mes capacités de vendeur. »

- ✔ Votre coach intérieur vous pose de nombreuses questions pertinentes qui vous font analyser en profondeur ce qui se passe et ce qui est important. Il s'agira peut-être de questions qui ne vous sont jamais venues à l'esprit ou que vous n'avez jamais osé vous poser.

- ✔ La conversation aboutit à pas mal d'éclaircissements. La communication est parfois une bête retorse et un bon coach n'est jamais trop consciencieux. Votre coach intérieur écoute la voix du critique intérieur et remarque les fois où vous vous laissez aller à prononcer les mots « devrais, pourrais, faudrait que » car ceux-ci sont le signe que vous ne *voulez* pas vraiment faire quelque chose et que vous estimez plutôt qu'il *faudrait* que vous la fassiez !

- ✔ Une conversation de coaching implique un appel marqué à l'action, mais cela ne signifie pas pour autant que vous avez identifié un plan bien ficelé. L'action peut prendre la forme de l'étude d'options supplémentaires, de l'approfondissement des recherches, voire d'une meilleure réflexion concernant le problème à résoudre. Mais l'appel à l'action lancé par votre coach intérieur favorise la prise de mesures et une certaine réflexion.

> ✔ L'accent est mis sur ce qui est à l'ordre du jour de votre vie. Si vous décidez que votre priorité première est de perfectionner votre swing de golf, ce sera donc votre préoccupation jusqu'à ce que vous décidiez de passer à autre chose. Mais le coaching ayant tendance à mettre en lumière les connexions ou absences de connexion dans votre vie, vous serez susceptible de modifier assez souvent votre programme, quand d'autres priorités prendront le dessus.

Identifier ses priorités actuelles

Savoir comment commencer à appliquer les techniques de coaching peut sembler difficile. Vous sentez parfois très bien qu'il vous faut mettre l'accent sur un pan particulier de votre vie, votre carrière par exemple. À d'autres moments, vous avez l'impression que votre vie en général a besoin d'être remaniée ou de bénéficier d'une nouvelle dynamique.

Cette section vous permet de vous pencher vraiment sur l'aspect de votre vie susceptible de récolter les bienfaits immédiats et substantiels de l'application des techniques de coaching. Vous pourrez revenir consulter de temps en temps cette section pour bénéficier d'une piqûre de rappel, car, une chose est sûre, vos priorités changent avec le temps et c'est tout à fait normal.

Compartimenter sa vie peut sembler simpliste. Votre vie est pleine de connexions et de conséquences, vous ne déplacez pas vraiment votre attention entièrement de votre carrière à vos problèmes d'argent, puis à votre vie amoureuse tout au long de la journée, même si votre agenda indique que vous travaillez de 8 heures à 18 heures, avec un rendez-vous à déjeuner avec votre comptable et une soirée en famille. Tous les domaines de votre vie s'immiscent les uns dans les autres et se complètent. Cependant, en matière de coaching, il est utile de compartimenter les différents domaines pour une meilleure précision lorsque vous opérez des changements et prenez des mesures. Vous pouvez ensuite penser à l'impact de ces changements sur les autres domaines de votre vie.

Trouver ce qui est réellement important pour vous (vos principales valeurs dans la vie) est un excellent point d'entrée dans l'univers du coaching car cela peut mettre en évidence les thèmes courants ou les choses bien précises qui sont détraquées. Pour en savoir plus sur la façon d'identifier vos valeurs clés, reportez-vous au chapitre 6.

L'activité suivante va vous aider à identifier la priorité majeure que vous souhaitez aborder dans vos séances de coaching personnel si vous ne l'avez pas déjà fait.

Première partie : Les bases du coaching personnel

1. **Indiquez dans la deuxième colonne (A) du tableau 1.1 l'importance de chaque facteur à vos yeux.** Trois coches signifient que le facteur est très important, deux coches qu'il est moyennement important et une coche qu'il n'est pas très important.

Tableau 1.1 : Identifier les domaines à aborder lors des séances de coaching

	A. Le degré d'importance pour moi	**B. La satisfaction retirée actuellement**
Carrière		
J'aime mon travail et j'en retire de la satisfaction		
Je suis reconnu dans mon travail		
Mon travail me permet d'évoluer sur le plan personnel		
Argent		
Je suis à l'abri des soucis financiers		
J'ai l'argent qu'il faut pour mener le style de vie souhaité		
J'épargne pour l'avenir		
Relations humaines		
J'apprécie les relations familiales harmonieuses		
J'ai des amis intimes sur lesquels je peux compter		
J'ai de bonnes relations sociales		
Santé et bien-être		
Je prends soin de ma santé afin d'éviter les maladies		
Je suis en bonne santé, robuste, souple et plein d'énergie		
Je suis émotionnellement et mentalement résistant		

	A. Le degré d'importance pour moi	B. La satisfaction retirée actuellement
Apprentissage et développement		
Ma vie est suffisamment amusante et divertissante		
J'apprends et je grandis en permanence		
J'ai un but dans la vie		

2. **Cherchez les domaines constituant des priorités pour vous (le cas échéant).** Vous découvrirez peut-être avec surprise qu'un ou deux domaines ne présentent pas trois coches, ni même deux. Tous les facteurs ont peut-être trois coches, mais vous avez le sentiment que certaines coches ont plus d'importance que d'autres. Ne vous inquiétez pas, c'est naturel. Mais, le moment venu, sachez quels sont les facteurs qui vous donnent le plus de force.

3. **Analysez chaque affirmation en vous référant à votre degré de satisfaction actuel.** Placez trois coches dans la troisième colonne (B) si vous êtes très satisfait, deux si vous êtes moyennement satisfait et une si vous n'êtes pas très satisfait.

4. **Consultez vos résultats et voyez combien de « trois coches » vous avez.** Bravo, si vous avez six coches (l'addition des deux colonnes) pour certains domaines. Cela signifie qu'un aspect très important de votre vie vous satisfait pleinement.

    Affichez-vous un haut niveau de satisfaction pour un domaine peu important pour vous ? Pas de problème, mais vous devriez peut-être rétablir un peu l'équilibre et porter plus votre attention sur des aspects auxquels vous accordez une priorité plus grande. Mais cela peut aussi vouloir dire qu'il vous arrive une chose géniale que vous considérez comme allant de soi.

    Repérez les domaines avec un degré de satisfaction de deux coches. Il s'agit de domaines plus prioritaires si vous utilisez des techniques de coaching pour améliorer votre vie.

Vous trouverez des éléments pratiques dans la troisième partie de cet ouvrage, qui se penche sur les différents domaines de la vie. Si cette activité vous a permis de déceler un déséquilibre dans votre vie, allez directement au chapitre 15. Le chapitre 16 peut vous aider si la précédente activité a révélé un important besoin de changement qui vous effraie un peu.

Identifier précisément les priorités

Lauren a renseigné le tableau 1.1, avec des résultats surprenants. Elle pensait que sa vie professionnelle était la priorité numéro un et s'attendait donc à un fossé conséquent entre l'importance et la satisfaction. Chose étonnante, seul un domaine traduisait un manque : sa perception de la reconnaissance des efforts qu'elle fournit. Lauren a découvert que cet aspect, primordial pour elle, ne la satisfaisait pas du tout, bien qu'elle ait attribué trois coches pour l'amour de son travail et son potentiel de développement personnel. Avant d'analyser sa vie professionnelle à l'aide du tableau, elle aurait eu tendance à dire que tous les aspects de sa vie professionnelle la mécontentaient. Le manque de reconnaissance ressenti affectait sa perception positive des autres aspects et était lié à certaines croyances négatives à propos d'elle-même : « Pour que j'aie l'impression de faire du bon travail, il faut qu'on me le dise tous les jours. »

Le coaching a aidé Lauren à accepter que les avis extérieurs puissent changer et ne correspondent pas toujours à la réalité de la qualité de son travail. Elle pouvait contrôler la reconnaissance qu'elle s'accordait et le coaching lui a permis d'en tirer une plus grande satisfaction. Il en a résulté la capacité de demander plus ouvertement l'avis des autres grâce à une plus grande confiance en soi.

Lauren a mis deux coches pour le domaine de la famille et cela l'a interloquée. Elle s'était toujours considérée comme très *famille*. Au fil des ans, la famille était devenue moins importante pour elle que ses amis et même que ses relations plus lointaines. Lauren était très satisfaite des liens qui l'unissaient à ses parents et à ses frères et sœurs. Elle a commencé à se demander si elle souhaitait se pencher sur la diminution de l'importance accordée à sa famille. Celle-ci a su lui consacrer du temps mais, en retour, les moments passés avec ses parents et ses frères et sœurs étaient devenus plus rares. Lauren a ainsi découvert qu'il était impérieux de résoudre ce problème.

Les mesures à prendre s'inscrivaient donc dans l'ordre de priorité suivant :

- étudier et modifier ses croyances négatives à propos de sa place au bureau ;
- améliorer la communication avec sa famille ;
- être reconnue au travail à travers les réactions de ses collègues.

Chapitre 2

Savoir ce que le coaching peut apporter

Dans ce chapitre :
- Connaître les bienfaits du coaching
- Choisir un coach
- Faire une promesse

Ce qu'il y a de plus surprenant avec le coaching personnel, c'est que vous n'avez pas besoin de connaître dès le début les problèmes à résoudre ou les choses à améliorer dans votre vie pour que la magie opère. Il est certain qu'avoir un but bien précis en tête (par exemple, être en bonne santé) ou au moins une idée du domaine à améliorer facilite le processus de coaching. Mais rien ne vous empêche également de vous servir du coaching pour identifier ce sentiment vague et persistant d'insatisfaction qui vous habite et les changements à opérer dans votre vie afin de retrouver énergie et entrain. En fait, avoir un objectif constamment à l'esprit vous empêche parfois d'apprécier les nombreux bienfaits de la démarche. J'ai découvert que de nombreux clients possédant l'objectif extrêmement précis de changer des choses dans un domaine ont ensuite réalisé que le problème en question n'en était pas un ou était en fait accessoire. Par conséquent, si le fait de ne pas savoir exactement ce qui ne va pas dans votre vie ou ce qui pourrait aller mieux vous inquiète, tranquillisez-vous ! Le coaching personnel est le moyen idéal pour observer ce qui se passe réellement dans votre vie.

Le coaching est une merveilleuse technique qui vous apporte bien plus que ce que vous aviez entrepris d'acquérir. Alors, adoptez une ouverture d'esprit totale, cela vous aidera à apprécier les bonnes choses dont vous régalera le coaching le moment venu. Le coaching personnel vous montre à quel point votre vie est empreinte d'une grande logique. Vous avez peut-être pour objectif d'améliorer votre confiance au travail. Mais, au bout du compte, il y a de fortes chances pour que vous découvriez de nouvelles méthodes pour améliorer également vos relations avec les autres. Admettons que vous vous penchiez de près sur les difficultés que vous éprouvez à rester en bonne santé. Vous découvrirez peut-être de nouvelles sources de motivation qui amélioreront vos performances au bureau et favoriseront peut-être une promotion.

Les idées présentées dans ce chapitre peuvent vous aider à percevoir les principaux avantages du coaching et vous permettre ainsi d'entamer votre périple avec un objectif en tête et aussi de vous préparer à faire face à certaines conséquences induites par le processus d'accompagnement. Vous pourrez donc définir le meilleur moyen d'aborder le coaching et vous préparer à l'engagement que vous êtes sur le point de prendre concernant votre vie.

Évaluer les bienfaits et les défis du coaching

Le coaching donne toujours des résultats, mais pas toujours identiques. Vous tirerez mieux parti du processus si vous connaissez exactement vos attentes. Les résultats peuvent être très concrets et visibles (un nouvel emploi ou une taille plus mince) ou peuvent se traduire par un changement dans la façon de penser ou de vous comporter qui vous rendra plus heureux au quotidien. Le bienfait le plus notable du coaching est l'apport d'une plus grande conscience de soi et d'une paix intérieure plus marquée vis-à-vis des choix de vie effectués. Faites le tour des bienfaits suivants et définissez vos priorités les concernant.

Essayer d'atteindre ses objectifs est une grande source de plaisir.

Atteindre des objectifs

Le coaching fonctionne très bien lors de la phase d'identification et de poursuite des objectifs. Vous attendez peut-être du coaching un ou des résultats concrets bien précis :

- changer de travail ou embrasser une nouvelle carrière ;
- monter votre propre affaire ;
- améliorer une relation ;
- être en bonne santé ;
- arrêter de fumer ;
- vous enrichir ;
- améliorer votre confiance en vous.

Chapitre 2 : Savoir ce que le coaching peut apporter

Vous pourriez enrichir cette liste à l'infini. Le coaching peut vous permettre de vous attaquer à tout élément tangible que vous désirez changer ou améliorer. Si votre liste d'objectifs est très fournie, définissez des ordres de priorité car il est impossible de les remplir tous en même temps. Le coaching peut également vous aider à fixer ces priorités. Ce que vous considérez comme un problème essentiel à résoudre peut vous apparaître moins vital une fois mis en lumière par le coaching.

La troisième partie de cet ouvrage vous aidera à choisir les objectifs précis à atteindre dans des domaines bien ciblés de votre vie :

- carrière ;
- argent ;
- relations ;
- santé ;
- développement personnel.

L'activité suivante va vous aider à vous concentrer sur les bienfaits du coaching dont vous souhaitez bénéficier.

Pensez à des résultats d'ordre général que vous espérez obtenir grâce au coaching :

- Quels sont mes objectifs ?
- Comment est-ce que je juge l'équilibre de ma vie ?
- Est-ce que je suis déterminé. Si non, y a-t-il dans ma vie un domaine essentiel pour moi ?
- Est-ce que mes modèles de pensée et de comportement sont des obstacles ?
- M'arrive-t-il souvent de me remettre en cause et de juger mes actes sans faire mon autocritique ?
- Est-ce qu'il m'arrive d'apprécier l'instant présent ?

Une fois certaines réponses apportées, même imprécises, demandez-vous quels sont les thèmes les plus importants pour vous. Si vous vous attardiez sur ces thèmes, quels avantages pourriez-vous en tirer ? Quels sont les défis qu'il vous reste à relever ?

Atteindre un certain équilibre

Votre vie vous satisfait peut-être complètement. Vous ne manquez peut-être de rien, à part de temps ! Le coaching peut vous aider à découvrir l'équilibre qu'il vous faut et à mettre en place une stratégie pour le retrouver lorsque tout va à vau-l'eau, à trouver des moyens de vivre votre vie et de gérer vos ressources plus efficacement ou à fixer vos véritables priorités et délaisser l'accessoire.

Le chapitre 15 aborde les problèmes d'équilibre et fournit un outil de diagnostic très simple qui vous permettra d'évaluer, à n'importe quel moment, le point d'équilibre de votre vie.

Trouver un but à sa vie

Vous avez peut-être déjà atteint tous vos objectifs et êtes parvenu à trouver l'équilibre entre le temps dont vous disposez et vos ressources. Cependant, il peut encore demeurer dans votre esprit un sentiment persistant de malaise ou un manque. Vous vous sentez peut-être frustré, certes pas malheureux mais pas non plus plein de vie.

Si cette description ressemble à ce que vous ressentez, vous êtes probablement en quête d'un but dans votre vie. Le coaching est un excellent moyen de rechercher vos talents uniques et de savoir comment vous pouvez apporter votre pierre à l'édifice qu'est notre monde actuel. Le coaching personnel peut être le point de départ d'un voyage spirituel ou vous aider à identifier et à protéger le travail ou l'activité qui vous fait vibrer. Souvent, cette quête de sens et de buts est le signe que votre vie subit un bouleversement d'orientation ou structurel, même si, parfois, les changements sont plus subtils et complètement imbriqués dans votre mode de vie.

Par exemple, le coaching a permis à Sally de se rendre compte que son métier de consultant en informatique ne la satisfaisait pas. Elle a donc démissionné de son poste et s'est consacrée totalement à sa passion : la photographie de paysages. Sa conviction d'avoir trouvé sa voie lui a permis de tenir le coup pendant les quelques années de vaches maigres avant de se faire une clientèle régulière.

Pour Peter, la recherche d'un but à donner à sa vie l'a immédiatement orienté vers sa famille et son désir d'être un bon père pour ses deux jeunes enfants. Ce changement d'orientation a été relativement facile à intégrer dans sa vie.

Le chapitre 16 étudie les méthodes servant à gérer les périodes de bouleversement générées par ces changements d'orientation.

Changer d'état d'esprit

Vous vous êtes peut-être tourné vers le coaching car vous avez découvert que votre mode de pensée ou comportement ne vous rendait pas heureux. Vous avez peut-être obtenu des résultats qui semblent fantastiques, mais vous êtes malgré tout malheureux car vous avez tendance à vous montrer trop dur envers vous-même et à sous-estimer tous vos succès. Il se peut également que vous ayez opté pour des comportements qui fonctionnent bien mais vous mettent mal à l'aise par certains aspects.

J'ai rencontré un génie de la vente, toujours à présenter les meilleurs chiffres, qui m'a avoué qu'il était profondément malheureux car le seul moyen qui lui permettait de réussir était de considérer ses collègues comme des adversaires, de profiter de leur bon caractère afin de toujours décrocher la vente. Il a admis que non seulement cette stratégie l'attristait, mais qu'elle le forçait également à ne pas rester longtemps en poste au même endroit car il se sentait toujours obligé de trouver de nouvelles victimes.

Le coaching fonctionne si vous partez du principe que vous pouvez obtenir des résultats aussi bons, voire meilleurs, en optant pour des approches en accord avec ce qui est vraiment important pour vous. Les consultations psychologiques ou les thérapies conviennent parfois mieux pour traiter certains modes de pensée et de comportement profondément ancrés en vous, mais le coaching est souvent la méthode la plus efficace pour mettre en lumière des pensées ou comportements néfastes et élaborer une stratégie visant à les remplacer par des approches plus salutaires.

La deuxième partie de ce livre renferme beaucoup d'informations sur la façon de procéder pour modifier votre vision de vous-même et de la vie et aller de l'avant en positivant plus volontiers.

Évoluer grâce à la prise de conscience de soi

Le coaching vous donne l'occasion de grandir en ayant plus conscience de votre personne. Considérez-vous comme un oignon comportant une multitude de couches qu'il faut retirer (je sais, l'analogie n'est pas très flatteuse !). Quand vous les détachez, vous révélez votre vrai moi, jusqu'à ce que vous compreniez complètement qui vous êtes et ce dont vous êtes capable. Pour certaines personnes, cela revient à se redécouvrir. C'est comme si vous faisiez un long voyage plein de nouvelles expériences, puis vous reveniez chez vous enrichi de tout ce que vous avez vécu. Votre maison n'a pas changé, mais vous la voyez d'un œil neuf à cause de toutes les choses que vous avez vues, faites et apprises.

Tout au long de ce livre, vous allez découvrir comment le coaching vous permet de vous approprier la nouvelle signification des choses les plus importantes pour vous.

Apprécier le voyage

Le coaching allie l'obtention de résultats désirés à l'application des mesures nécessaires pour y parvenir. Parfois, les seuls objectifs ne parviennent pas à vous rendre heureux. Vous est-il déjà arrivé de faire beaucoup d'efforts pour obtenir quelque chose et de vous apercevoir que la récompense au bout de la démarche ne vous satisfaisait pas autant que vous l'espériez ? Souvent, le *défi* représenté par l'accomplissement de l'objectif vous donne plein d'énergie car vous exploitez tout votre potentiel. La joie éprouvée en franchissant chaque ligne d'arrivée durera plus longtemps si vous vous investissez pleinement dans chaque étape du processus. Vous pouvez devenir accro au coaching car la procédure de fixation et d'accomplissement de vos objectifs, exécutée d'une manière sensée, porte pleinement ses fruits lorsque vous constatez tout ce dont vous êtes capable. Les excellents résultats deviennent alors un merveilleux bonus !

Trouver un moyen pertinent d'atteindre votre objectif est surtout capital s'il s'agit d'« abandonner » une mauvaise habitude. La personne étant parvenue à arrêter de fumer (grâce à un plan respecté avec détermination consistant à devenir une personne en meilleure santé) qui utilise les économies ainsi réalisées pour se payer un abonnement dans un club de sport aura apprécié l'accomplissement du défi *et* le respect de l'objectif fixé. Mais, si vous ne remplacez pas la cigarette par une distraction positive, vous allez passer votre temps à ruminer l'abandon de votre grand plaisir. Accomplir un voyage sur les terres du coaching avec réalisme signifie avoir pleinement conscience de tous les efforts à consentir pour atteindre son objectif et apprécier la démarche y menant.

Ce livre vise à combler de façon pertinente vos espérances en matière de coaching et à vous préparer à vivre les hauts et les bas jalonnant le parcours vers votre nouveau moi.

Tenir compte des défis à relever lors d'un coaching

Le coaching ne génère pas que des impressions positives sur le moment. À l'instar de tous les processus de développement personnel, il faut vous attendre à fournir beaucoup d'efforts et à vivre des moments de frustration et de déception. Votre objectif est peut-être de mettre fin à une habitude confortable ou de faire face à des choses difficiles concernant votre personnalité et vos choix. Ne considérez pas ces défis comme déprimants. Le parcours vaut la peine d'être accompli si vous vous penchez sur les aspects positifs. Avoir conscience qu'il n'y a pas de roses sans épines aide à garder les pieds sur terre.

Choisir une méthode de coaching

Cette section va vous aider à choisir entre différentes méthodes : faire un appel à un coach professionnel, trouver une personne qui sera votre coach et vous le sien (co-coaching) ou entreprendre un autocoaching. Il n'existe pas qu'une seule « bonne » méthode. Votre choix repose sur de nombreux critères, dont vos préférences en matière de développement personnel.

Travailler avec un coach professionnel au début de votre aventure dans l'univers du coaching est une bonne idée. Ensuite, vous pourrez retourner le voir de temps en temps quand vous aurez besoin de soutien.

La profession de coach est un vrai métier et le coaching vaut la peine d'y consacrer du temps et de l'argent. Consulter pendant une période un coach qualifié portera ses fruits, surtout si vous aspirez à changer d'état d'esprit, à trouver un certain équilibre ou à donner un sens et un but à votre vie. Ces questions peuvent s'avérer trop complexes pour que vous les traitiez seul. Faire appel à un professionnel vous aidera à bâtir des principes que vous pourrez appliquer lors de vos séances d'autocoaching ou de co-coaching.

Si vous avez déjà une expérience du coaching (au travail par exemple) ou acquis des connaissances (via cet ouvrage ou d'autres ressources), le co-coaching ou l'autocoaching peuvent être parfaitement appropriés, surtout si votre objectif est très précis (être en bonne santé ou gérer votre temps).

Rester vigilant

Même si le problème abordé semble simple, le processus de coaching peut soulever des questions plus complexes. Si vous avez opté pour le co-coaching ou l'autocoaching, faites preuve de beaucoup de vigilance afin de vous offrir ou d'offrir à votre co-coach le meilleur soutien possible. Prenez garde aux signaux d'alerte révélant que vous perdez pied : malaise, absence de progrès ou émotions négatives extrêmes. N'oubliez pas qu'il existe des recoupements entre le coaching et les différentes thérapies existantes. Au début, il n'est pas toujours facile de savoir si un problème sera mieux traité par un spécialiste autre qu'un coach. C'est dans ces situations que la sollicitation d'un coach qualifié offre une protection plus grande que l'autocoaching.

Trouver le bon coach

Au Royaume-Uni, cela fait seulement quelques années que le coaching personnel existe sous son format actuel. La mise en place des structures professionnelles est en cours et prend un peu de temps. Actuellement, la profession de coach est globalement dépourvue de réglementation, ce qui signifie que n'importe qui peut s'autoproclamer coach et pratiquer le tarif horaire de son choix, en fonction de la tendance du marché. Il n'existe pas de programme d'étude référence permettant d'obtenir une qualification en coaching personnel. Rien n'empêche quelqu'un de concevoir et de proposer un programme de formation au métier de coach.

Cependant, un certain nombre d'excellentes entreprises et d'instituts de formation s'efforcent de proposer des programmes de qualité, et des organismes professionnels sérieux font tout pour formaliser des pratiques d'excellence. L'annexe passe en revue les qualifications et les programmes de formation au coaching personnel.

En France, face à l'absence de réglementation, des associations ont vu le jour. Elles essaient d'instaurer une certaine déontologie, notamment à travers la création de labels de qualité.

Vous trouverez de plus amples informations sur le choix de formations sur mon site Web (www.reachforstarfish.com, site en anglais).

Sachez qu'une minorité d'individus exercent le métier de coach sans avoir les compétences, l'expérience et la formation adéquates. Cette section vous aide à poser les bonnes questions, de façon à être certain de ne pas confier votre sort à une personne susceptible de s'avérer incapable d'œuvrer dans votre intérêt.

Des panneaux d'affichage au bouche-à-oreille

Comment trouver un coach ? Si vous voulez être en forme, vous pouvez commencer par vous rendre dans un club de sport, consulter votre médecin ou même vous rendre dans un magasin de diététique pour voir s'ils disposent d'une liste de coachs que vous pourriez contacter.

Si votre objectif est plus général ou encore flou, une recherche sur Internet avec les mots-clés « coaching personnel » constituera un bon début. Retenez que souvent, les séances de coaching se font par téléphone. Ainsi, à moins que vous ne souhaitiez des séances en présentiel, le lieu ne saurait être un obstacle à la mise en place d'une collaboration avec un coach.

Le bouche-à-oreille est une bonne méthode pour trouver un coach qui vous convient car vous avez l'assurance qu'il a déjà fait de l'excellent travail avec une personne que vous connaissez.

Fixer les modalités lors de la première séance

Souvent, la première séance chez un coach est gratuite et dure de 30 à 60 minutes. Elle vous permet de savoir ce que le coaching implique et de vous rendre compte si le courant passe bien entre vous deux. (Si le coach estime que ses compétences et son style ne conviennent pas à votre cas, il se peut qu'il vous recommande un collègue, un associé ou un autre spécialiste.)

Un coach digne de ce nom vous exposera clairement les modalités de votre collaboration dès le début et les confirmera par écrit. Des tarifs à l'heure sont généralement pratiqués. Ils varient selon que les séances se déroulent par téléphone ou en présentiel. Les séances par téléphone présentent l'avantage d'être pratiques pour les deux parties et souvent plus rentables. Vous faites l'économie des frais de déplacement du coach et ce dernier perd moins de temps. Le tarif indiqué par le coach n'inclut généralement pas le prix de la communication téléphonique (car, en principe, c'est vous qui l'appelez), mais il doit vous expliquer tout cela dès le début (certains coachs proposent des tarifs « tout compris »).

Le coaching coûte souvent un peu plus cher que les séances chez un thérapeute (consultation psychologique-thérapie), les tarifs pratiqués par les coachs de renom pouvant avoisiner ceux des conseillers en affaires. Les gammes de prix varient considérablement d'un praticien à l'autre (entre 80 € et 230 € l'heure). Les coachs encore en formation pratiquent parfois des tarifs moindres que ceux cités précédemment, et les coachs très expérimentés prennent parfois bien plus. Comparez les prix et parlez à plusieurs coachs afin de faire le meilleur choix en fonction de vos besoins et de votre budget.

Nombre de coachs proposent divers programmes comprenant un certain nombre de séances. Leur objectif est de fixer des objectifs réalistes bien précis. Vous savez ainsi toujours là où vous allez et ce qu'il vous en coûtera. Par exemple, vous pouvez commencer par un programme sur douze semaines comprenant entre neuf et douze séances. Votre coach peut également vous proposer un programme découverte de deux à quatre séances. La plupart des coachs sont très souples et étudient avec vous, à la fin de la première consultation, l'option susceptible de vous convenir le mieux. En la matière, il n'existe pas de configuration idéale.

Votre coach peut également vous demander de signer un contrat. En général, il est conseillé de ne pas travailler trop longtemps avec un seul coach. Qu'entend-on par trop longtemps ? Eh bien, cela dépend de vous et de ce que vous tirez de la relation avec le coach. Mais, en général, faites un bilan tous les deux à quatre mois. Si vous voyez le même coach pendant un an, voire plus, sans interruption, vous pourriez devenir trop à l'aise et la relation entretenue pourrait devenir insuffisamment stimulante. L'un des objectifs du coaching étant de vous rendre autonome et de vous apprendre à pratiquer l'autocoaching, la plupart des coachs font régulièrement le point avec leurs clients. Le coaching est une expérience si fantastique que beaucoup de personnes sont tentées de poursuivre l'aventure plus longtemps que nécessaire. Les deux parties doivent veiller à ce que la collaboration produise des bénéfices tangibles.

Tout contrat signé avec un coach professionnel prévoit des frais d'annulation (si vous loupez des séances et les annulez à la dernière minute, cela signifie que votre engagement envers vous-même n'est pas total). Mais prenez garde aux offres non remboursables. Vous devez avoir le droit de mettre fin à la collaboration à tout moment. Ne choisissez que les coachs dont les règles de fonctionnement sont clairement définies.

Les qualifications

De nombreux coachs sont certifiés ou agréés, ce qui ne garantit en rien leurs compétences, tout dépendant du sérieux de l'organisme délivrant ces sésames. Par ailleurs, bon nombre de coachs doivent leur qualification à une grande expérience de la pratique du coaching ou possèdent des qualifications dans d'autres domaines tels que la programmation neurolinguistique (PNL) ou la psychothérapie, des qualifications plus générales en ressources humaines ou en formation, ou une certification pour faire passer et analyser des tests psychométriques. Demandez à votre coach quelles sont ses qualifications et veillez à ce qu'il explique bien pourquoi et en quoi celles-ci sont adaptées au travail qu'il fournit en général et à vos attentes personnelles du coaching. Un coach qualifié et expérimenté possède un large éventail de compétences et d'expertises qu'il actualise en permanence afin d'exercer son métier de manière optimale.

Si la qualification de votre coach vous est inconnue, demandez l'adresse du site Web ou du siège social de l'organisme ou du centre de formation qui la délivre et faites une brève recherche pour vérifier les éléments qu'elle comprend. Il n'y a rien de bizarre à demander à voir des copies du certificat en question.

Si elle n'est pas toujours le facteur le plus important à contrôler, la qualification donne une bonne idée de l'intégrité du professionnel et traduit son engagement. Un coach qualifié et actif dans son milieu professionnel connaîtra probablement tous les principes récents recommandés. Si le coach que vous envisagez de solliciter ne possède aucune qualification officielle, vous pourriez lui demander les raisons pour lesquelles il est autodidacte et la voie qu'il a suivie pour disposer d'une formation et d'une expérience solides. Il vous dira peut-être qu'il appartient à une association qui le supervise. La *supervision* signifie qu'il est soutenu par un coach plus expérimenté et/ou qualifié qui veille à ce qu'il respecte les pratiques exemplaires en vigueur dans ce secteur d'activité.

N'écartez pas un coach juste parce qu'il lui manque une qualification. Nombre d'excellents professionnels ne possèdent pas de qualification officielle mais énormément d'expérience en matière de coaching personnel et professionnel. Ce vécu et leurs qualités naturelles les rendent parfaitement aptes à entamer une collaboration avec vous.

L'expérience

Demandez au coach que vous avez sélectionné la nature des travaux réalisés et les résultats obtenus. La plupart des coachs installés possèdent des témoignages favorables de la part de leurs clients passés et actuels et vous pouvez demander à les consulter. Libre à vous également de demander si vous pouvez parler à un, deux ou trois clients afin d'en savoir plus sur les méthodes, le style et l'approche du coach. (Ce n'est pas toujours possible pour des raisons de confidentialité de l'identité des clients.)

Les domaines de spécialité

Le coaching personnel diffère du coaching d'entreprise. Les coachs habitués à l'univers professionnel se concentrent parfois exclusivement sur la performance dans le travail. Bien que cette approche englobe très souvent des aspects de développement personnel, ce n'est pas l'objectif premier du coaching personnel. Sondez votre coach potentiel pour savoir s'il est spécialisé dans le coaching d'entreprise ou le coaching personnel. Si vous recherchez un coach qui travaille essentiellement dans le milieu des entreprises, veillez à recueillir des témoignages le concernant et à parler à certains de ses clients.

L'approche

Le coaching *non directif* est l'approche qui vous donnera les meilleurs résultats. Le coach vous permet de trouver vous-même les réponses et ne vous impose jamais ses solutions. Il utilise son savoir-faire pour vous aider à réfléchir à vos problèmes et idées. Il lui arrive de suggérer des choix et d'en parler avec vous, mais il ne vous recommandera jamais une méthode infaillible car, en matière de coaching, il n'existe pas de « recette miracle ». Si vous optez pour un coach directif, vous obtiendrez des résultats moins en adéquation avec vos besoins.

 L'approche non directive se caractérise par de nombreuses questions ouvertes, une écoute active et de nombreuses idées et suggestions de la part du coach. Ce type de coaching fait également appel à des techniques très spécifiques visant à ce que vous vous focalisiez au maximum sur vos décisions, avec une notion de défi et de stimulation permanente. Le style directif semble parfois produire des résultats plus rapidement mais les solutions peuvent s'avérer moins efficaces. Sur le long terme, c'est donc rarement l'approche idéale.

La meilleure association coach-coaché

Un coach compétent sait entretenir le rapport avec un large éventail de clients aux profils différents. Lors de votre première consultation, vous avez la possibilité d'évaluer le style de votre coach potentiel et de voir s'il correspond à vos besoins et à vos goûts.

Posez-vous les questions suivantes :

- Est-ce que je me sens à l'aise avec cette personne ?
- Cette personne agira-t-elle pleinement dans mon intérêt ?
- Ai-je confiance en ses capacités ?
- Est-ce que je me sens défié ?
- Est-ce que je me sens soutenu ?
- Est-ce que je me sens encouragé et inspiré pour agir ?

Ne pas se précipiter

Réservez-vous plusieurs options en parlant à deux ou trois coachs potentiels avant de vous décider. Concrètement, cela vous aide à vérifier si les prix indiqués sont dans la moyenne pratiquée. Passer en revue plusieurs coachs vous permet surtout de mettre toutes les chances de votre côté et de trouver celui susceptible de répondre le mieux à vos besoins. Au gré de votre périple dans l'univers du coaching, vous aurez peut-être besoin de changer de style, selon votre situation à l'instant T et les défis à relever dans votre vie.

Penser au co-coaching

Le co-coaching est un excellent moyen d'avoir un échantillon de l'objectivité reçue lorsque vous travaillez avec un coach professionnel, chose impossible avec l'autocoaching. Le principe est de former une équipe avec des gens de même sensibilité et de changer de rôle avec eux. Votre groupe peut se limiter à deux personnes, l'une de vous jouant le rôle du coach lors d'une séance et celui du coaché lors de la suivante. Vous pouvez également fonctionner à trois, avec un observateur. Libre à vous également d'appliquer les principes du coaching en petit comité, en choisissant un thème d'intérêt commun (retrouver la forme, par exemple).

Le co-coaching peut contribuer à trouver la motivation et à instaurer une certaine dynamique. C'est une partie de la philosophie des centres d'amaigrissement. Vous y partagez des expériences et des idées et les participants vous soutiennent.

À moins que vous ne soyez un coach qualifié et chevronné, le co-coaching présente certaines limites. Il faut assez longtemps pour bien développer les qualités d'empathie et d'objectivité, et le risque est de verser rapidement dans la compassion et les conseils. (Le co-coaching familial ou entre amis peut s'avérer une mauvaise idée s'ils ne peuvent s'empêcher de remettre votre vie sur les bons rails !)

Dans votre pratique du co-coaching, vous pouvez utiliser et adapter toutes les idées exposées dans ce livre.

Voici quelques conseils très simples pour constituer un groupe de co-coaching :

- **Ayez bien à l'esprit que l'objectif du co-coaching est de se soutenir mutuellement afin de trouver les bonnes solutions, sans porter de jugement.** Faites lire ce livre à vos amis afin qu'ils fassent bien la distinction entre coaching et conseils.

- **Ne soyez pas trop nombreux.** Le co-coaching fonctionne bien avec deux personnes prenant la place du coach à tour de rôle. Vous pouvez également constituer un trio (un coach, un coaché et un observateur). L'observateur livre ses commentaires sur ce qui semble bien fonctionner et vous aide à améliorer vos compétences en matière de coaching. Nombreux sont les programmes de coaching à employer cette méthode afin d'acquérir un savoir-faire pratique.

- **Utilisez également le téléphone.** Le coaching en présentiel fonctionne bien si vous parvenez à vous réunir assez fréquemment, mais vous pouvez également envisager une conférence téléphonique à trois.

- **Espacez les séances de façon régulière.** Prévoyez au minimum une semaine et au maximum un mois entre deux séances. Il faut suffisamment de temps pour mettre en œuvre les actions décidées, mais pas trop pour ne pas perdre la dynamique instaurée.

- **Pensez à faire appel aux services d'un coach professionnel avant ou pendant votre période de co-coaching.** Vous pouvez profiter de ses suggestions et tirer ainsi le meilleur parti de vos réunions informelles.

Opter pour l'autocoaching

L'autocoaching peut se pratiquer à tout moment et n'importe où. Ce livre est l'outil idéal si vous avez décidé de devenir votre propre coach. En effet, l'un des principaux objectifs de tout type de coaching est de développer la perception de votre coach intérieur afin de devenir autonome. Vous souhaiterez peut-être essayer l'autocoaching en exploitant les idées mentionnées dans cet ouvrage avant de vous décider à faire appel à un coach ou de vous adonner au co-coaching. Bien que l'autocoaching ne coûte rien et ne mobilise que très peu de ressources, hormis le temps à consacrer, ce n'est pas forcément la méthode la plus simple car être objectif demande beaucoup d'efforts. Comme avec le co-coaching, vous vous apercevrez probablement que vous souhaitez également travailler de temps en temps avec un coach.

Ce livre vous indique comment écouter la voix de votre coach intérieur afin de faire preuve d'une plus grande objectivité lors de vos séances d'autocoaching.

Se faire une promesse

Vous vous demandez peut-être si vous serez capable de respecter l'engagement envers vos objectifs. Vous avez sans doute déjà éprouvé la déception qui accompagne les échecs et savez comme il est difficile de garder sa motivation quand l'état d'esprit dans lequel vous étiez lorsque vous avez décidé de vous investir s'est envolé. Pourquoi les choses ont-elles changé aujourd'hui ?

Quand il s'agit de choses réellement importantes à vos yeux, faites-vous sérieusement la promesse de procéder aux changements envisagés. Cela va au-delà d'un simple engagement que vous pouvez mesurer à l'aide de jalons et de résultats. Voici le genre de promesse que vous pouvez vous faire en matière de coaching : apprendre et évoluer au cours de l'aventure, persévérer malgré les échecs, définir avec honnêteté les éléments vraiment essentiels et arrêter de vous culpabiliser lorsque vous vous trompez. Par cette promesse, vous vous fixez des engagements à tenir. Mais le cœur de votre promesse est de vous engager à opérer les meilleurs changements et choix pour vous, ceux qui vous feront aller de l'avant.

Faire le point sur ses conditions de vie actuelles

Votre vie actuelle vous permet-elle de démarrer votre périple à travers la planète coaching ? Le coaching comporte parfois certaines épreuves. Vous ne devez vous lancer que si vous vous sentez suffisamment solide et si vous estimez disposer des capacités nécessaires. Il arrive à tout le monde d'avoir une faible estime de soi et un manque de confiance, mais si vous êtes émotionnellement très négatif, voire dépressif, vous souhaiterez peut-être recevoir un autre type d'aide, tel que les consultations psychologiques, afin de vous mettre dans les conditions idéales pour découvrir le coaching.

Vous vivez peut-être actuellement de nombreux bouleversements qui font naître chez vous une pression inhabituelle, mais si votre vie est détraquée au point de ne pas avoir le temps de vous consacrer au coaching et d'annuler vos séances (avec vous-même ou votre coach), l'heure est venue de vous poser des questions sérieuses.

Demandez-vous si vous êtes prêt pour le coaching. Vous désirerez peut-être vous offrir une séance avec un coach pour répondre à cette question. Un engagement sans grand enthousiasme est parfois pire que pas d'engagement du tout. Inutile de vous sentir mal si votre vie actuelle ne vous permet pas encore de vous consacrer pleinement au coaching. Il vous faudra peut-être vous contenter de suivre le mouvement qu'imprime votre vie pendant une période. Réfléchissez à d'autres éléments de soutien, lisez ce livre pour vous placer dans un bon état d'esprit et faites-vous la promesse de franchir le pas lorsque le moment opportun sera venu.

Formuler sa promesse

Votre engagement sera solide si vous formulez précisément votre promesse vis-à-vis du coaching. Réfléchissez aux traits de caractère dont vous savez, dans votre for intérieur, qu'ils vous ont déjà empêché de respecter vos engagements. Maintenant, remettez-vous dans l'état d'esprit qui était le vôtre lorsque vous avez fait votre dernière promesse solennelle. Qu'est-ce qui vous donnait la conviction que vous alliez tenir votre promesse ? Comment faire pour éprouver de nouveau cette conviction ?

Voici des exemples de promesses en matière de coaching :

- je promets de prendre la responsabilité de trouver des solutions adaptées qui me permettront de vivre ma vie du mieux que je peux ;
- je promets d'être honnête avec moi-même et d'être convaincu de faire des progrès tant que je prendrai des mesures positives ;

- je promets de m'engager à développer une certaine conscience de soi afin de remplacer par des habitudes et comportements productifs et créatifs ceux qui sont destructeurs ;
- je promets de ne jamais me contenter des pis-aller ;
- je promets de chercher à apprendre de toutes mes expériences et actions.

Alors, vous promettez quoi ?

Chapitre 3
Se préparer au coaching

Dans ce chapitre :
▶ Identifier ses récompenses intermédiaires
▶ Envisager les échecs
▶ Démarrer son voyage sur les terres du coaching

Une bonne préparation vous aide à apprécier le processus menant à l'accomplissement de vos objectifs. Cela consiste notamment à adopter le bon état d'esprit et à avoir confiance dans la promesse faite à vous-même d'atteindre votre but. Mais c'est également penser aux détails et comprendre les étapes que comporte le voyage vers votre objectif.

Dans ce chapitre, je vais vous montrer comment vous assurer du caractère positif de chaque étape franchie grâce à un suivi constant et la célébration de vos succès. Je vais également vous donner un aperçu de la façon de choisir les questions que vous souhaitez privilégier, que vous soyez en situation d'autocoaching ou de collaboration avec un coach professionnel. (Si vous n'avez pas encore tranché entre le coaching avec un professionnel et l'autocoaching, reportez-vous au chapitre 2.)

Se préparer à la séance de coaching

Si vous décidez de faire appel à un coach professionnel, ce dernier vous indiquera dès le début comment tirer le meilleur parti des séances. Si vous faites de l'autocoaching, définissez des règles de fonctionnement pour vous aider à partir sur de bonnes bases. Voici quelques conseils d'ordre général :

✔ **Inscrivez vos séances de coaching dans votre agenda ou sur votre calendrier et considérez-les comme une priorité.** Vous vous sentez peut-être coupable d'y placer vos propres besoins. Vous avez tort ! Vous serez mieux préparé à affronter d'éventuelles urgences si vous vous accordez des périodes de calme pour vous adonner au coaching. (Certes, il peut vous arriver de devoir annuler une séance à cause d'un imprévu, mais accorder un caractère prioritaire au coaching va vous aider à résister à l'envie de le sacrifier au profit d'une autre activité.)

- **Veillez à disposer d'un endroit calme pour vos séances.** Si vous effectuez une séance par téléphone avec un coach professionnel, vous devez être certain de ne pas être dérangé ou distrait. Vous pouvez aussi mettre une musique de fond douce en sourdine et allumer une bougie pour créer une ambiance particulière.

- **Prenez quelques instants pour revoir vos objectifs et les actions réalisées ou entreprises depuis la dernière séance.** Vous en parlez généralement avec le coach en début de séance, mais le faire vous-même calmement au préalable donne plus d'importance à cette partie du coaching et vous met dans un état d'esprit adéquat. Si vous faites de l'autocoaching, vous pouvez fermer les yeux et passer en revue vos objectifs pendant quelques instants.

- **Tenez un journal entre les séances afin de suivre votre progression.** Votre journal peut vous servir à noter les sujets de conversation avec votre coach ou à effectuer des exercices et consigner les réponses à des questions pertinentes (pour en savoir plus sur les questions pertinentes, reportez-vous au chapitre 7).

- **Faites vos devoirs entre les séances.** Nombre de coachs professionnels aiment donner des idées de devoirs à faire entre les séances. Il peut s'agir simplement de réfléchir à une idée ou à une nouvelle croyance, ou bien d'effectuer un exercice ou une recherche pour vous aider à vous rapprocher de vos objectifs. En matière d'autocoaching, vous pouvez mener certaines des activités mentionnées dans ce livre ou disposer d'une réserve de ressources stimulantes dans laquelle puiser pour conserver une motivation satisfaisante.

- **Après la séance, prenez quelques instants pour rassembler vos idées et affiner vos actions.** Si vous travaillez avec un coach professionnel, vous pouvez lui envoyer un courriel récapitulant les actions dont vous avez convenu et, si vous êtes votre propre coach, envoyez-vous ce courriel ! Confirmer ses engagements de la sorte est un excellent moyen de les concrétiser et de leur donner une grande portée.

Entamer votre voyage sur les terres du coaching

Vous connaissez peut-être très bien les concepts de développement personnel pour avoir lu des ouvrages, participé à des programmes ou atteint des objectifs personnels. Mais il se peut aussi que le développement personnel soit une découverte pour vous. Ce qu'il y a de génial avec le coaching, c'est que votre niveau de connaissance n'a aucune importance. Le coaching est un mécanisme de fixation de tout ce que vous avez appris sur vous-même jusqu'à présent et des idées en matière de développement personnel expérimentées par d'autres personnes et qui fonctionnent.

Avoir une vision d'ensemble

Votre itinéraire au pays du coaching ne suit pas une ligne droite. Jetez un œil à la figure 3.1. Le façonnement de la conscience de soi est central au coaching personnel. Cela commence (premier anneau) par l'examen de la façon dont vous vous comportez, des raisons se cachant derrière ces comportements et des modifications à apporter à ceux-ci afin d'améliorer votre vie. Passez ensuite au deuxième anneau, à savoir vos croyances, besoins et valeurs.

Armé d'une vision très claire de la personne que vous êtes, vous pouvez commencer votre voyage par l'une des trois étapes du troisième cycle : remarquer les résultats obtenus dans votre vie jusqu'à présent, comprendre ce qui fonctionne. Vous pouvez ensuite passer à l'étude des choix s'offrant à vous. Vous êtes alors prêt à passer à l'action, ce qui vous ramène à l'analyse des résultats, le cycle reprenant alors son cours. Toute cette activité est entourée de l'anneau extérieur qui correspond à la capacité de vous poser des questions pertinentes. Ces questions représentent une assistance pour votre voyage et vous informent sur la conscience de soi existante.

Je détaille ces trois cycles dans les sections suivantes.

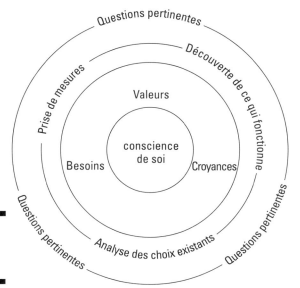

Figure 3.1 :
Le cercle du coaching personnel.

Confectionner son kit de survie

Avant d'entamer votre voyage, il vous faut un sac rempli de qualités que vous développerez et à affiner tout au long du périple. Vous allez vous nourrir de ces qualités et elles vous aideront à bien négocier les tournants formés par la route. Ce sac sera rempli de conscience de soi, de confiance en soi, de motivation et d'un impressionnant arsenal de questions pertinentes, tout ceci dans le but de vous aider à atteindre votre destination finale.

Faire le plein de questions pertinentes

Le coaching vous replonge dans l'habitude qui était la vôtre lorsque vous étiez enfant : poser des questions sur tout ce qui se passe autour de vous. Parvenu à l'âge adulte, poser des questions et explorer les choses n'est peut-être plus un réflexe car vous pensez que vos questions doivent être intelligentes et sensées. Eh oui, personne n'aime passer pour un idiot ! Et vous vous apercevez que vous parvenez à vous en sortir en ce bas monde même en ayant l'impression d'avoir des lacunes dans certains domaines. Le coaching personnel va vous aider à retrouver votre curiosité d'enfant afin d'avoir vraiment conscience de ce qui se passe dans votre vie. Pour vous assumer pleinement, faites le plein de questions du style : « Que va-t-il se passer si je n'effectue pas ce changement dans ma vie ? » Le chapitre 7 vous indique comment formuler les questions qui s'avéreront de puissants instruments de navigation.

Choisir ses croyances

Vous avez envers vous-même des croyances salutaires et d'autres destructrices. Par exemple, je m'estime littéraire mais nullement matheux. La croyance positive m'a donné la confiance nécessaire pour écrire ce livre (superbe résultat !), mais la croyance négative me fait rechigner à m'occuper de mes comptes (résultat désastreux !). Le coaching personnel vous aide à accroître le pouvoir de vos croyances positives et à minimiser ou éliminer les croyances limitantes, vous libérant ainsi de tous les doutes entretenus vis-à-vis de vous-même qui vous empêchent d'obtenir ce que vous voulez. J'approfondis le thème des croyances dans le chapitre 5.

Se motiver

Les valeurs, au même titre que les croyances, sont situées dans le second anneau du cercle du coaching (voir figure 3.1). Vos valeurs concernant les choses importantes à vos yeux et, en grande partie, vos besoins, vous font aller de l'avant. C'est en cherchant à façonner le monde que vous créez cette motivation. La compréhension du fonctionnement de vos valeurs et besoins

Chapitre 3 : Se préparer au coaching 45

est un outil très efficace pour vous faire avancer. Reportez-vous au chapitre 6 pour en savoir plus.

Prendre conscience de soi

Au centre du cercle du coaching se trouve la *conscience de soi*, compréhension de votre être et de votre comportement face au monde qui vous entoure. Plus votre conscience de soi est élevée, plus vous êtes capable de comprendre les autres, faculté utile à plus d'un titre. Vous collaborez mieux avec vos collègues et votre vie personnelle en récolte également les fruits car vous avez une bien meilleure perception du fonctionnement d'autrui.

Le résultat le plus bénéfique de tout développement personnel est l'atteinte d'un niveau de conscience de soi optimal et le coaching est le meilleur moyen d'y parvenir. La conscience de soi vous permet de modifier les aspects de votre comportement qui vous desservent, de découvrir ce qui vous rend vraiment heureux, de savoir précisément ce que vous n'êtes pas prêt à sacrifier, et enfin de parvenir à une paix intérieure par rapport à votre identité et à votre place dans le monde. Le chapitre 4 vous en dit plus sur la compréhension de ce que vous êtes, de vos préférences et de vos attitudes.

Au début d'un programme de coaching, un de mes clients m'a dit un jour que son objectif était de trouver une méthode permettant de parvenir à un équilibre entre sa vie professionnelle et sa vie personnelle, ou d'accepter la nécessité de faire un petit sacrifice dans un domaine et d'être satisfait de cette décision. Il faut parfois admettre qu'il est impossible d'avoir le beurre et l'argent du beurre et être en phase avec la décision prise. C'est aussi une forme de conscience de soi.

Les étapes du voyage

Les valises sont prêtes ? Parfait ! L'heure est venue de se mettre en marche. Cette section vous livre une vue d'ensemble des haltes qui jalonneront votre périple. N'oubliez pas que le voyage est circulaire. Mais, en général, vous commencez par réfléchir aux changements à apporter, puis vous analysez les choix qui s'offrent à vous, avant de prendre les mesures nécessaires.

Découvrir ce qui fonctionne bien

Pendant un programme de coaching, vous consacrez du temps à penser à ce qui va bien dans votre vie mais aussi à ce qui va mal. Le fait de basculer ainsi d'une priorité à l'autre vous permet toujours de voir ce que vous ne voulez pas tout en vous mettant dans un état d'esprit plus propice au passage à l'action. Consacrez plus de temps à ce que vous faites bien et appréciez et vous découvrirez que bien des choses se remettent en place. Vous vous encouragez toujours à changer et à adopter de nouveaux comportements, mais vous vous attachez à trouver de nouvelles habitudes positives au lieu de vous reprocher les anciennes, plutôt néfastes. Le chapitre 8 vous aide à développer la conscience nécessaire pour connaître les éléments positifs de votre vie.

Explorer les choix à disposition

Au cours de votre voyage aux confins du coaching, vous vous poussez à expérimenter de nouvelles méthodes pour atteindre vos objectifs. Si vous agissez toujours de la même manière, vous obtenez généralement toujours les mêmes résultats. Quand vous sortez un peu de votre zone de confort et essayez de nouvelles choses, vous vous faites de nouvelles amies : la souplesse, la créativité et l'imagination. Le chapitre 9 approfondit le thème des choix qui s'offrent à vous.

Prendre les mesures nécessaires

Alors, vous savez maintenant ce que vous voulez ou quel est l'objectif à atteindre et vous avez exploré les options existantes pour parvenir à vos fins. Vous pouvez donc commencer à agir, étape par étape, avec votre objectif en tête. Je décris la planification des actions dans le chapitre 10.

Connaître sa position sur la carte de la vie

Où êtes-vous actuellement ? Vous êtes en train d'élaborer un voyage sur les terres du coaching, il vous faut donc choisir un point de départ. Celui-ci est conditionné par votre besoin à l'instant T. Vous sentez-vous englué dans une routine sans aucun choix devant vous ? Vous souhaitez peut-être commencer par découvrir ce que vous voulez vraiment et vous forger une motivation, à moins que vous n'ayez un plan à l'esprit mais que vous manquiez de confiance pour le mettre à exécution. Dans ce cas, vous tenez peut-être à identifier les croyances qui font obstacle. De même, il se peut que vous sentiez un fléchissement de l'engagement pris d'atteindre vos objectifs. Il faut peut-être vous pencher sérieusement sur les stratégies employées pour passer à l'action.

L'activité suivante peut vous aider à connaître votre position sur la carte de la vie.

Chapitre 3 : Se préparer au coaching

Pour entamer votre voyage vers la conscience de soi, posez-vous les questions suivantes :

- Est-ce que je comprends pourquoi je me comporte de la sorte ? (chapitre 4).
- Est-ce que je connais mes croyances salutaires et mes croyances néfastes ? (chapitre 5).
- Quel est mon véritable but dans la vie ? Quels sont mes besoins et que fais-je pour les satisfaire ? (chapitre 6).
- Est-ce que je sais me remettre en cause de manière efficace ? (chapitre 7).
- Est-ce que je sais ce qui fonctionne bien chez moi et pourquoi ? (chapitre 8).
- Est-ce que je sais faire preuve de souplesse pour explorer les choix qui s'offrent à moi et étudier les solutions potentielles ? (chapitre 9).
- Est-ce que je sais prendre des mesures avec efficacité ? Quelles sont mes stratégies ? (chapitre 10).

Gardez à l'esprit que, même au sein de toutes ces étapes, vous vous déplacez à l'intérieur des différents niveaux des cercles du coaching. Ce n'est pas parce que vous passez un peu de temps à réfléchir à ce qui vous fait avancer et à trouver certaines réponses que vous avez tout découvert sur votre motivation. La conscience de soi continue de se développer. Ce n'est peut-être pas la révolution, mais il se peut que votre compréhension soit plus aboutie.

Imaginez-vous en train de grimper une montagne. Le temps s'éclaircit et plus vous montez, plus vous voyez le paysage. En franchissant les niveaux, vous établissez de plus en plus de liens et vous vous sentez plus en accord avec vous-même à mesure que vous découvrez comment tout s'imbrique pour vous. Acceptez de pouvoir progresser rapidement d'un niveau à l'autre pour certaines choses, par exemple la compréhension de votre motivation, et de rester coincé à des niveaux plutôt inférieurs bien plus longtemps pour de nombreux autres, par exemple pour tout ce qui touche à vos croyances. Votre progression peut afficher différents rythmes et c'est tout à fait normal.

Grimper à l'échelle afin de venir à bout des tergiversations

Martin, participant à un programme de coaching, avait travaillé pendant une certaine période sur sa propension à tergiverser et avait fait des progrès significatifs. Il dit que l'analyse des raisons de ses tergiversations s'apparentait à grimper à une échelle.

Martin trouva d'abord que sa tendance à attendre la dernière minute pour effectuer certaines tâches était une stratégie pour faire couler son adrénaline à flots et, ainsi, lui permettre de donner le meilleur de lui-même. Mais, puisque cette tactique ne portait pas toujours ses fruits en raison de dommages collatéraux trop nombreux (par exemple, les rapports avec des collègues contrariés et d'une patience à toute épreuve), il décida de chercher d'autres moyens d'entretenir sa motivation afin de plus se ménager. En y repensant, il décrivit sa promesse de trouver d'autres sources de motivation comme le « premier barreau de l'échelle » et admit que cela avait fonctionné à merveille pendant un moment. Mais Martin avait toujours tendance à remettre au lendemain certaines choses et estimait qu'il n'avait pas vraiment trouvé la raison de ce comportement.

Le coaching permit à Martin de découvrir l'existence d'une croyance profonde selon laquelle s'il attendait la dernière minute pour faire les choses et échouait, il pouvait toujours dire qu'il ne s'était pas laissé assez de temps et ne pouvait donc pas se reprocher de n'être pas « assez bon ». Cet accomplissement constituait le « deuxième barreau » de son échelle. Ensuite, il fit tout pour améliorer son estime de soi afin de ne plus avoir besoin de tout remettre au lendemain.

Mais un troisième barreau fit son apparition. Malgré la tactique consistant à maintenir sa motivation et accroître son estime de soi, il s'aperçut qu'il remettait à plus tard certaines choses telles que l'établissement du budget mensuel des ventes, car il ne s'impliquait pas pleinement dans ses résultats. Il commença à analyser les raisons de ce comportement et découvrit qu'il souhaitait trouver une nouvelle orientation à sa carrière afin de retrouver le dynamisme qui était le sien autrefois. Il postula à un nouveau poste au sein de son entreprise, plus proche de ses véritables passions.

La prise en compte de tous les niveaux de ce problème de comportement, simple en apparence, permit à Martin de trouver une solution appropriée. Il lui aurait été impossible d'accéder au troisième barreau de son échelle sans emprunter les deux premiers et cette solution était idéale en raison du travail accompli pour y parvenir.

Chapitre 3 : Se préparer au coaching

Jalonner sa progression

Le coaching donne souvent des résultats difficiles à évaluer car ils sont plus qualitatifs que quantitatifs. Si votre objectif est d'obtenir une promotion, vous savez que vous l'avez atteint une fois la promotion en poche. Mais si cela vous prend un an ? Vous pouvez toujours trouver des moyens de placer des étapes intermédiaires de façon à savoir à tout moment où vous en êtes, ce qui est particulièrement utile quand la progression s'avère difficile.

À mesure que vous évoluez et vous vous développez, vous vous imposez des normes toujours plus élevées. Il est donc parfois facile d'oublier votre point de départ. Avez-vous déjà participé à un projet de rénovation d'une maison ? La frustration peut vous gagner quand vous êtes proche de la fin du projet. Il vous faut alors regarder les photos de début de chantier (création des fondations, nettoyage des gravats) pour prendre conscience de l'évolution.

Utiliser des objectifs intermédiaires pour fêter ses succès

Quand vous vous fixez un objectif, il est probable que vous ne puissiez pas l'atteindre du jour au lendemain. Dès le départ, réfléchissez à la façon dont vous allez fêter vos succès en cours de route. Retrouver la forme, obtenir une promotion, s'attaquer à une mauvaise habitude, tous ces objectifs produisent des bienfaits aussi bien en cours de processus qu'en fin de course. Pourquoi ne pas célébrer ces bienfaits intermédiaires ? Vos jalons sont en prise directe avec la tâche à accomplir. Ils peuvent être tangibles, par exemple perdre une taille de vêtement (votre objectif final étant d'en perdre trois !) ou rédiger un superbe CV pour décrocher un emploi. Vos objectifs intermédiaires peuvent être des buts de processus, par exemple respecter votre engagement de ne pas boire une goutte d'alcool ou de ne pas fumer pendant un mois.

En associant des récompenses à des objectifs intermédiaires, vous vous concentrez plus sur l'instant présent et non simplement sur l'avenir, ce qui vous permet de consolider votre engagement.

Qu'est-ce qui constitue une récompense à vos yeux ? Naturellement, l'atteinte de votre objectif est une immense récompense, mais vous vous êtes peut-être fixé un but à long terme. Attendre des mois, voire des années, pour pousser un soupir de soulagement et vous féliciter de tout l'excellent travail accompli n'est pas le meilleur moyen d'entretenir votre motivation. Vous pouvez donc vous fixer des objectifs intermédiaires auxquels vous associerez des récompenses plus modestes afin de cultiver votre enthousiasme.

Choisissez des objectifs intermédiaires qui ne sont pas antagonistes à votre objectif final. Si vous voulez perdre du poids, le fait de vous autoriser à vous empiffrer de votre plat préféré à mesure que la balance affiche une perte manifeste risque de vous être préjudiciable. Optez pour des récompenses saines et bénéfiques. Nul besoin de choisir des récompenses onéreuses, sous peine de pousser le bouchon un peu loin si l'objectif intermédiaire atteint est particulièrement significatif. Voici quelques exemples :

- la lecture d'un bon roman pendant deux heures ;
- un bain moussant relaxant ;
- une partie de golf ;
- regarder son programme de sport préféré à la télévision ;
- une soirée au théâtre ou au cinéma ;
- s'acheter une chose désirée depuis très longtemps ;
- un week-end avec un ami ou une relation ;
- une activité nouvelle pour vous, source d'adrénaline et qui va vous apporter beaucoup d'énergie, par exemple un tour en hélicoptère, un baptême de montgolfière ou des tours de karting.

Pensez aux plaisirs que vous avez tendance à remettre à plus tard parce que vous donnez la priorité à d'autres choses. Le plaisir associé à une récompense est plus fort quand il s'agit d'une chose que vous ne faites pas toujours ou que vous n'avez pas vécue depuis longtemps.

Pourquoi ne pas intégrer un élément de surprise dans votre récompense ? Demandez à un ami ou à votre conjoint de conserver votre liste et de choisir les éléments au hasard à mesure que vous atteignez les objectifs intermédiaires. Vous pouvez également inscrire chaque récompense sur un papier et placer tous les papiers dans une boîte. À chaque fois que vous décidez de fêter la réalisation d'un objectif intermédiaire, vous piochez au hasard dans la boîte pour vous récompenser.

Je traite en détail les objectifs intermédiaires au chapitre 10.

S'envoyer des fleurs

L'un des moyens les plus simples de marquer les étapes de votre progression est de noter vos avancées et de prendre quelques secondes pour vous complimenter. Mon ancien patron est l'une des personnes les plus heureuses que je connaisse. Son secret consiste à toujours noter les petites choses accomplies dans la journée dont il est fier et de se dire « Bravo ! ».

La plupart des gens n'ont pas l'habitude de se faire des compliments et il est possible que vous deviez batailler avec votre critique intérieur (pour en savoir plus sur le critique intérieur, voir chapitre 7). Mais essayez, trouver une place pour se garer dans une grande rue bondée ou sortir une présentation brillante à un client mérite que vous manifestiez de la gratitude envers vous-même pour avoir embelli votre journée. Quand vous envoyer des fleurs devient une habitude, il vous est plus facile de vous accorder ces moments pour fêter le franchissement des petites étapes significatives vers les grands objectifs de votre vie.

Choisir les personnes qui vous encourageront

Vos connaissances ne sont pas toutes aussi enthousiastes que vous à propos de votre engagement à opérer des changements. Accepter que vous êtes en train de changer n'est pas toujours chose facile pour votre entourage, surtout s'il n'approuve pas votre besoin de changement ou s'il juge que celui-ci perturbe sa vie d'une certaine manière. Le chapitre 10 vous dit comment gérer la jalousie d'autrui.

Identifiez à l'avance les personnes qui vous encourageront dans votre voyage sur les terres du coaching. Elles peuvent être également en pleine période de changement et comprendre ce que vous ressentez et vous soutenir dans les bons et les mauvais moments. Il peut s'agir aussi de personnes absolument ravies de vous voir prendre des initiatives positives et toujours prêtes à vous adresser des mots d'encouragement. Connaître à l'avance ses partisans et leur faire part de vos projets peut être un moyen extraordinaire de porter haut ses couleurs. Une fois vos intentions clairement dévoilées, vous êtes plus à même de mener à bien votre projet et vous prendrez plaisir à faire part de vos progrès à ces personnes.

De même, évitez de dévoiler vos objectifs afin de vous sentir suffisamment coupable pour aller jusqu'au bout. La culpabilité est mauvaise conseillère quand il s'agit d'utiliser le coaching pour opérer des changements, même si cette stratégie porte parfois ses fruits. Certaines personnes ressentent vraiment le besoin d'informer un maximum de personnes, même celles qu'elles suspectent de secrètement vouloir leur échec. Dans ces circonstances, une espèce de théorie du « Je vais leur montrer ! » est développée. Selon ma propre expérience, ainsi que celle de la plupart de mes clients, le renforcement positif possède à long terme un impact beaucoup plus fort que le fait d'agir avec un sentiment de culpabilité.

> ### Un monde meilleur
>
> Vous avez peut-être lu le livre ou vu le film *Un monde meilleur*, dans lequel un garçon transforme le monde grâce à une idée développée lors d'un projet scolaire : faire trois bonnes actions pour chaque acte dont il est le bénéficiaire.
>
> Des recherches récentes sur le bonheur laissent penser qu'un des facteurs clés du bien-être personnel est d'aider les autres à trouver le bonheur. C'est une des raisons pour lesquelles les bénévoles disent tirer une immense satisfaction personnelle même s'ils consacrent gratuitement du temps et de l'énergie à leur mission. Je n'entends pas vous suggérer de passer tout votre temps au service des autres (à moins que ce ne soit votre vocation), mais dans vos préparatifs pour le coaching, pensez non seulement à des moyens d'obtenir du soutien mais également à voir au-delà de votre personne. Quelques actes quotidiens empreints de gentillesse bénéficient non seulement au destinataire mais également à son auteur. Un des éléments clés du coaching est de trouver des moyens nouveaux et meilleurs de vivre votre vie au quotidien. L'adoption de ce changement subtil dans votre démarche peut générer une évolution marquée dans votre façon de percevoir les choses. Trouvez un peu d'inspiration sur le site `www.helpothers.org` (en anglais).

Prévoir les échecs et les rechutes

Prenez une longue-vue et acceptez l'éventualité d'échecs quand vous entreprenez des changements. Les impasses ne sont pas désastreuses quand vous envisagez des solutions pour en sortir. Voici sept conseils utiles à suivre quand vous prévoyez les obstacles à surmonter :

- **N'oubliez pas que tout changement demande des efforts et que son coût peut s'avérer plus élevé que vous ne le pensez.** Concevoir la vie de ses rêves vaut la peine de s'investir pleinement. Évaluez donc les ressources, plus particulièrement le temps, que vous consacrez à votre programme de changement. La prise de raccourcis peut conduire à des impasses durables.

- **Choisissez des méthodes qui vous conviennent et non la dernière théorie à la mode pour devenir riche et heureux très rapidement.** Et si votre projet ne fonctionne pas, préparez-vous à analyser les raisons de l'échec et à essayer quelque chose de différent.

- **Ayez conscience que l'on surestime souvent sa volonté !** Presque personne n'est capable de résister à la tentation. Alors, évitez les actes, même les plus insignifiants, susceptibles de compromettre la réalisation de vos objectifs : par exemple conserver des aliments appétissants chez vous alors que vous vous efforcez de perdre du poids (même si vous vous dites que les biscuits sont destinés aux visiteurs qui débarquent à l'improviste !).

- **Acceptez de devoir vous y reprendre à plusieurs fois avant de réussir.** Si vous vous entraînez en vue d'une course, vous êtes conscient de pouvoir réaliser votre meilleur temps moyennant une préparation et des entraînements et non dès le premier jour de votre programme. Bien entendu, il est certains objectifs que vous parvenez à atteindre facilement, à votre première tentative, ce qui vous rend euphorique, mais il peut très bien s'agir d'exceptions.

- **Attendez-vous à des imprévus.** Les opérations de changement ne sont pas un long fleuve tranquille. Vous pouvez avoir des surprises, revenir sur vos décisions, faire des détours, vous perdre dans des coins sombres et vous retrouver soudain au point de départ, mais armé de connaissances plus solides, voire à un niveau supérieur à celui qui était le vôtre au commencement.

- **N'oubliez pas que votre état émotionnel importe.** Parfois, vous devez battre en retraite et récupérer car vous vous sentez quelque peu meurtri par les événements. La bataille peut vous avoir un peu déprimé ou un événement pénible de la vie vous a déstabilisé émotionnellement. Quelle que soit la raison, vous devez vous attendre à vous tirer parfois d'affaire et prendre soin de votre état émotionnel afin de faire le plein de forces pour la phase suivante de votre voyage.

- **Restez curieux !** Les défaillances ne signifient pas que vous avez échoué mais indiquent simplement qu'une réflexion et des ajustements s'imposent. Tirez la leçon de vos défaillances et vous commencerez à développer une curiosité salutaire qui vous permettra de vous sortir des impasses et de passer à l'étape suivante.

Tenir un journal

En menant les activités présentées dans ce livre, vous trouverez peut-être que le simple fait de coucher vos pensées et réflexions sur le papier vous aide considérablement à mieux comprendre vos objectifs. Envisagez de tenir un journal pour consigner vos progrès. Ce journal peut prendre de multiples formes. Certains clients vont jusqu'à tenir leur journal sur des carnets de cuir faits main et à utiliser un stylo à plume onéreux, d'autres préfèrent un simple classeur à anneaux et d'autres encore se servent d'un petit calepin pour griffonner leurs idées et réflexions tout au long de la journée, tandis que les amoureux de la technologie tendent à employer un ordinateur de poche ou un agenda électronique.

Le fait de tenir un journal vous permet de :

- Capter vos réflexions sur les leçons tirées des séances de coaching, vous aidant ainsi à bâtir, avec le temps, une vue d'ensemble et à établir des connexions entre vos pensées, vos sentiments, vos actes et vos comportements. Vous verrez des tendances se développer, qui ne sont pas toujours évidentes à identifier tant que vous ne les avez pas mises par écrit.
- Procéder à un suivi de vos objectifs et de vos résultats afin que vous puissiez vous pencher sur ce que vous avez accompli. Ce seul motif peut constituer un élément de motivation pour votre voyage dans l'univers du coaching.
- Consigner par écrit les attaques de votre critique intérieur. Parfois, le simple fait de voir les absurdités de votre critique intérieur couchées sur le papier suffit à rompre le charme et à restaurer la confiance en soi.

Créer des images

La consignation de vos progrès ne doit pas forcément s'effectuer avec des mots. Nombreuses sont les personnes à mieux percevoir les choses si elles utilisent des photos et des images. Représentez les étapes de votre périple à l'aide de collages, d'albums ou de dessins. Si vous avez une pièce rien qu'à vous, vous pouvez même dessiner sur un mur votre tableau chronologique qui représente les différentes étapes de votre voyage. Pourquoi ne pas investir dans un tableau de conférence et afficher une créativité à grande échelle.

Vous pouvez également utiliser des objets pour retenir vos objectifs et réflexions.

Explorer la signification des objets

Au début d'un atelier sur le coaching auquel je participais, l'animateur nous a demandé de faire une pause de 15 minutes dans le parc du magnifique hôtel dans lequel nous séjournions. Il nous a demandé de réfléchir à trois exemples d'événements ou de choses :

- une chose passée qui nous avait grandement affectés ;
- une chose du présent dont nous étions fiers ;
- une chose à venir par laquelle nous étions attirés.

L'animateur nous a suggéré de rechercher des objets représentant ces choses à nos yeux pendant la pause, puis d'expliquer au reste du groupe, lors de notre retour, la signification de ces objets par rapport aux événements en question.

Les résultats ont été spectaculaires. Certains ont rapporté des feuilles de chêne ou des pierres, tandis que d'autres ont choisi des clés de voiture ou un portefeuille. Chaque objet avait une histoire qui aidait la personne à mieux comprendre un événement qui lui était arrivé ou qu'elle attendait avec impatience. Par exemple, la feuille de chêne représentait un désir d'agir de façon plus naturelle et les clés de voiture un esprit de liberté. Non seulement bon nombre de participants ont ainsi pu parler plus facilement de ces choses importantes, mais ces objets leur ont également permis de continuer à se souvenir de leurs idées bien après la fin des événements.

Deuxième partie
Votre voyage dans l'univers du coaching personnel

« Je me fais peut-être vieux, mais il se sent encore superbe le papy ! »

Dans cette partie...

Dans ces chapitres, vous évaluerez vos forces et jaugerez les croyances bonnes pour la poubelle. Vous apprendrez à naviguer aux instruments, les vôtres, en vous focalisant sur les valeurs qui vous animent. Vous vous interrogerez, encore et toujours. Vous vous concentrerez sur ce qui fonctionne, sur les choix qui s'offrent à vous et sur la meilleure stratégie à adopter. Enfin, vous découvrirez comment faire en sorte de tenir vos promesses envers vous-même.

Chapitre 4
Afficher son meilleur moi

Dans ce chapitre :
▶ Faire de son mieux
▶ Ajouter des habiletés comportementales à son arc

Dans ce chapitre, vous allez entamer votre voyage au sein de l'univers du coaching personnel en développant votre conscience de soi. Pour commencer, vous allez faire un bilan des forces que vous pouvez utiliser à loisir et voir en quoi les caractéristiques que vous considérez chez vous comme des points faibles sont bien moins significatives que vous ne le pensez. Vous en saurez plus sur certains comportements que vous aimeriez peut-être adopter : être plus organisé ou avoir la confiance nécessaire pour parler en public. Vous commencerez ensuite à mettre en pratique de nouvelles approches. Mais vous admettrez surtout avoir VOTRE style et pouvoir le développer pour acquérir votre meilleur moi, vrai et authentique.

Faire l'inventaire de ses dons

Ce n'est pas parce que, tout petit, lors de la phase d'apprentissage de la marche, votre tout premier atout était de marcher à quatre pattes, que vous pensiez une seule seconde passer le restant de vos jours dans la position du bipède rampant. Même si vous chutiez plus souvent que la plupart des bambins avec qui vous jouiez, cette réalité n'a pas pour autant retardé votre évolution. Vous avez plus ou moins rapidement développé la faculté de marcher aussi bien que vous rampiez et vous viviez très certainement cette expérience avec beaucoup moins d'anxiété que vos chers parents.

Le problème, c'est qu'en vieillissant, la plupart des gens développent la propension néfaste à se coller des étiquettes (du style « Je suis nul en orthographe »). Vous commencez à remarquer ce que vous faites avec facilité et à ignorer les choses un peu plus difficiles. Les autres, vos professeurs et vos parents par exemple, renforcent ce comportement en louant votre talent de musicien, alors que la musique n'est peut-être pas votre *truc*. Et, comme vous n'apprenez très vite qu'en faisant bien les choses, vous récoltez l'assentiment d'autrui ainsi que des récompenses, vous avez tendance à viser automatiquement les domaines dans lesquels vous vous sentez le plus à l'aise.

Cette démarche n'a bien sûr rien de répréhensible et vous a sans doute apporté beaucoup dans votre vie. Vous avez réussi haut la main un examen dans votre matière préférée ? Vous remportez des victoires dans votre sport de prédilection ? Vous avez obtenu très rapidement une promotion grâce à l'exploitation de vos qualités naturelles dans le travail ? Difficile de cracher dans la soupe avec ce genre de résultats dont il est difficile de ne pas tenir compte !

Mais vous avez probablement aussi connu quelques frustrations, comme avoir l'impression que certaines choses vous échappent. Si louables que soient vos efforts, vous avez peut-être l'impression d'être un handicapé de l'informatique ou c'est la septième fois que vous passez le permis et cela n'a plus rien de drôle. Mais, l'être humain présentant une faculté d'adaptation remarquable, vous trouvez des solutions qui vous permettent d'échapper à ce que vous n'aimez pas ou à ce que vous trouvez difficile. Vous laissez l'informatique à votre conjoint et connaissez les horaires de bus par cœur. Vous maîtrisez l'art de l'esquive et, souvent, les autres ne le remarquent même pas. Mais vous êtes lucide, n'est-ce pas ?

Maintenant, imaginez si vous pouviez faire face à toutes les situations, quelles qu'elles soient ! Imaginez-vous avec des tas de talents et d'autres dons insoupçonnés. Considérez que vos « faiblesses » ne sont qu'une partie de vous-même et non les éléments les plus significatifs. Vous pouvez commencer à faire évoluer votre état d'esprit :

Il y a bien plus de choses que vous savez faire que de choses inaccessibles.

- Les choses que vous ne savez pas faire sont souvent des compétences que vous ne maîtrisez pas encore ou préférez éviter. Vous avez le choix de consacrer du temps et de l'énergie à l'acquisition de compétences dans presque n'importe quel domaine, dans les limites de ce qui vous est accessible.

- En vous focalisant sur vos qualités personnelles, vos progrès seront plus significatifs que si vous vous efforcez d'exceller dans un domaine qui n'est pas votre point fort. Et la confiance ainsi acquise rend plus facile à relever les défis difficiles car vous êtes dans un état d'esprit plus détendu et productif.

Chapitre 4 : Afficher son meilleur moi

Dans quels domaines excellez-vous ?

Vous est-il facile de vous concentrer sur vos forces ? Vous trouvez peut-être cela difficile pour l'une ou l'ensemble des raisons suivantes :

- **Vous êtes certain de vos forces :** *ma réussite est le « minimum syndical ». Pour être vraiment excellent, je dois être meilleur que les autres.*

- **Vous adjoignez toujours une faiblesse à vos forces ou citez les fois où vous avez tout gâché :** *je parviens toujours à faire participer les gens lors d'une réunion mais cela occasionne souvent des retards dans le programme.*

- **Vous ne savez pas si vous faites les choses bien :** *je ne dois pas m'y prendre très bien car je n'obtiens aucun retour d'information.*

- **Vous mettre en avant vous gêne :** *je ne veux pas être de ces casse-pieds qui se regardent en permanence le nombril.*

Quand vous évaluez vos forces, vous focalisez-vous sur ce que les autres pensent ? Vous comparez-vous aux autres ? Dès que vous vous trouvez une force, pensez-vous à une chose qui la rabaisse ? Envisager ses forces et faiblesses de la sorte revient à se juger à l'aide d'une balance. Vous avez le sentiment que les deux plateaux doivent être parfaitement équilibrés. Vous veillez donc scrupuleusement à ce que de solides points négatifs viennent contrebalancer les aspects positifs. Et vous avez peut-être tellement l'habitude de vous concentrer sur ce qui ne va pas chez vous que votre estime de soi a chuté (des conseils pour se forger une estime de soi figurent au chapitre 13).

Au lieu de penser en termes de « bons » et « mauvais » points, posez-vous la question suivante : « Quelles sont mes qualités ? » La question est très différente, même si vous prenez en compte les mêmes éléments pour y répondre, car elle porte sur ce qui fait de vous un être unique, au sens de différent des autres. Il est bien plus facile d'avoir confiance dans les aspects positifs et de faire preuve de plus d'objectivité à propos du reste.

Vu sous cet angle, *tout* ce qui touche à votre être est essentiel pour montrer votre meilleur moi. Au lieu de vous soucier de vos faiblesses, vous pouvez commencer à raisonner en termes d'occasions de développer ce qui vous plaît chez vous et vous réussit et de changer ce qui entrave votre évolution. Un trait de caractère que vous considérez comme une « faiblesse » peut s'avérer constituer l'une de vos plus grandes forces, une fois que vous avez trouvé comment l'exploiter de manière adéquate. Une ancienne collègue se souciait de son extrême nervosité lorsqu'elle rencontrait un nouveau client, ayant du mal à parler fort lors de la première séance. Puis, elle a pris connaissance de l'avis de ses clients, qui appréciaient son empathie et ses capacités d'écoute et estimaient que le courant passait bien mieux avec elle qu'avec nombre de ses collègues à la confiance en soi pourtant plus affirmée.

Deux des principales vérités du coaching personnel véhiculent l'idée qu'à la base vous êtes « suffisamment bon » : « Vous êtes plein de ressources » et « Vous êtes capable d'obtenir d'excellents résultats » (voir chapitre 19).

Une part essentielle du processus de coaching personnel consiste à étudier votre façon de procéder dans vos domaines de prédilection.

Comment vous y prenez-vous pour faire les choses bien ? Dynamiser ses compétences

L'étude de vos succès permet non seulement de gonfler vos réserves de confiance, mais constitue également un excellent moyen d'apprendre des choses sur vous dans tous les domaines. Il ne s'agit pas forcément de gagner le prix Nobel de la paix mais de vous pencher sur n'importe quel événement qui s'est déroulé selon vos désirs grâce à *ce que vous avez fait*. J'aborde la définition du succès dans le chapitre 8.

Jetez un œil à la liste de succès suivante. Vous pouvez peut-être en ajouter certains ou l'intégralité de ceux-ci à votre propre liste :

- vous avez réussi votre permis de conduire ;
- on vous a proposé un poste suite à un entretien ;
- vous avez invité quelqu'un à sortir ;
- vous avez appris à faire du vélo ;
- vous avez appris une langue étrangère ;
- vous avez réussi une belle tournée de clients ;
- vous vous êtes initié à l'informatique ;
- vous avez écrit un rapport complexe pour votre patron ;
- vous avez visité à pied et sans vous perdre une ville que vous ne connaissiez pas ;
- vous avez préparé un repas à trois plats de A à Z pour la première fois.

Si vous deviez raconter comment vous vous y êtes pris pour n'importe lequel de ces succès, votre expérience serait différente de celle qu'a pu vivre une autre personne dans la même situation, même si la base de la tâche est à peu près la même pour tout le monde. Même le plus simple de ces exemples peut recouvrir un panel impressionnant d'habiletés et de savoirs. Mais c'est la *façon* d'acquérir et d'exploiter l'habileté qui change tout.

Outre l'habileté et le savoir, la *compétence* (comportement ou façon d'agir) constitue le troisième ingrédient magique nécessaire pour parvenir à un excellent résultat dans n'importe quel domaine. Rédiger ce rapport complexe ? Vos connaissances techniques sont peut-être suffisantes mais vous n'avez jamais rédigé un rapport officiel. Vous pourriez peut-être utiliser votre sens de la persuasion pour vous faire aider par un membre de votre équipe qui a de l'expérience en la matière.

Vos compétences peuvent souvent compenser des failles au niveau de l'habileté et du savoir. Savoir se servir de ses compétences peut aider à trouver un moyen d'affiner les habiletés et le savoir dont vous estimez manquer. La bonne nouvelle concernant les compétences c'est que vous ne les dépoussiérez pas uniquement pour votre entretien d'évaluation professionnelle annuel. Ce sont des qualités que vous exploitez dans tous les domaines moyennant quelques petites modifications çà et là. Le tableau 4.1 vous donne des exemples d'utilisation de compétences.

Tableau 4.1 : Exemples d'utilisation de compétences

Compétence	*Au travail*	*À la maison/En société*
Qualités de communication	Rédiger un rapport	Donner son opinion sur un événement de l'actualité à des amis
Obtention de résultats	Remporter un marché	Terminer à temps des travaux pour la pendaison de la crémaillère
Travail d'équipe	Monter le budget d'un département avec des collègues	Préparer à plusieurs un grand repas de famille
Planification et organisation	Constituer le tableau de service du personnel	Organiser une fête de famille
Flexibilité et adaptation	Prendre des tâches supplémentaires	S'adapter à un bouleversement dans sa vie
Développement des autres	Former et conseiller des employés	Apprendre à un enfant à faire du vélo
Résolution de problèmes	Résoudre un bourrage papier sur un photocopieur	Aménager un espace privé dans une maison pour un adolescent
Création de relations	Rencontrer de nouveaux clients	Adhérer à un club ou à une association

Voici d'autres compétences :

- la créativité ;
- la détermination ;
- le sens de l'initiative ;
- l'autonomie ;
- le sens de la persuasion et l'influence ;
- les talents de négociateur ;
- l'empathie.

Dressez la liste de vos compétences. Un bon moyen de dresser votre liste de compétences est de demander à un ami ou à un membre de votre famille de vous décrire. Il est très peu probable qu'il vous dise ce que vous êtes *capable* de faire selon lui, mais plus *comment* vous le faites. (Évitez plutôt de l'interroger quand il est un peu fâché parce que vous avez laissé toute la vaisselle de la veille au soir dans l'évier…)

Le coaching personnel consiste à trouver des moyens de développer vos ressources internes pour vous permettre d'obtenir les résultats souhaités. La découverte de nouvelles choses peut vous effrayer car vous êtes conscient de ne pas avoir les connaissances ou les habiletés appropriées. Mais, armé d'un arsenal de compétences très bien développées, vous pouvez vraiment affronter n'importe quelle situation.

Pour en savoir plus sur les ressources dont vous disposez déjà en matière d'habiletés, de connaissances et de compétences pour réussir dans la vie, procédez comme suit :

1. **Dressez votre propre liste de ressources en prenant dix choses que vous avez réussies.** N'oubliez pas d'inclure des exemples de votre vie professionnelle, familiale et sociale.

2. **Prenez un de ces exemples et réfléchissez aux habiletés que vous avez mobilisées pour obtenir le résultat escompté.** Pour devenir à l'aise en informatique, vous aviez peut-être déjà de solides notions de dactylographie. Qu'avez-vous appris de plus ? À naviguer sur Internet ? Quelles connaissances aviez-vous à la base et qu'avez-vous appris en fin de compte ? Quelles compétences avez-vous utilisées pour exécuter cette tâche ? Prenez autant d'exemples différents que vous le pouvez.

3. **Faites la même chose avec les neuf autres éléments de votre liste.**

4. **Prenez du recul et admirez l'éventail impressionnant d'habiletés, de connaissances et de compétences qui est déjà le vôtre !** Et tout cela seulement à travers dix succès ! Imaginez l'ampleur de la liste si vous faisiez la même chose avec toutes vos réussites !

5. **Pensez à la façon d'exploiter tout ce que vous savez maintenant sur vous-même.** Vous pouvez prendre les habiletés que vous présentez dans certains domaines et les transférer dans d'autres secteurs de votre vie. Étudiez vos objectifs et voyez quelles sont vos qualités susceptibles de vous aider à les atteindre.

Identifier ses préférences

Avez-vous remarqué comme, au quotidien, vous avez facilement tendance à adopter un certain modèle de comportement ou à vous positionner dans une *zone de confort* ? Par exemple, vous occupez toujours la même place lors des réunions de service. Vous respectez la même routine chaque matin pour sortir de chez vous et êtes légèrement paniqué si quelque chose vient l'interrompre ou la perturber. La vie est souvent si chaotique que, consciemment ou inconsciemment, les gens aiment faire certaines choses toujours de la même façon. Suivre des modèles de comportement est une stratégie très efficace dans des situations de stress ou de prises de décisions difficiles qui vous font explorer des territoires inconnus.

Ces « préférences » sont un peu comme un gilet de laine très doux que vous enfilez pour passer la journée seul chez vous quand vous ne voulez pas vous embêter à choisir des vêtements qui vont bien ensemble. À l'instar du gilet très doux, vos préférences conviennent parfaitement pour la situation mais pas toujours pour d'autres circonstances de la vie.

Extraverti ou introverti ?

Les deux types de comportement de base sont l'*extraversion* et l'*introversion*. Les extravertis aiment vivre en extériorisant leurs sentiments, ils raisonnent tout haut et communiquent avec les autres, tandis que les introvertis préfèrent réfléchir sans impliquer les autres.

Au même titre que tout le monde possède un élément de chaque compétence, nous avons tous des aspects extravertis et introvertis dans notre personnalité. Vous préférez peut-être être plus extraverti qu'introverti. Vous adorez les réunions animées au cours desquelles ont lieu des échanges d'idées fructueux mais n'appréciez pas les tâches administratives. Mais votre mission consiste en partie à préparer un budget détaillé. Chaque mois, vous devez donc vous enfermer seul dans une salle pendant une journée entière et vous concentrer. Vous détestez peut-être cet aspect de votre métier et estimez qu'il ne fait pas partie de vos points forts. Pour améliorer vos résultats professionnels, vous pouvez adapter votre approche afin de veiller à développer les habiletés demandant de l'introversion, même si elles ne sont pas aussi solides que vos qualités mettant en lumière votre caractère extraverti.

Vous pouvez vous extirper de temps à autre de votre zone de confort, ce qui contribuera à développer votre flexibilité. Ce faisant, vous étendrez vos résultats à d'autres domaines.

Écrire de l'autre main est un exemple classique de sortie de la zone de confort. Vous essayez alors une chose que vous ne maîtrisez pas bien. Menez l'activité suivante :

1. **Prenez un stylo et apposez votre signature sur un papier.** Quelle est votre impression ? Vous êtes à l'aise ? C'est automatique ?

2. **Maintenant, signez en utilisant votre autre main.** Quelle est la différence ? Vous êtes probablement beaucoup moins à l'aise. Vous faites certainement les choses en y prêtant plus attention. À quoi ressemble votre signature ? Ce faux tromperait-il tout le monde ?

3. **Maintenant, recommencez six autres fois en changeant de main à chaque reprise.** Quelles différences remarquez-vous ? Vous êtes probablement plus à l'aise et le résultat commence à s'améliorer un peu. Si vous vous entraînez tous les jours, votre signature finira par être la même quelle que soit la main utilisée et signer de l'autre main vous semblera presque aussi naturel que de le faire avec votre « bonne » main.

Plus vous exécutez une tâche, faites une activité, utilisez un trait de caractère donné ou une compétence, plus vous êtes à l'aise car vous avez *déjà* une certaine capacité dans le domaine. Vous appréciez toujours le gilet de laine doux, mais les sensations de confort entre porter ce dernier et votre beau costume commencent à se ressembler. Et vous faites bien meilleure impression à un nouveau client quand vous portez votre costume !

Trouver ses styles de comportement

En dehors du caractère introverti ou extraverti (voir la section précédente), vos comportements préférés revêtent une autre dimension. Vous êtes plus orienté vers la *tâche* à exécuter ou vers les *personnes* concernées. Par exemple, vous êtes très orienté vers la tâche si, en tant que directeur d'une entreprise, vous avez tendance à d'abord penser aux résultats de votre société et à considérer que votre personnel fait partie des systèmes et processus permettant d'obtenir ces résultats. Par contre, un directeur orienté vers les personnes accorde la priorité au facteur humain puis voit comment ajuster les systèmes et procédures au personnel. Dans les cas extrêmes, les deux approches présentent des avantages et des inconvénients et un bon directeur fera en sorte de compenser sa propre orientation en adaptant son comportement et/ou en veillant à ce que les autres membres de l'équipe puissent parvenir à un certain équilibre.

Ajoutez votre caractère extraverti ou introverti à votre orientation vers la tâche ou vers les autres et vous obtenez un style ou une manière d'être que vous pouvez retrouver chez d'autres personnes. Connaître son style n'a pas de prix pour identifier les comportements que vous souhaitez développer ainsi que pour prévoir la réaction d'autrui à vos comportements et à vos actes. Connaître ces styles de comportements est utile pour trois raisons :

- Pour atteindre vos objectifs, vous pouvez prendre des mesures en adéquation avec la façon dont vous aimez faire les choses. Ainsi, le processus de réalisation des objectifs demande moins d'efforts et s'avère plus agréable.

- Vous êtes en mesure de repérer les personnes au style de comportement différent du vôtre. Vous pouvez vous inspirer de la façon dont ces personnes s'y prennent pour atteindre des objectifs dans des domaines où vous estimez avoir des faiblesses.

- Vous pouvez mieux comprendre pourquoi les personnes autour de vous réagissent d'une certaine manière à votre comportement. Vous pouvez mieux gérer les obstacles et les conflits lorsque vous procédez à des changements dans votre vie.

Il existe de nombreux moyens de vous aider à identifier votre style de comportement. L'activité suivante est un exercice très simple qui va vous donner très rapidement une idée de votre style de comportement préféré.

1. **Prenez les colonnes A et B du tableau 4.2. Pour chaque couple de réponses, choisissez celle qui vous correspond le mieux.** Par exemple, vous pouvez parfois prendre des risques et parfois les éviter, mais si, en général, vous n'êtes pas attiré par le risque, cochez la réponse de la colonne A. Indiquez sous chaque colonne le nombre de choix correspondant.

2. **Faites ensuite de même avec les colonnes C et D**. Si, la plupart du temps, vous pensez être plus « détendu et chaleureux » que « cérémonieux et dans les normes », cochez la réponse de la colonne C. Ensuite, faites le total pour chaque colonne.

3. **Prenez le total de la colonne B et, sur la figure 4.1, faites une croix sur la ligne horizontale au niveau du chiffre correspondant.** Ce score montre votre style extraverti ou introverti.

4. **Prenez votre score de la colonne D et faites une croix sur la ligne verticale.** Cela montre votre orientation vers la tâche ou les personnes.

5. L'intersection des deux lignes tracées à partir des deux croix montre quel style de comportement parmi les quatre proposés vous correspond le plus.

Tableau 4.2

Colonne A	*Colonne B*
Évite les risques	Recherche les risques
Lent à décider	Rapide à décider
Indirect	Direct
Pas franc	Franc
Ne s'en fait pas	Impatient
Préfère écouter	Préfère parler
Réservé	Expansif
Garde son opinion pour lui	Donne souvent son opinion

TOTAL A :

TOTAL B :

Colonne C	*Colonne D*
Détendu et chaleureux	Cérémonieux et dans les normes
Orienté vers les opinions	Orienté vers les faits
Ouvert	Réservé
En retard	Ponctuel
Orienté vers les personnes	Orienté vers les tâches
Partage ses sentiments personnels	Garde ses sentiments pour lui
Intuitif	Analytique

TOTAL C :

TOTAL D :

Chapitre 4 : Afficher son meilleur moi

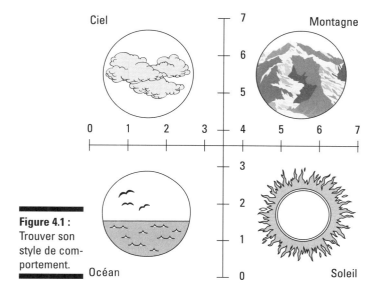

Figure 4.1 : Trouver son style de comportement.

Si votre style est Montagne :

- vous aimez vous concentrer sur les tâches et les résultats de manière expansive (extraversion) ;
- vous privilégiez l'action, l'esprit de décision, l'efficacité et les résultats.

Si votre style est Soleil :

- vous aimez entourer les gens et préférez vous comporter de manière expansive (extraversion) ;
- vous privilégiez la spontanéité, l'enthousiasme, les divertissements et l'interaction avec autrui.

Si votre style est Océan :

- vous aimez entourer les gens et avez tendance à être plus réfléchi (introversion) ;
- vous privilégiez la patience, la sensibilité et le soutien.

Si votre style est Ciel :

- vous aimez vous concentrer sur les tâches et résultats et préférez être plus réfléchi (introversion) ;
- vous privilégiez la réflexion, la structure, la planification et la minutie.

Qu'avez-vous remarqué en faisant cette activité ?

- ✔ Vous avez peut-être eu du mal à choisir entre les deux propositions. Vous vous jugez parfois spontané et parfois prudent. Vous êtes un être humain complexe et toutes vos réponses varient dans une certaine mesure. C'est la variété qui vous rend unique.
- ✔ Si vous avez obtenu des totaux très élevés qui vous attribuent un style, ressentiez-vous un certain dédain vis-à-vis du style opposé ? Pensiez-vous que votre style était vraiment le « meilleur » ? Afficher son meilleur moi signifie certainement fêter ses qualités mais aussi savoir celles qui restent à développer. S'ouvrir aux bienfaits des qualités opposées aux siennes peut être extrêmement libérateur !
- ✔ En revanche, avez-vous considéré le style opposé au vôtre avec regret car vous auriez aimé être comme cela ? D'autres personnes vous envient peut-être aussi. Commencez donc par apprécier les immenses qualités que vous avez, en sachant que vous pouvez en acquérir d'autres si vous le décidez.

Cet exercice vous donne une idée générale du périmètre comportemental dans lequel vous préférez évoluer. Si vous rencontrez des personnes qui sont sur la même longueur d'onde, elles peuvent sembler différentes de vous à certains égards même si vous avez de bonnes relations avec elles car, par essence, elles vous ressemblent plus que d'autres individus que vous croisez. Et vous luttez peut-être pour établir des relations avec des personnes au style opposé au vôtre pour la même raison. D'un autre côté, de nombreux mariages et unions couronnés de succès reposent sur le principe que les opposés s'attirent car nous recherchons instinctivement les aspects de notre style que nous n'avons pas, peut-être de façon à se compléter et à former un tout.

La connaissance de son style préféré est une excellente base de départ pour tendre vers la conscience de soi. Vous pouvez observer certains comportements de votre style antagoniste et commencer à adopter ceux dont vous pensez qu'ils pourraient vous être utiles, à l'instar du principe qui se cache derrière l'exercice de signature de la main gauche (pour les droitiers). Essayez peut-être de réfléchir un peu plus avant de donner votre avis ou exprimez-vous même si vous ne vous êtes pas forgé une idée précise sur la question. Vous pouvez faire cela car vous disposez en vous d'un certain nombre d'éléments de l'ensemble des comportements et vous êtes en mesure de choisir d'adopter un autre style en toute connaissance de cause et voir en quoi cela modifie les résultats. La flexibilité est ici primordiale !

Des *tests psychométriques* (tests qui mesurent des traits de personnalité) plus complets peuvent merveilleusement contribuer à vous indiquer comment vous vous percevez. Ces tests reposent sur le principe de l'auto-évaluation. Cela signifie que vous répondez au questionnaire en vous basant sur votre perception de la personne que vous êtes. La plupart des tests doivent être soumis et interprétés par un praticien diplômé et sont payants. Les produits gratuits non délivrés par un professionnel qualifié ne subissent pas forcément les mêmes contrôles de validité et de qualité. Et, comme pour l'activité ci-dessus, les résultats risquent de ne pas être entièrement corrects. Servez-vous donc des tests comme d'un guide et d'un point de départ sur la voie de la prise de conscience de soi. Pour en savoir plus sur les tests psychométriques et leur mécanisme, allez sur les sites Web du British Psychological Institute (www.bps.org.uk et www.psychtexting.org.uk, sites en anglais). D'autres informations sur les tests servant à définir des profils de personnalité figurent sur mon site Web (www.reachforstarfish.com, site en anglais).

Ne vous enfermez pas dans les profils de personnalité ! Il est parfois tentant de les prendre trop au pied de la lettre et d'oublier que vous êtes un être unique et complexe capable de s'adapter à l'ensemble des comportements humains. Les profils de personnalité sont surtout utiles pour identifier vos préférences afin de contribuer à votre développement et évolution. Ne vous laissez pas obnubiler par ces profils au point de présenter un état d'esprit du style « Prenez-moi comme je suis avec tous mes défauts ».

Adopter de nouveaux comportements

Afficher son meilleur moi n'implique pas de changer sa façon de procéder, mais d'ajuster certains de ses comportements afin d'obtenir des résultats encore meilleurs.

En fait, la volonté de se développer est un élément essentiel du coaching. Mais certaines personnes sont-elles *incapables* de changer ? Vous connaissez probablement des individus qui ont opéré des bouleversements dans leur vie mais qui semblent avoir fini par revenir à leurs anciens comportements. C'est le cas par exemple du fumeur qui arrête la cigarette et tient pendant dix ans puis se remet soudainement à fumer, ou de la personne calme et posée qui se laisse aller à des sentiments de colère après des années passées à contenir ses émotions nuisibles. Voilà une illustration particulièrement décourageante du proverbe suivant : « Chassez le naturel, il revient au galop ! »

Le processus du changement est souvent difficile. Mais ce n'est pas parce que vous rechutez que vous êtes incapable de changer. D'ailleurs, toute nouvelle tentative fournit simplement de nouvelles informations sur les choses qui fonctionnent et celles qui ne fonctionnent pas. Vous vous rapprochez donc toujours plus du changement durable. Pensez à la légende de Thomas Edison et son invention de l'ampoule électrique. On estime à dix mille le nombre de ses tentatives et il se refusait à voir en elles la preuve qu'il ne pouvait réussir, choisissant de considérer chaque « échec » comme un pas vers le succès qui permettait d'éliminer ce qui *n'allait pas* fonctionner.

Vous ne changez pas fondamentalement. Les Alcooliques Anonymes partent du principe qu'une personne peut toujours *être* alcoolique, mais qu'elle a le pouvoir de modifier son comportement afin de ne pas *vivre* comme un alcoolique. Bien que cela semble déprimant à première vue, c'est en fait franchement encourageant. Vous avez le loisir de choisir votre vie et votre conscience de soi, et c'est un moyen d'exprimer votre véritable force.

Commencez à modifier légèrement votre vision du changement. Imaginez-vous en train d'*ajouter* de nouvelles habitudes au lieu de lutter pour venir à bout d'anciennes habitudes néfastes. Quiconque ayant déjà réussi à perdre du poids vous dira que se contenter de mettre un frein à la consommation de vos aliments préférés ne dure qu'un temps, alors que programmer des séances de sport régulières favorise non seulement la perte de poids mais diminue également les occasions de grignoter les produits incriminés (à moins bien sûr que vous adoriez manger une glace tout en courant sur votre tapis de course !).

Pensez à votre état d'esprit lorsque vous décidez de faire une chose positive, agréable et facile pour vous. Puis, pensez au contraire : le sentiment de privation lorsque vous essayez de toutes vos forces de perdre une mauvaise habitude. À vrai dire, *faire* quelque chose est presque toujours plus agréable qu'*arrêter* quelque chose.

En vous efforçant de *choisir* de nouveaux comportements au lieu de mettre un terme à d'anciennes attitudes, vous commencez à *vouloir* choisir les comportements novateurs et qui rendent plus forts au détriment des anciennes habitudes destructrices qui vous ont empêché de vivre votre vie au mieux.

Chapitre 5
Choisir ses croyances

Dans ce chapitre :
▶ Identifier et remodeler ses croyances limitantes
▶ Exploiter les croyances positives solides
▶ Gérer ses peurs

Vous avez peut-être une idée très claire de ce que vous voulez changer ou améliorer dans votre vie, par exemple avoir plus d'assurance ou monter votre entreprise, et avez bien étudié les choix qui s'offrent à vous. Vous avez peut-être même échafaudé un plan, mais, pour une raison ou pour une autre, vous ne l'avez jamais vraiment mis en œuvre. Vous vous sentez frustré parce que votre plan est de qualité et vous souhaitez vraiment l'appliquer. Mais vous tergiversez car vous pensez aux raisons de ne pas démarrer ou cédez au découragement. Vous vous dites que vous n'avez pas le temps ou que vous avez d'autres priorités.

Que se passe-t-il ? Êtes-vous tout simplement faible ou paresseux ? Je suppose que vous avez déjà culpabilisé un certain nombre de fois dans votre vie à ce sujet. La bonne nouvelle, c'est que votre blocage n'a peut-être rien à voir avec la faiblesse, la paresse ou n'importe quel mauvais trait de personnalité dont vous avez choisi de vous affubler. Vous pouvez très bien être bloqué car, au plus profond de vous-même, vous ne vous sentez pas capable de mettre votre plan à exécution ou pire, vous n'estimez pas mériter d'être plus heureux que vous ne l'êtes actuellement.

Dans ce chapitre, je parle du pouvoir d'un système de croyances solide pour vous plonger dans l'action. Je vous montre comment choisir les croyances qui vont vous aider et mettre en sourdine celles qui vous freinent.

Comprendre le façonnement de la personnalité via les croyances

Vous pouvez manquer de ressources et votre plan seulement se limiter à quelques gribouillages au dos d'une enveloppe, mais si votre motivation est totale et si vous êtes persuadé de réussir, votre plan peut voir le jour. L'histoire est pleine d'hommes et de femmes qui ont déjoué tous les pronostics, surmonté des obstacles apparemment insurmontables et atteint leurs objectifs. Ces personnes ont une chose en commun : elles sont absolument persuadées d'être la personne qu'il faut et de se trouver au bon endroit et au bon moment afin de réussir ce qu'elles ont décidé d'entreprendre, qu'il s'agisse de grimper une montagne impossible ou de remporter un marathon.

En matière de coaching personnel, une *croyance* est une simple conviction à propos de quelque chose, surtout à propos de soi. Les croyances positives solides sont un préalable à l'action. Avoir des croyances négatives ou des croyances qui ne vous sont plus favorables a l'effet inverse et vous laisse dans l'impasse. Votre critique intérieur se spécialise dans ces croyances destructrices et peut les produire pour un oui ou pour un non.

Les croyances sont des piégeuses : elles semblent toujours logiques et indiscutables, c'est leur nature, mais des communautés entières ont bâti leur vision du monde sur des croyances qui se sont avérées fausses par la suite. Par exemple, la Terre n'est pas plate, contrairement à ce que les gens pensaient. Ainsi, l'homme a gaspillé beaucoup d'énergie à élaborer des stratégies pour éviter de tomber dans le vide.

D'où viennent vos croyances ?

Certaines de vos croyances remontent à votre enfance. Lorsque vous étiez tout petit, vous pensiez vraiment que vos parents avaient la réponse à tout. Et quand vous croyiez au Père Noël ou à la petite souris ! Certaines croyances nées dans l'enfance peuvent être nuisibles. Et ce bulletin scolaire qui vous a fait croire que vous étiez paresseux et facilement distrait ? Vous vous comportiez certes parfois de la sorte, mais ce genre d'étiquettes vous colle ensuite à la peau bien après être devenu travailleur et concentré. Les croyances acquises ou qui vous ont été transmises lors de l'enfance peuvent être très profondes et si elles sont négatives, elles peuvent réellement vous empêcher de percevoir et d'exploiter votre véritable potentiel.

Mais, parfois, les croyances peuvent être renversées en un instant. Vous vous souvenez du film *Matrix* ? Neo, le personnage principal est stupéfait de découvrir que le monde n'est pas à l'image de ce qu'il croyait et qu'il a été

Chapitre 5 : Choisir ses croyances

minutieusement conçu avec des intentions sinistres. Son monde *intérieur*, tout son cadre de référence, est certainement changé à jamais une fois ses nouvelles croyances apparues. Dans le monde réel, les scientifiques font en permanence des découvertes surprenantes sur des « faits », concernant notre monde extérieur et le fonctionnement de la conscience humaine, qui avaient toujours été considérés comme la vérité.

C'était soi-disant impossible

Certains parmi les plus grands exploits de l'histoire avaient été considérés comme impossibles à réaliser. Quand vous avez le sentiment de ne pouvoir venir à bout de vos croyances limitantes, souvenez-vous :

- Thomas Edison a persévéré et s'y est repris à des milliers de fois avant d'inventer l'ampoule électrique, face aux sceptiques qui affirmaient que l'éclairage au gaz était la seule solution réalisable ;
- Roger Bannister a couru le mile en 4 minutes alors que les experts en médecine soutenaient qu'aucun corps humain n'en était capable ;
- Neil Armstrong a marché sur la Lune.

Et, dans le monde industriel moderne, contrairement à ce que croyait le marché dans son ensemble :

- James Dyson a créé un aspirateur qui ne perd jamais de sa puissance ;
- Sony a créé le walkman, premier lecteur de musique de poche ;
- First Direct a créé la première banque sans agences et ouverte 24 heures sur 24 et 7 jours sur 7.

Vous est-il déjà arrivé qu'une chose à laquelle vous croyiez fermement se soit avérée différente de ce que vous pensiez ? Vous avez peut-être déjà lu des histoires vraies de personnes qui découvraient que leur conjoint, avec qui elles vivaient depuis des dizaines d'années, menait en fait une double vie. Voir ainsi remise en question une croyance bien ancrée met à mal votre système de croyances et vous pousse à remettre en cause bien des choses auxquelles vous croyiez.

Parfois, les croyances que vous vous forgez peuvent être incomplètes ou trompeuses. Vous vous êtes fait des idées sur une personne à partir de ce que vous a dit un ami, puis vous découvrez que vous ne connaissiez pas tous les dessous du personnage. Croyez-vous aux histoires que vous lisez dans les journaux ? La presse peut présenter des arguments irréfutables et se montrer très autoritaire, mais ne montrer malgré tout qu'une petite partie de la vérité, voire des faits déformés.

Vous rendre compte que ces croyances peuvent être erronées ne doit pas vous inciter à vous enfermer dans une théorie du complot et à douter de tout ce que vous apprenez. Mais vous pouvez voir comme les croyances tenaces vous poussent à agir avec conviction à bon ou à mauvais escient. Modifier ses croyances pour aller de l'avant n'est pas un signe de naïveté ou de « pensée positive », c'est tout simplement frappé du bon sens.

La croyance qui vous bloque n'est pas plus vraie qu'une croyance qui vous encourage à agir positivement, alors choisissez de vous focaliser sur celles qui vous permettent d'obtenir des résultats exceptionnels !

Quelles sont vos croyances ?

Nombre de vos croyances font tellement partie de vous que vous les percevez rarement avec objectivité. Un coup d'œil superficiel ne suffit pas toujours car, en apparence, toutes vos croyances peuvent vous sembler parfaitement raisonnables. Pour bâtir un solide système de croyances positives, il faut commencer par dépoussiérer vos croyances et les étendre sur votre corde à linge mentale pour les aérer quelque peu.

Pour cette activité, il vous faut un papier et un crayon ou votre journal. Mettez-vous au calme et posez-vous les questions suivantes. Notez tout ce qui vous vient à l'esprit pour répondre. À ce stade, ne vous souciez pas trop du pourquoi et du comment. Retenez simplement ce qui vous semble être la vérité, qu'elle soit agréable ou désagréable. Vous vous pencherez de plus près sur ces croyances dans une autre activité, plus loin dans ce chapitre.

- **Quelles sont vos croyances à propos de vous-même ?** Par exemple, « *Je suis intelligent* », « *Je suis paresseux* », « *Je ne sais pas chanter* », « *Je suis très sympathique* ».

- **Quelles certitudes avez-vous dans la vie ?** « *Je peux faire tout ce que j'ai décidé* », « *Je n'arrêterai jamais de fumer* », « *La concurrence sur le marché du travail est trop féroce pour que je parvienne à décrocher le poste de mes rêves* », « *Le travail paie toujours* ».

- **Comment jugez-vous l'attitude des autres envers vous ?** « *Les gens m'accordent généralement leur soutien* », « *Mes collègues de travail n'adhèrent pas à mes projets* », « *J'ai la chance d'avoir des amis fantastiques* », « *Ma réserve refroidit les personnes avec qui je sors* ».

Que vous apportent vos croyances ?

Toutes vos croyances vous semblent probablement très réelles. Même les croyances négatives et destructrices ont leur raison d'être. À un moment ou à un autre, vous avez réuni les preuves qui étayent toutes vos croyances. Si vous êtes convaincu d'être nul en sport, c'est parce que vous disposez d'un tas d'exemples qui le confirment (vous avez loupé un but tout fait ou vous êtes arrivé dernier à une course). Comme vos échecs sont plus nombreux que vos succès, vous avez l'habitude de ne prendre en compte que les preuves confirmant votre croyance négative à propos de vos qualités de sportif. Cette croyance vous empêche d'échouer ou de paraître idiot car, ainsi, vous pouvez choisir de fuir le sport. En fait, vous êtes très probablement parfaitement capable de devenir très bon en sport si vous en avez vraiment envie et si vous décidez de vous entraîner sérieusement.

Vos croyances les plus limitantes envers vous-même entravent votre passage à l'action. Mais, chose étonnante, de nombreuses personnes sont attachées à leurs croyances limitantes et rechignent à s'en débarrasser. C'est dû au fait que toutes vos croyances vous sont utiles d'une manière ou d'une autre. Si vous êtes persuadé de ne pas être assez brillant pour décrocher une promotion, vous avez toutes les raisons de ne pas essayer de l'avoir. Si vous pensez que tous les hommes et les femmes avec qui vous sortez sont égoïstes et indignes de confiance, vous pouvez vous construire une carapace pour ne pas être blessé. Vos croyances limitantes ont une fonction mais elle est très... limitée. En revanche, vos croyances salutaires vous sont bien plus bénéfiques car elles vous aident à rendre plus de choses possibles dans votre vie.

Vous avez encore la liste de croyances établie lors de la dernière activité ? Parfait. Maintenant, essayez ceci.

1. **Dessinez deux colonnes, comme sur le tableau 5**.1. Donnez comme titre « Mes croyances » à la première et « Mes résultats » à la seconde.

2. **Prenez la liste de la dernière activité et mettez, dans la première colonne, toutes les croyances (à la fois limitantes et salutaires) indiquées comme réponse aux trois questions précédentes.**

3. **Indiquez le résultat pour chaque croyance mentionnée.** Que vous apporte cette croyance ? Soyez précis. Est-ce un sentiment de fierté, de sécurité ou d'amour ou est-ce une chose très concrète telle qu'un très bon salaire, trop de stress ou un découvert bancaire monumental ? Pour vos croyances négatives, le résultat en vaut-il la peine ? Est-ce que le fait d'avoir cette croyance vous apporte suffisamment pour justifier votre tendance à la préserver ? Le résultat vous apporte-t-il du bien-être à court terme sans vous faire progresser à plus longue échéance ? Le tableau 5.1 vous donne un exemple complet.

Deuxième partie : Votre voyage dans l'univers du coaching personnel

Tableau 5.1 : Croyances et résultats

Mes croyances	Mes résultats
Je suis intelligent	Je sais que je peux me débrouiller
Je suis paresseux	Je peux rester là, tranquille
Je ne sais pas chanter	Je n'ai pas besoin de courir le risque de me ridiculiser
Je suis très sympathique	Je suis rassuré
Je peux faire tout ce que j'ai décidé	Je me sens fort
Je n'arrêterai jamais de fumer	Je n'ai pas besoin d'essayer
La concurrence sur le marché du travail est trop féroce pour que je parvienne à décrocher le poste de mes rêves	Je peux rester dans ma zone de confort à ce poste qui ne mène nulle part
Le travail paie toujours	J'ai l'endurance nécessaire pour mener à bien des tâches
Les gens m'accordent généralement leur soutien	J'inspire facilement confiance et on m'accorde souvent sa confiance
Mes collègues de travail n'adhèrent pas à mes projets	Je peux ronchonner à loisir
J'ai la chance d'avoir des amis fantastiques	Je peux apprécier totalement leur amitié
Ma réserve refroidit les personnes avec qui je sors	Je peux me cacher derrière ma réserve et ne pas risquer ainsi d'être rejeté à cause de ma vraie personnalité

Vous pouvez faire des recherches et demander à vos amis et proches quel est leur système de croyance. Vous obtiendrez probablement un échantillon fascinant d'opinions qui vous montrera que chacun a sa propre carte du monde. Nous avons tous notre vision des faits et de la réalité. Cette activité prouve le caractère arbitraire de certaines croyances et peut également vous aider à mieux comprendre comment fonctionnent les personnes de votre entourage. Fini les disputes ! Vos amis et proches ont le droit, au même titre que vous, d'avoir leur propre carte du monde.

Modifier ses croyances

Parfois, le simple fait d'admettre l'existence d'une croyance limitante lui fait perdre tout son pouvoir. Vous êtes alors plus en mesure de voir l'ennemi qui se cache derrière elle. Quelles que soient les croyances que vous entretenez à propos de vous-même (« Je ne suis pas fiable », « Je suis moche », « Je suis idiot »), en vous donnant un peu de mal, vous trouverez toujours une pléthore de preuves pour les étayer. Votre cerveau semble les rechercher activement et ignorer les indices contraires qui indiquent que vous êtes digne de confiance, séduisant et intelligent.

Vous êtes un être humain complexe qui se comporte parfois de manière déloyale et parfois avec loyauté. Mais ce n'est pas votre comportement qui détermine *qui* vous êtes. Cependant, votre comportement tend à conditionner les résultats que vous obtenez et ces derniers déterminent votre satisfaction face à la vie que vous menez. En modifiant vos croyances, vous vous offrez la possibilité d'agir plus souvent de différentes manières. Plus vous optez pour des comportements positifs, plus vos résultats sont bons et mieux vous vous sentez. C'est un cercle vertueux.

Refaçonner une croyance limitante

Pouvez-vous tout simplement décider de but en blanc de faire disparaître une croyance limitante même si vous avez l'impression de vous manœuvrer ? Oui, absolument !

Vous pouvez vaincre votre croyance limitante en répétant régulièrement des *affirmations et des mantras*, des croyances puissantes, positives, centrées sur le présent qui vous aident à modifier vos modèles de pensée. Par exemple, « Je respire l'énergie et la vitalité » est une excellente affirmation si vous essayez de supprimer les aliments mauvais pour votre santé qui vous rendent léthargique. Votre cerveau croit ce que vous lui dites. Un excellent exercice pour démarrer consiste à transformer simplement le langage négatif en langage positif. Vous avez peut-être un peu l'impression de vous moquer de vous-même, mais, avec le temps, la nouvelle croyance s'ancre en vous et vous commencez à recueillir plus de preuves pour l'étayer que vous n'en aviez pour l'ancienne croyance limitante. Par conséquent, au lieu de toujours voir la preuve de votre paresse (vous passez toute l'après-midi sur votre canapé), vous commencez à vous focaliser sur la preuve contraire (vous sortez marcher, nettoyez un placard ou vous vous attelez à une tâche professionnelle).

L'activité suivante va vous aider à faire disparaître ces croyances limitantes à propos de vous-même.

1. **Prenez votre liste de croyances limitantes et choisissez celles que vous souhaitez faire disparaître (toutes, avec un peu de chance !).**

2. **Mettez de nouveau par écrit vos croyances négatives sur la partie gauche d'une feuille de format A4.** Faites des phrases simples telles que « Je suis déloyal ». Vous savez déjà que ces déclarations sont au mieux partiellement vraies. En les voyant écrites ainsi noir sur blanc, votre cerveau ne pourra s'empêcher de protester un peu !

3. **Maintenant, inscrivez sur la partie droite de votre feuille la déclaration contraire à chaque croyance négative.** Utilisez la première personne (« Je ») tout en veillant toujours à faire des phrases simples et inconditionnelles telles que « Je suis intelligent » ou « Je suis honnête ». Prenez soin d'écrire la déclaration positive en plus gros que la déclaration négative. Vous pouvez utiliser des stylos de couleur si vous le souhaitez.

4. **Revenez aux déclarations négatives et rayez tous les mots négatifs un par un avec un gros feutre noir et obtenez ainsi des phrases incomplètes.** Cela va aider votre cerveau à démanteler l'association négative.

5. **Relisez vos déclarations positives, puis lisez-les à voix haute, dix fois, en parlant de plus en plus fort à chaque fois.** Amusez-vous en faisant cela. Imaginez-vous en plein concert rock, transporté par l'ambiance du public. Dix mille personnes hurlent vos énoncés positifs avec vous et vous vous sentez super bien !

6. **Consultez votre liste quotidiennement pendant au moins quinze jours.** Prenez quelques instants chaque jour pour vociférer vos nouvelles croyances. (N'essayez pas de le faire au bureau, à moins que vos collègues n'aient choisi la même métaphore hard rock que la vôtre !)

Pour assimiler une nouvelle habitude, il faut du temps et de l'entraînement. Les chercheurs disent qu'il est nécessaire de la répéter quinze fois. Cela dépend de l'habitude en question et du degré d'ancrage de l'ancienne. La meilleure stratégie est de continuer à répéter la nouvelle habitude jusqu'à ce que vous soyez capable de la réaliser *machinalement* trois fois de suite. Ensuite, continuez !

Aller au plus profond de ses croyances limitantes les plus tenaces

Que faire si vous ne parvenez pas à remodeler votre croyance limitante ? Cela signifie probablement que vous devez descendre à la racine de votre véritable peur, laquelle figure toujours à la base des croyances limitantes. Quand vous atteignez votre véritable peur, vous le savez parfois car, en l'identifiant objectivement, vous ressentez une certaine stupéfaction et un soulagement. Cela peut même se traduire par une vision très claire de la façon de faire disparaître la croyance limitante. Mais il arrive plus souvent que vous deviez l'explorer plus profondément pour vous prouver que vous n'en avez plus besoin.

Votre coach intérieur vous incite à vous poser des questions d'approfondissement : quelle est la vérité dans tout ça ? Qu'est-ce qui se

Chapitre 5 : Choisir ses croyances

cache derrière cela ? Pas besoin de vous soucier de la *raison* pour laquelle vous avez cette peur. Connaître la vérité peut suffire. Après tout, vous n'êtes pas votre passé. Le passé, c'est ce que vous avez vécu jusqu'à présent dans votre vie. Votre préoccupation est d'être en paix avec vos expériences passées et bien concentré sur l'instant présent qui conditionne votre avenir.

Il faut parfois faire la paix avec le passé avant de penser au présent. Si certaines de vos croyances sont associées à un grave traumatisme de l'enfance, une consultation psychologique, ou une thérapie, peut s'imposer pour vous aider à comprendre l'origine de ces croyances.

Kate pensait qu'elle connaissait très bien ses croyances limitantes et qu'elle avait fait un travail considérable au fil des ans pour les remplacer par des croyances positives et salutaires. Mais elle avait fini par admettre que certaines croyances négatives étaient si profondément ancrées qu'elle ne pourrait peut-être jamais s'en débarrasser, même si elle estimait avoir beaucoup progressé et aller de l'avant. Lors d'une séance de coaching, elle décida de se concentrer sur le domaine qui la freinait le plus selon elle. Cela faisait deux ans qu'elle était à son compte et elle était contrariée de ne pas encore avoir pris les mesures qu'elle savait pourtant nécessaires pour faire progresser son activité sur le marché européen. Son coach lui demanda quelle était sa croyance à ce propos.

« Que je ne suis pas capable d'endosser le succès que je dois à mes actes », répondit-elle.

Son coach lui demanda de réfléchir à deux croyances plus limitantes également tenaces mais pas forcément liées à la première. Après quelques instants de réflexion, Kate dit : « Je tergiverse toujours, dans mon activité professionnelle bien sûr, mais parfois aussi dans tous les domaines de ma vie. Ça me rend folle !

– Autre chose ?

– Oui, une, un peu gênante. Je ne suis pas alcoolique, du moins je l'espère, mais de temps en temps, j'ai besoin d'abuser de l'alcool. Je pense que c'est pour me remonter le moral quand ça ne va pas. Bien sûr, c'est mauvais pour la santé et cela ne fonctionne jamais très bien. Alors, pourquoi suis-je incapable de le contrôler ? Je suis faible. »

Le coach demanda ensuite à Kate de prendre les croyances limitantes une par une et de se demander quelle était la peur qui se cachait derrière. Elle commença par celle qui touchait son activité professionnelle car c'était la plus contrariante. Après un moment, elle dit : « J'ai peur de ne pas avoir les capacités de réussir, de ne pas être assez bonne.

– Et quelle est précisément la peur qui se cache derrière ça ? »

Kate réfléchit. À première vue, elle ne voyait pas. Après tout, ne pas être « assez bonne » était en soi particulièrement terrifiant. Mais plus elle se détendait et étudiait la réalité, plus elle se sentait proche de la réponse. Soudain, elle lâcha : « J'ai peur d'être faible ! »

Ce fut une découverte capitale. Kate prit conscience que sa peur d'être faible se cachait derrière ses trois croyances limitantes les plus tenaces. Elle avait amassé les preuves dans le passé qu'elle n'était « pas à la hauteur » dans son travail, qu'elle « manquait de discipline » dans les tâches à exécuter et qu'elle était « faible » concernant l'alcool (autant d'étiquettes qu'elle se collait elle-même en employant ces mots). Dès qu'elle comprit que sa véritable peur était d'être faible, elle se rendit compte à quel point c'était incroyable. Kate put trouver des tas d'éléments qui prouvaient qu'elle pouvait être forte dans tous ces domaines et qu'il n'en tenait qu'à elle.

Kate fut même capable de trouver une raison pour laquelle elle se focalisait tant sur ces étiquettes de faiblesse et de force : enfant, c'était la petite princesse de la famille, choyée et adorée. Elle estimait avoir bâti la croyance qu'elle devait être protégée et elle avait inconsciemment créé les circonstances pour se transformer en une personne parfois vulnérable. Alors, de temps en temps, elle rechignait à s'attaquer à une tâche difficile et comptait sur les autres pour la mener à bonne fin. La prise de conscience de Kate fut suffisamment marquée pour anéantir la croyance négative et elle ne ressentit pas le besoin de trop l'analyser. Elle se rendit compte qu'en tant qu'adulte, elle n'avait pas besoin d'être protégée de la sorte et que la croyance limitante « Je suis faible » ne lui servait plus à rien. Elle remplaça sa peur la plus profonde par l'énoncé positif et salutaire « Je suis forte et mes choix son convaincants ».

Maîtriser ses peurs

Toutes les croyances limitantes découlent d'un type de peur. Aussi bizarre que cela puisse paraître, la peur est souvent une bonne chose. Les symptômes physiques de la peur sont curieusement les mêmes que ceux accompagnant une excitation extrême. Comparez la boule que vous avez dans l'estomac avant de parler devant un public à celle que vous avez juste avant un rendez-vous avec la personne dont vous êtes amoureux. C'est la *signification* que vous accordez aux sensations qui peut provoquer des résultats désastreux. Les sportifs et les personnes qui montent sur scène ont depuis longtemps appris à canaliser et transformer leur peur naturelle en appréhension pleine d'excitation avant d'évoluer à leur meilleur niveau. N'avoir absolument aucune peur n'est pas aussi génial que cela en a l'air. L'être humain semble adorer les frissons de la chasse et il est conçu pour relever des défis. Par conséquent, même si les sensations sont désagréables, votre esprit et votre corps peuvent préférer un état de peur à ce sentiment d'une platitude redoutable que rien d'excitant ne vous arrivera jamais.

La peur constitue un obstacle quand vous la laissez vous empêcher de prendre des mesures et de réaliser des choses. Maîtriser sa peur est très utile quand vous vous mettez sur la voie du succès grâce au coaching.

Vaincre la peur source de tergiversations

La tergiversation masque souvent la peur. Si vous remettez à plus tard une tâche c'est peut-être parce que vous avez peur d'échouer, de réussir, d'être mal à l'aise ou d'être rejeté. Le simple fait de percevoir cette peur peut vous aider à remédier à vos tergiversations. Pour atteindre la racine de celles-ci, la clé est d'identifier ce qui se cache derrière puis de choisir la stratégie pour venir à bout des vraies raisons.

Vous pouvez essayer certaines stratégies exposées au chapitre 8 pour vaincre vos tergiversations mais pour l'heure, commencez par en déceler les raisons.

Voici des phrases que vous vous dites peut-être pour justifier vos tergiversations :

- « Je suis perfectionniste, voilà pourquoi je mets plus de temps à faire les choses. »
- « Je ne vois pas trop pourquoi je devrais faire cela. »
- « Je ne suis pas vraiment capable de bien faire cela. »
- « Je ne veux pas faire ça pour toi. »
- « C'est trop difficile. »
- « Je n'ai pas le temps. »
- « Je ne m'y connais pas. »
- « Je ne veux pas échouer. »
- « Je ne veux pas avoir l'air idiot. »

Parfois, la peur se cachant derrière votre croyance source de tergiversations est facile à identifier. Si vous remettez les choses à plus tard en raison de votre perfectionnisme, vous craignez peut-être que l'on se moque de vous si vous ne réussissez pas complètement. « Je ne m'y connais pas » peut supposer que vous savez pertinemment que vous pourriez demander de l'aide mais vous avez peur de le faire, par crainte de paraître idiot. D'autres peurs peuvent être plus difficiles à débusquer. « Je n'ai pas le temps » peut vraiment signifier que vous n'avez pas les capacités ou la détermination nécessaire pour accomplir la tâche.

Que faites-vous quand vous hésitez à faire quelque chose ? Eh bien, souvent, vous êtes stressé, anxieux et le résultat obtenu est même parfois mauvais. Mais la raison pour laquelle il est si facile pour vous de continuer à tergiverser, c'est qu'en faisant les choses à la dernière minute, vous vous en sortez avec un résultat suffisamment bon qui vous prouve que votre stratégie de tergiversation est efficace. Vous pouvez même vous dire que vous vous épargnez des efforts ! Cependant, à chaque fois que vous tergiversez, vous renforcez votre tendance à l'inaction. Vous évitez la tâche à exécuter au lieu de vous investir. La seule action que vous menez est d'alimenter vos peurs en renforçant vos croyances limitantes.

Voici trois questions très simples à vous poser à intervalles réguliers :

- Actuellement, sur quoi est-ce que je tergiverse ?
- Quelle croyance concernant la chose à faire m'empêche d'agir ?
- Quelle peur se cache derrière cette croyance ?

Inscrivez les réponses dans votre journal. Les sections suivantes vont vous aider à identifier les peurs à surmonter.

Identifier les peurs qui stimulent et celles qui paralysent

La peur peut être votre amie quand elle vous pousse à agir. Pour certaines personnes, imaginer la honte de l'échec les aide à être meilleures qu'elles n'auraient jamais pensé être. Si vous êtes plus enclin à fuir ce que vous *ne voulez pas* plutôt qu'à aller vers ce que *vous voulez*, cela signifie que vous utilisez la peur pour vous pousser à agir. Par exemple, arrêter de fumer peut s'avérer difficile si vous vous focalisez uniquement sur les avantages en matière de santé. Pour renforcer votre motivation, vous pourriez penser plutôt aux conséquences négatives de la poursuite du tabac. Et le déclic pourrait se produire si votre enfant vous supplie d'arrêter parce qu'il ne veut pas que vous mouriez.

Utiliser sa peur des conséquences peut sembler une bonne stratégie mais elle a un prix. Les mécanismes de la culpabilité, de la peur et de la honte peuvent vous permettre à court terme de passer à l'action, mais les messages négatifs que vous vous adressez peuvent être plus dommageables sur le long terme. Suivre un régime draconien parce que votre conjoint vous trouve gros ne présentera pas d'avantages à long terme. Votre santé pourrait en pâtir et vous pourriez éprouver du ressentiment et ressentir une diminution de l'estime de soi, ce qui ne vous mettra pas dans les meilleures conditions pour rester mince. Votre critique intérieur adore vous culpabiliser par tous les moyens possibles et même quand la culpabilité produit un résultat positif, car vous culpabiliser ainsi lors de la quête de ce résultat peut annihiler nombre de ses bienfaits.

Prenez garde avec l'utilisation de la peur pour obtenir des résultats. Se focaliser sur ce que l'on veut vraiment dans la vie, plutôt que sur ce que vous ne souhaitez pas, est toujours la stratégie la plus efficace et saine sur le long terme.

Connaître ses peurs

Mettre un nom sur quelque chose peut faire disparaître son pouvoir. Nommer et couvrir de honte ses peurs est incroyablement libérateur. C'est comme faire face à la poussière que vous aviez laissée sous votre lit pendant un an ou vider les vieilleries que vous cachiez dans un placard et qui vous épuisaient insidieusement.

Il existe quatre grands types de peur : la peur d'échouer, la peur d'être gêné, la peur d'être rejeté et la peur de réussir. Vous avez peut-être très envie de découvrir vos plus grandes peurs. Ce ne sont peut-être pas celles que vous croyez !

La peur d'échouer

La plupart des gens la connaissent. L'échec prouve peut-être pour vous que vous n'êtes pas assez bon. Les revers ont certes souvent des conséquences indésirables et nous apprécions tous bien mieux le succès, mais votre vraie peur pourrait très bien avoir une autre signification : ne pas être assez bon induit que vous ne serez pas aimé. Pour vous attaquer à cette peur, adoptez certaines ou l'intégralité des croyances suivantes :

- l'échec fait simplement partie de mon processus de découverte et le succès émane de ma volonté d'apprendre ;
- je suis toujours suffisamment bon, même quand ce que je fais ne fonctionne pas ;
- je réussis toujours lorsque je fais mon possible, animé de bonnes intentions ;
- éviter l'échec signifie me barrer la route menant vers de nouveaux horizons que je n'aurais peut-être pas l'occasion de découvrir si je n'essuyais pas d'échecs.

Si vous avez peur d'échouer car vous craignez de laisser tomber les autres, n'oubliez pas que pour apporter tout ce que vous pouvez à vous-même et à autrui, l'idéal est de commencer par s'aimer soi-même (voir chapitre 13).

La peur d'être gêné

Vous évitez parfois des choses car vous ne voulez pas paraître idiot ou vous exposer. Vous n'osez peut-être pas prendre la parole en réunion pour exprimer un avis contraire par peur d'être ridicule. Vous évitez peut-être de parler en public car vous avez peur de vous planter en prenant position. L'enfance nous apprend que nos actes ne font pas toujours l'unanimité et que nous pouvons nous sentir bête et pas toujours créatifs et novateurs. Il est donc plus facile de ne pas se faire remarquer pour éviter d'être gêné. Combattez votre peur d'être gêné à l'aide du dialogue intérieur suivant :

- Tout le monde admire la personne qui a le courage de dire ce qu'elle pense, même si l'accord n'est pas unanime.
- Que peut-il arriver au pire ? Si je me ridiculise, cela rompt la glace et les autres se prennent de sympathie pour moi.
- Il n'y a pas de questions stupides. Je parie que tout le monde souhaiterait connaître la réponse mais n'ose poser la question.

La peur d'être rejeté

La peur d'être rejeté est liée au profond désir que nous avons tous d'être appréciés et aimés par toutes les personnes que nous rencontrons. Les vendeurs doués trouvent des moyens de surmonter cette peur primaire afin de passer les centaines d'appels nécessaires pour décrocher la vente espérée. Le rejet fait inévitablement partie de la vie, acceptez-le. Vous ne pouvez pas être apprécié et aimé de tous ceux que vous côtoyez et, même si c'était possible, vous vous infligeriez un véritable supplice à essayer de plaire à tout le monde. Vivez plus facilement le rejet en adoptant les attitudes suivantes :

- Quand mes idées sont rejetées, je tire parti de plus d'informations sur ce qui ne va pas marcher et cela me rapproche de l'obtention d'un résultat positif.
- Ce que les autres me font n'a rien d'une attaque personnelle. Ils ont leurs raisons et anxiétés qui les poussent à mal se comporter envers moi de temps à autre.

La peur de réussir

La peur de réussir semble bizarre, mais elle atteint tout un chacun à un moment ou à un autre de sa vie. Tout le monde souhaite-t-il réussir ?

Souvent, vous ne faites pas une chose dont vous vous savez pourtant capable car vous voulez tirer dans le même sens que la majorité et, surtout, vous ne souhaitez pas vous retrouver isolé à cause de votre succès. Exceller dans quelque chose peut paraître se couper du monde et vous vous sentez parfois submergé par les attentes que les autres ont vis-à-vis de vous. Il est parfois plus facile et agréable d'éviter d'évoluer au niveau optimal que l'on se sait capable d'atteindre.

La peur de réussir s'avère parfois la peur la plus difficile à déceler car elle semble très empreinte de générosité et de désintéressement : ne te fais pas mousser, sois modeste, évite d'être fier. Mais c'est un ennemi déguisé en ami. Dans son livre *Return to Love*, Marianne Williamson dit : « Notre peur la plus profonde n'est pas d'être incompétent mais d'être trop fort. » Vivez bien votre succès en ayant les pensées suivantes :

- être sur la retenue n'aide pas les autres et ne fait que me nuire ;
- je vais acquérir les capacités de gérer mon succès au fur et à mesure ;
- je peux être un modèle pour les autres et j'en tirerai bien plus de joie que de souffrance ;
- je vaux la peine d'être connu.

Minimiser l'importance de ses peurs

L'ironie de la chose, c'est que pour diminuer l'influence de la peur dans sa vie, il faut l'inviter à sa table et l'observer de près. Avec le temps, vous pouvez chasser la peur en vivant la réalité et non ce que votre imagination fait apparaître. En prenant confiance, vous commencez à remarquer qu'il vous arrive moins souvent d'échouer, d'être gêné, rejeté ou isolé. Vous commencez à apprécier tous les bienfaits de vos initiatives, de vos prises de risques et de la confiance que vous vous accordez.

Essayez de percevoir la peur comme rien d'autre qu'une émotion puissante qui peut vous rendre service si vous la laissez faire. Parfois, la lutte renforce la résistance de ce que vous combattez. Considérez la peur comme un monstre de bande dessinée. Pourquoi ne pas vous amuser un peu en créant vos propres personnages. Soyez inspiré par les merveilleux monstres du film des studios Pixar, *Monstres & Cie*. Voir ses peurs ainsi leur ôte une grande partie de leur pouvoir. Vos peurs ont-elles un nom ? Leur donner une personnalité légèrement ridicule vous permet-il de vous moquer d'elles, comme l'ont découvert dans le film les nababs de la communauté des monstres quand ils se sont aperçus que le rire produisait bien plus d'énergie que la peur ?

Chapitre 6

Découvrir les valeurs qui motivent

Dans ce chapitre :

▶ Créer sa carte de motivation personnelle
▶ Avoir une idée précise de ses besoins et valeurs
▶ Régler les problèmes de motivation

*V*ous faites parfois des choses pour la plus étrange des raisons. Les facteurs qui semblent être de puissants éléments de motivation pour vous, tels que l'appât du gain, peuvent s'avérer vides et superficiels quand vous vous apercevez que vous voulez en fait plus de temps. Vous pouvez vous rendre compte que des choses que vous aviez mises de côté, telles que vous amuser, peuvent vous faire avancer. Vous devez vous motiver pour finir la journée avec succès, mais vous n'utilisez pas toujours les mêmes sources de motivation dans la vie.

Vos objectifs sont clairs, vous avez de solides croyances positives et un projet dont vous pouvez être fier (si ce n'est pas encore le cas, rendez-vous aux chapitres 5, 8 et 10). La condition essentielle pour parvenir au succès est maintenant de veiller à être réellement motivé pour tenir la promesse faite à vous-même, quels que soient les défis et obstacles qui se mettent en travers de votre chemin.

Le terme motivation vient du latin *motivus*, mouvement. Tout changement demande du mouvement. Par conséquent, outre vos croyances (qui peuvent vous propulser vers l'avant ou vous freiner), votre motivation est l'un des éléments les plus importants de votre voyage dans l'univers du coaching. Dans ce chapitre, vous allez découvrir comment assembler vos principales sources de motivation afin de pouvoir exploiter toute l'énergie nécessaire à la mise en œuvre des changements décidés. Vous commencerez à voir pourquoi vos valeurs peuvent entraver votre motivation et comment entretenir une motivation sans faille pour vous guider vers la réalisation de ce qui vous tient le plus à cœur.

Naviguer en suivant son propre cap

Des dizaines de théories existent sur les moyens de se motiver. Si vous travaillez dans le commerce ou dans un service clients, vous associez peut-être la motivation à la stimulation (des objectifs à atteindre pour gagner des prix). Nombre de personnes puisent leur allant dans le cocktail à base d'environnement concurrentiel et de prix fabuleux en guise de récompense. Mais beaucoup d'autres restent insensibles à ces techniques ou les trouvent même démotivantes. C'est parce que c'est un animal complexe que la motivation prend des formes différentes selon les individus.

Impossible de prédire ce qui marche pour une personne si vous ne connaissez pas précisément les besoins et valeurs qui la font avancer et la priorité qu'elle leur accorde. Votre motivation vous est très personnelle, au même titre que vos empreintes digitales.

Certains comportements traduisent des styles reconnaissables qui montrent de larges similitudes avec certains groupes d'individus (voir chapitre 4). Mais vous pouvez choisir d'adapter tous les comportements afin de créer la personne unique que vous formez. Le même principe peut être appliqué à la motivation.

Vous voulez en savoir plus sur les différentes théories de la motivation ? Allez sur le site Web www.changingminds.org, vous y trouverez des tas d'exemples de théories de la motivation et un large éventail de ressources et d'idées, toutes exprimées dans un langage facile à comprendre.

Lire sa carte personnelle

Pour vous diriger sur la route du changement grâce au coaching, vous devez avancer et, pour ce faire, il vous faut une bonne carte. Souvent, l'erreur commise en cours de route est de s'appuyer sur la carte de quelqu'un d'autre sans s'en apercevoir. Vous avez peut-être un modèle dans un domaine de votre vie, un collègue ou un supérieur dans le travail, par exemple. Ce modèle vous ressemble assez et vous pensez donc que la source de sa motivation est la même que la vôtre et, par conséquent, vous décidez d'employer certaines de ses stratégies pour vous motiver à opérer vos changements. Mais vous jugez insatisfaisants les résultats obtenus, certainement pas aussi bons que ceux de votre modèle. Puis, vous voyez en ces mauvais résultats une occasion de vous reprocher de ne pas faire les efforts nécessaires ou de ne pas avoir assez de volonté.

À vrai dire, vous avez légèrement dévié de votre cap. Comme le savent tous les voyageurs, il ne faut pas grand-chose pour partir dans la mauvaise direction et finir par faire complètement fausse route. Tous les voyages réussis commencent par une connaissance claire et précise de la destination et la collecte des outils qui permettront de garder le cap. Créer sa carte personnelle des motivations et apprendre à bien la lire est un moyen infaillible de naviguer selon son propre cap.

David connaissait le succès dans ses fonctions de responsable technique, mais il estimait que le moment était venu de développer son esprit d'entreprise afin de sortir de son univers spécialisé un peu étroit et de se mettre à son compte en tant que conseiller technique. Ses objectifs étaient très clairs et derrière ceux-ci figuraient essentiellement la volonté de se forger une plus grande sécurité financière et un projet assurant l'avenir de sa famille. David connaissait plusieurs personnes qui étaient parvenues à mettre leur famille à l'abri du besoin en devenant travailleurs indépendants et il avait décidé de prendre la même orientation. Pendant les séances de coaching, David reconnut que la perspective de vendre ses services de conseil l'effrayait assez, mais il parvint à vaincre nombre de ses peurs. Puis, vint le jour où il dit qu'il était prêt à donner sa démission. Mais, le moment venu, il hésita.

Lors de la séance de coaching suivante, David dit qu'il voulait essayer de comprendre ce qui l'empêchait de franchir cette étape importante dans la poursuite de son rêve. Son coach lui demanda notamment de répondre à la question suivante : « Qu'est-ce qui vous excite le plus dans la perspective de monter votre entreprise ?

– Eh bien, répondit David, surtout d'obtenir une certaine sécurité financière et la fierté que je vais ressentir.

– Et qu'est-ce qui vous réjouit le moins ?

– Je pense que cela va me demander beaucoup de travail et que je vais me retrouver vraiment seul pendant un moment. Ça va être difficile. »

Le langage qu'il utilisait était vraiment révélateur. Son coach se demanda si David se voyait ne pas vraiment prendre du plaisir au quotidien à relever son défi. « Rappelez-moi pourquoi vous voulez vous mettre à votre compte, David ? »

David se mit à répéter les mêmes objectifs généraux puis s'interrompit au milieu d'une phrase. « En fait, je n'ai pas du tout envie de *faire* ça. Je voudrais l'avoir déjà *fait* ! Et ce n'est pas tout ! Je vois d'autres personnes qui adorent travailler en indépendant et j'aimerais vraiment être comme elles, mais je ne le sens pas. Je ne me vois pas prendre du plaisir à mener ma barque comme elles le font. Et maintenant ? »

Dès que David a fini par se rendre compte qu'il avait essayé de se glisser dans une carte de motivation qui ne lui convenait pas, sa créativité instinctive se révéla. En l'espace de quelques minutes, il commença à suggérer une nouvelle stratégie impliquant son employeur actuel, qu'il avait sommairement refusé d'envisager jusqu'à présent car il était obnubilé par la carte de motivation de quelqu'un d'autre. David visait le poste de directeur technique dans son entreprise actuelle et non la création de sa propre entreprise, et il parvint rapidement à ses fins dans les mois qui suivirent. Il utilisa la source de motivation initiale (la sécurité financière) mais créa sa propre carte.

Connaître ses besoins

La première étape de la procédure de création de votre carte de motivation est l'identification de vos *besoins émotionnels*, à savoir, les choses que vous estimez devoir posséder pour être heureux. Il peut s'agir des besoins de base suivants :

- être aimé ;
- être en sécurité ;
- satisfaire ses sens ;
- se sentir unique et important ;
- vivre de nouvelles choses.

Vous avez également des besoins plus « élevés » qui contribuent à votre bien-être et peuvent également profiter aux autres ou vous permettre d'évoluer d'une certaine manière :

- avancer dans la vie ;
- changer le monde.

Répondre en permanence à ces besoins peut s'avérer une entreprise réalisable mais avec certaines conséquences. Votre besoin d'amour vous pousse tellement à faire plaisir aux autres que vous pouvez en oublier vos propres intérêts. Votre besoin de sécurité peut vous empêcher de découvrir de nouveaux horizons. Votre besoin de vous sentir unique et important peut vous inciter à viser une promotion qui vous rendra malheureux. Votre besoin de nouveauté peut vous conduire à l'adultère après de nombreuses années de mariage.

Vos besoins les plus importants, avancer dans la vie et changer le monde, sont plus susceptibles de se traduire par des résultats d'ensemble satisfaisants. Mais, là aussi, lorsqu'ils sont associés de manière inadéquate à des besoins plus élémentaires, les conséquences peuvent être indésirables. Imaginez que vous ayez un besoin marqué d'aider votre communauté. Vous mettez donc bénévolement vos talents au service d'une association caritative de votre ville. Parfait, n'est-ce pas ? Mais supposez également que votre besoin d'être unique et important soit encore plus fort ! Il est possible que vous vous mettiez beaucoup en avant lors des réunions du comité et que cela crée des désaccords au sein du groupe. Percevez-vous comme ce besoin vous rend suffisant au sein de l'association caritative ? Cela ne retire bien sûr pas le bien que vous faites, mais d'autres conséquences peuvent être moins plaisantes pour vous et les autres, à cause de la façon dont vous vous sentez obligé de vous comporter pour recueillir l'attention que vous pensez mériter.

À l'instar de vos croyances, vos besoins peuvent tout aussi bien vous faire dévier de votre cap ou vous faire progresser. La difficulté est de parvenir à déceler ce qui vous fait aller de l'avant et de faire en sorte que vos besoins soient satisfaits en respectant vos valeurs. Si vous ressentez intensément le besoin d'être aimé et appréciez les frissons de l'amour, le meilleur moyen que ce besoin soit en adéquation avec votre désir de bâtir une relation solide serait d'évoquer avec votre partenaire la façon d'y parvenir, au lieu, admettons, de flirter avec un collègue de travail. Vous pouvez toujours avoir le sentiment d'être important pour la communauté sans pour autant prendre les autres à rebrousse-poil.

Vous avez parfaitement le droit d'avoir des besoins, cela fait partie de votre personnalité. Il faut simplement trouver des moyens de les satisfaire positivement et non de façon destructrice. Et il faut parfois abandonner des besoins qui vous empêchent d'être en harmonie avec vous-même.

Lors de cette activité, pensez à vos besoins et à la façon dont vous les satisfaites. Répondez aux questions suivantes et pensez attentivement à l'impact de certains de vos comportements quand vous essayez de répondre à vos besoins. Faites-vous des colères (la plupart du temps destructrices) pour obtenir ce que vous voulez, ou énoncez-vous clairement et positivement ce que vous avez besoin de tirer d'une situation donnée (manière constructive) ?

- Quels sont vos besoins ?
- Quels sont les besoins les plus importants pour vous ?
- Comment y répondez-vous actuellement ? Combien en satisfaites-vous de manière destructrice pour vous-même ou autrui ?
- Comment procédez-vous pour satisfaire la majeure partie du temps la plupart de vos besoins d'une manière salutaire ?

Quelles sont les mesures que vous souhaitez prendre à l'issue de cette activité ?

Avoir une idée claire de ses valeurs

Vos valeurs sont les principes les plus essentiels à vos yeux. Elles sont liées à vos besoins mais peuvent également être indépendantes. Vos valeurs orientent votre motivation et vous poussent à aller de l'avant. Votre besoin très marqué d'être aimé peut vous pousser à dire de pieux mensonges à vos amis s'ils risquent de vous en vouloir en apprenant la vérité. Vous pouvez en même temps avoir comme valeur l'honnêteté avec une tendance à la compassion, qui vous incite à penser qu'il est mal de mentir. Dans cet exemple, un bon moyen de respecter les deux valeurs est d'accorder de l'importance à l'honnêteté, avec de la compassion, pour que vous puissiez trouver des moyens de dire la vérité à vos amis. Cette approche répond également à votre besoin d'être aimé car vos amis vous respectent pour votre affection.

Voici des exemples de valeurs :

- avoir de la compassion ;
- aller de l'avant et inspirer les autres ;
- être heureux et répandre la joie autour de soi ;
- aimer et être aimé ;
- être la meilleure personne possible ;
- apporter sa pierre à l'édifice (le monde) ;
- subvenir aux besoins des êtres chers ;
- passer à la postérité ;
- créer de la richesse.

Vous avez probablement beaucoup d'autres valeurs, chacune ayant une signification particulière pour vous.

Si certaines valeurs figurent également sur la liste des besoins, il existe malgré tout une légère différence entre valeurs et besoins. Une véritable valeur permet d'aller de l'avant et vous aide à pleinement apprécier la vie et à évoluer, avec parfois des avantages pour votre entourage ou le monde en général. Réfléchissez au plaisir éprouvé à regarder passivement la télévision pendant des heures. Certes, il faut parfois se détendre et s'amuser, mais cela ne vous ouvre guère d'horizons nouveaux. En revanche, regarder un film stimulant ou lire un livre passionnant vous aide souvent à vous sentir vraiment acteur de votre vie. Vous alimentez ainsi votre valeur ayant trait à votre évolution ou à votre développement personnel.

Ne répondre qu'à vos besoins peut parfois vous pousser à vous recentrer sur vous-même et donc à vous comporter de manière plus égoïste. Quand votre vie est en adéquation avec vos valeurs, pas celles des autres, vous vous trouvez souvent en harmonie avec le monde qui vous entoure. Vous ne devenez pas subitement un saint du jour au lendemain, mais quand vous êtes en osmose avec vos valeurs, vous êtes tellement bien que vous souhaitez qu'il en soit de même pour les autres. La motivation que vous affichez pour que cela se produise nourrit encore plus votre bonheur. Quel beau cercle vertueux !

Vivre en accord avec ses valeurs n'est pas toujours une partie de plaisir. Cela passe par des décisions et des mesures difficiles voire pénibles à prendre. Mais il y a tout un monde entre les désagréments à être sincère avec soi-même et la souffrance qui accompagne les comportements d'évitement. Certains types de dépression peuvent être causés par le refus de respecter ses valeurs. En brimant l'instinct qui vous incite à être vous-même, vous générez une dépression physique, laquelle peut être un message de votre esprit et de votre corps vous disant de passer outre et de prendre en compte vos vraies valeurs.

Quelles sont vos valeurs ?

Les noms que vous mettez sur vos valeurs ne sont pas vraiment importants. Une personne désignera une valeur sous le nom d'*intégrité* tandis qu'une autre personne l'appellera *honnêteté*, alors que toutes les deux désignent la même chose. Par contre, deux personnes peuvent dire qu'elles accordent une grande importance au « respect » puis découvrir qu'elles en ont une définition totalement différente !

Dans cette activité, prêtez bien attention aux mots qui vous viennent à l'esprit, puis aux images, sons et sensations qui leur sont associés. Cela vous aidera à obtenir votre signification de la valeur au sens pratique du terme :

Étape 1 : identifiez les valeurs qui vous motivent

1. **Dessinez un tableau avec trois colonnes, comme le tableau 6.1. Dans la première colonne, mettez vos réponses à la question suivante :** *Quels sont les personnes, les endroits et les choses les plus importants pour moi actuellement ?*

    Vos réponses peuvent être du style « mon travail », « mes enfants », « ma voiture de sport », « la Côte d'Azur », n'importe quels personne, endroit ou chose auxquels vous tenez. Indiquez tout ce qui est important pour vous.

2. **Dans la deuxième colonne, mettez vos réponses à la question suivante :** *Quels bienfaits me procurent cette personne, cet endroit ou cette chose ?*

Identifiez la valeur ou l'avantage obtenu grâce à cette personne, cet endroit ou cette chose. Un seul facteur peut être source de plusieurs avantages : votre métier peut vous apporter sécurité, respect, développement personnel et émotions fortes. Concentrez-vous sur ces bonnes choses. Parfois, votre travail peut également être source de frustration et de stress. (J'aborde tous les « défauts » de votre vie au chapitre 8.) Si vous identifiez des avantages prenant également la forme d'une personne, d'un endroit ou d'une chose (telle que « l'argent » ou « ma voiture de fonction »), placez-les séparément dans la première colonne et indiquez les véritables bienfaits des choses tangibles. L'argent peut vous procurer de la « sécurité » et votre voiture de « l'excitation ».

Faites de même pour tous les éléments de votre liste.

3. **Prenez votre seconde liste.** Vous devriez maintenant avoir plein de valeurs sur cette liste. Parcourez-la et entourez les valeurs qui reviennent plusieurs fois. Ensuite, reliez celles qui présentent la même signification pour vous. Par exemple, vous avez peut-être utilisé le terme *honnêteté* dans un contexte et *intégrité* dans un autre. À vos yeux, ces mots peuvent vouloir dire exactement la même chose ou traduire des notions totalement différentes. C'est votre définition, alors libre à vous d'associer les notions similaires et de choisir un mot parlant pour les décrire.

4. **Indiquez dans la troisième colonne les valeurs les plus fréquemment citées.** Prenez les valeurs restantes et choisissez les plus importantes pour vous. Placez jusqu'à dix émotions ou valeurs dans cette troisième colonne. Mais ne définissez aucun ordre de priorité pour l'instant. Contentez-vous d'indiquer celles qui vous touchent particulièrement et qui ont un sens profond pour vous.

Tableau 6.1 : Identifier les valeurs qui vous motivent

Les personnes, endroits et choses les plus importants pour moi à ce jour	*La valeur positive que m'apporte cette personne, cet endroit ou cette chose*	*Les valeurs les plus importantes pour moi*
Ma famille	Sécurité, paix, amusement, amour	Sécurité
Mon métier	Sécurité, créativité, changer les choses, plaisir	Amusement
L'argent	Plaisir, sécurité	Plaisir
Mes amis	Amusement, plaisir	Paix
Les voyages	Plaisir, amusement	Changer les choses
Mon foyer	Sécurité, paix	Amour

Étape 2 : passez en revue votre liste pour voir si vous n'avez rien oublié

Prenez du recul et étudiez votre liste afin de vérifier qu'elle est bien complète. Avez-vous identifié des valeurs qui tiennent plus des besoins ? Par « amour », vous entendez peut-être celui que vous recevez et non celui que vous donnez. Cela peut alors traduire un gros *besoin* d'être aimé et non la *valeur* concernant l'amour donné et reçu. Relisez la section intitulée « Connaître ses besoins » plus haut dans ce chapitre. Si vous trouvez des qualités qui sont des besoins et non des valeurs, enlevez-les de votre liste.

Vos dix plus grandes valeurs vous permettent de satisfaire vos besoins, ceux des autres ou d'influer de manière positive sur votre environnement. Par exemple, la valeur de sécurité vous pousse à bâtir un foyer paisible pour votre famille, source de tranquillité d'esprit. Considérez les valeurs comme étant ouvertes sur l'extérieur et vers l'avenir.

Dans votre liste, manque-t-il des valeurs essentielles à vos yeux ? Une de vos valeurs, par exemple « faire preuve de solidarité », est peut-être absente de votre liste car aucune personne, aucun endroit ou aucune chose ne vous permet actuellement de l'exprimer. Cette absence est certainement source de frustration, de tristesse ou de stress. Si c'est le cas, vous pouvez vous poser deux questions sur cette valeur « manquante » :

Si je n'ai aucun moyen de mettre cette valeur en pratique aujourd'hui, est-ce vraiment important ou est-ce que j'estime que ce serait essentiel en raison des attentes exprimées par quelqu'un à mon égard ?

S'il ressort de cette question que la valeur est vraiment importante pour vous, demandez-vous ceci :

Comment trouver un moyen de mettre en pratique cette valeur dans ma vie ?

Notez dans votre journal qu'il vous faudra revenir sur ces questions fondamentales à la fin de cette activité, lors du bilan des découvertes effectuées.

Maintenant que vous avez ôté vos besoins et ajouté les valeurs manquantes, vous disposez d'une liste complète comprenant jusqu'à dix valeurs réellement importantes pour vous actuellement. Il est temps de définir un ordre de priorité afin de pouvoir aligner vos objectifs sur l'essence de votre personnalité.

Étape 3 : classez vos valeurs par ordre de priorité

1. **Dessinez un tableau comme le 6**.2. Placez vos dix valeurs les plus importantes dans la première colonne, dans n'importe quel ordre.

(Le tableau 6.2 vous donne des exemples, à vous d'indiquer vos vraies valeurs personnelles.)

Tableau 6.2 : Définir la priorité de vos valeurs										
Valeur										*Total*
Respect										
Amour										
Intégrité										
Amusement										
Apprentissage										
Joie										
Succès										
Équilibre										
Sagesse										
Amitié										

2. **Prenez la première valeur et comparez-la à toutes les autres de la liste, une par une.** Interrogez-vous de la façon suivante :

En ce moment, qu'est-ce qui est le plus important pour moi, le respect ou l'amour ? Si c'est le respect, cochez la case de la première colonne sur la ligne du respect. Si l'amour est plus important que le respect, cochez la case de la première colonne sur la ligne de l'amour. Cette question vous paraît peut-être difficile, ces valeurs étant toutes importantes après tout, mais il est crucial d'avoir une vision très claire de vos priorités actuelles.

Prenez note du langage que vous utilisez. Il s'agit que votre conscience et votre inconscient répondent honnêtement à cette question, conformément à votre état d'esprit *actuel*. L'ordre de priorité de vos valeurs peut très bien varier au fil des ans. La carte de votre motivation évolue toujours un peu. Pour aller de l'avant, vous devez avoir une vision précise de la priorité de vos valeurs à l'instant T.

Demandez-vous ensuite ceci : Le respect est-il actuellement plus important pour moi que l'intégrité ? Le respect est-il actuellement plus important pour moi que l'amusement ? Et ainsi de suite. Vous cochez à chaque fois une case dans l'une des colonnes, toujours en remplissant les lignes vers la droite.

3. **Une fois terminée la comparaison du respect à toutes les autres valeurs, passez à la deuxième valeur de votre liste puis faites de même jusqu'à la dernière**. Votre première question est donc la suivante : Qu'est-ce qui est le plus important pour moi aujourd'hui, l'amour ou l'intégrité ?

Comparez toujours une valeur avec celles qui sont situées au-dessous d'elle dans la liste sinon vous obtiendrez des doublons.

4. **Quand vous avez terminé l'exercice, vous pouvez voir quelles sont les valeurs ayant le plus de coches**. (À noter que le score maximum pour une valeur est de 9 coches.) Vous pouvez maintenant établir un classement de 1 à 10. Vous pouvez avoir des valeurs ex aequo. Pour les départager, vous pouvez opérer un choix. Nombreux sont ceux à disposer au final d'un classement sans ex aequo, mais ce n'est pas le cas pour certains, ravis que certaines valeurs aient exactement la même importance à leurs yeux. Le choix vous appartient, ce sont VOS valeurs !

5. **Maintenant que la priorité de vos valeurs est définie, vous pouvez inscrire dans votre journal votre opinion sur les questions suivantes :**

Est-ce que cet exercice a généré chez moi des surprises voire des chocs ?

Est-ce que certaines valeurs sont plus basses dans le classement que je ne l'aurais pensé ? D'autres sont-elles mieux classées que je ne m'y attendais ?

L'utilisation de mes valeurs se satisfait-elle au quotidien ?

Mes objectifs actuels dans la vie sont-ils en phase avec mes valeurs ?

Étape 4 : définissez vos valeurs

Vous disposez maintenant de la liste de vos dix valeurs préférées et vous pouvez commencer à indiquer précisément leur place dans votre vie. Cette étape va vous permettre de disposer de leurs coordonnées exactes sur votre carte de motivation.

Vous pouvez rédiger une définition ou faire preuve de créativité en dessinant ou penser à des images, tant que cela a un sens pour vous et que vous pouvez traduire cela en acte. Voici des exemples de définition :

Pour moi, l'honnêteté signifie que je me dis toujours la vérité même si elle est difficile à entendre.

Pour moi, l'amusement c'est la recherche quotidienne de moments de franche rigolade avec les membres de mon équipe et une heure par jour passée à jouer avec mes enfants.

Vous n'avez pas besoin de vous assigner une mission globale dans la vie. Vous créez une carte pour l'instant présent, alors laissez votre instinct définir vos valeurs selon vos *désirs*.

Vous pouvez choisir de découper des photos dans des magazines pour exprimer l'excitation que génère votre amour des voyages. Quelle que soit la méthode choisie, vous devez pouvoir vous reporter aux différents éléments quand vous le souhaitez et faire remonter la définition ou l'image pour vous inspirer. Votre définition peut très bien être une image mentale, un morceau de musique, ou simplement une sensation nette associée à la valeur en question. Le choix vous appartient !

Réfléchir sur ses valeurs

Bien que l'activité de la section précédente soit consacrée à la définition des valeurs qui vous motivent, il vous a peut-être été difficile de ne pas penser aux choses dont vous ne voulez pas dans votre vie. Vous vous êtes peut-être aperçu qu'un aspect de votre métier est pénible : par exemple, vous devez suivre une technique commerciale dont vous avez horreur. Quand vous creusez derrière cette raison, vous découvrez que l'utilisation de cette technique va à l'encontre de votre sens de l'honnêteté ou de la compassion et que ces valeurs figurent en tête de votre liste. Cela signifie que pour être vraiment vous-même, vous devez trouver de nouveaux moyens de faire honneur à votre valeur positive tout en cessant de la déshonorer à travers un aspect de votre vie. Cela ne veut pas forcément dire plaquer votre boulot ! Il est très souvent possible de trouver une solution pour parvenir à ses fins une fois la chose à changer identifiée. Vous pourriez remettre en question la technique commerciale incriminée et suggérer de nouveaux moyens d'accomplir votre mission de façon à exprimer pleinement vos valeurs.

Vous disposez maintenant de dix définitions claires et précises de choses à faire pour être en phase avec vous-même. Cette carte est-elle compatible avec vos objectifs actuels ? La plupart des gens sont tellement pris dans le tourbillon de leur vie qu'ils ne se rendent pas compte à quel point ils négligent les choses qui sont réellement importantes pour eux, lesquelles n'exigent pas une motivation active tant elles semblent naturelles. Vous souhaiterez peut-être passer un peu de temps à inscrire vos pensées dans votre journal. Posez-vous les questions suivantes :

- Parmi mes objectifs, combien sont étroitement liés à mes valeurs les plus importantes ?
- Comment définir l'ordre de priorité de mes objectifs de façon à ce qu'ils soient en adéquation avec ma carte de motivation ?
- Comment intégrer les éléments qui me font avancer dans le processus de réalisation de mes objectifs ?

Vous commencez peut-être à déceler des façons d'aligner vos objectifs sur vos valeurs. Une fois cette synchronisation effectuée, faites-vous plaisir en prenant des petites mesures qui vous permettront d'avancer sur les nouveaux chemins découverts que je traite au chapitre 10. J'espère que votre motivation est à son maximum désormais !

Régler les conflits de motivation

Disposer d'une carte de motivation précise est une source de satisfaction immense et, très souvent, c'est à partir de ce moment-là que les choses se mettent en place et que vous connaissez exactement l'itinéraire à emprunter. Mais il arrive aussi, souvent, que des conflits de priorité vous bloquent. Vous avez par exemple un besoin très marqué de vous sentir important et votre métier vous permet de le satisfaire, voire vous permet de grandir en tant que personne et d'apporter votre pierre à l'édifice. Mais, dans le même temps, les engagements pris dans le cadre de votre travail peuvent avoir des conséquences négatives. Votre métier vous empêche par exemple d'être suffisamment présent aux côtés de votre famille et nuit à votre besoin d'amour, car vous devez faire face à des proches mécontents que vous ne leur consacriez pas le temps qu'ils méritent.

L'ordre de priorité de vos valeurs peut évoluer ponctuellement au rythme des changements survenant dans votre vie. C'est parfois source de confusion, de frustration et de désorientation. Vous pouvez parfois vous sentir tiraillé entre plusieurs options.

Rechercher son choix de cœur

Si vous deviez résumer votre vie à l'essentiel, au choix du cœur que vous n'abandonneriez pour rien au monde, quel serait-il ? Vous choisiriez peut-être l'amour, la paix intérieure ou le succès. Il peut s'agir du mode de vie de vos rêves, d'une façon de vous exprimer pleinement, peut-être avec créativité.

Vous pouvez faire en sorte d'ajuster votre vie sur votre choix de cœur. Mais la clé de votre choix de cœur réside certainement dans vos valeurs les plus importantes.

Vos valeurs principales demeurent parfois fondamentalement inchangées tout au long de votre vie, à quelques légers changements près. Voilà pourquoi la lucidité, la connaissance de vos sentiments à propos des choses les plus importantes pour vous sont primordiales, tout comme de savoir ce qui demeure exact vous concernant avec le temps et ce qui évolue. La lucidité développée vous sert de guide dans les moments d'incertitude et quand vous avez besoin de motivation.

La lucidité est le fait de savoir réellement ce qui se déroule, sans porter de jugement, de façon à trouver le meilleur moyen d'aller de l'avant. Les questions de la liste suivante peuvent vous aider à développer la lucidité :

- Quelles sont les valeurs que vous retrouvez inlassablement dans votre vie ? Faut-il toujours que vous fassiez preuve d'intégrité dans votre vie familiale, professionnelle, ainsi qu'avec vos amis ?

- Quelles valeurs vous comblent vraiment lorsque vous les respectez ? Certaines personnes ont des valeurs difficiles à honorer qui provoquent chez elles de la peine, des désagréments et un certain malaise, mais elles estiment qu'elles leur rapportent plus qu'elles ne leur demandent. Le jeu en vaut donc la chandelle.

- Quelles valeurs donnent une impression de complétude à votre vie ? Une vie « parfaite », long fleuve tranquille sans obstacle, ne vous rend pas forcément heureux. En revanche, une vie dans laquelle vous vous sentez vraiment vous-même, progressez et apportez votre pierre à l'édifice qu'est le monde qui vous entoure, peut s'avérer idéale pour vous.

- Parmi vos objectifs, quels sont ceux qui répondent à tous vos besoins et valeurs sans entrer en conflit avec d'autres choses importantes dans votre vie ?

- Quelles sont les choses que vous souhaitez faire avec enthousiasme et pour lesquelles vous n'hésitez jamais, impatient que vous êtes de passer à l'action ?

En vous attachant à trouver vos choix de cœur, vous vous faites un plaisir d'agir pour atteindre les objectifs qui alimentent ces valeurs. Cela ne signifie pas qu'il vous faut abandonner toutes vos autres responsabilités ou sacrifier les autres en route. Vous vous devez de faire le premier pas, même tout petit, car être sur la bonne voie va vous aider à donner un sens à tout ce qu'il y a d'autre dans votre vie.

Gérer les changements de priorité

L'isolement total n'existe pas. Vous devez prendre en compte les cartes de motivation des personnes qui vous entourent et cela peut vous obliger à porter un regard différent sur la manière dont vous respectez vos propres valeurs. Demandez à votre entourage proche de considérer ces idées afin de concevoir sa propre carte de motivation et vous aider ainsi à considérer avec clarté les grands objectifs sur lesquels vous devez vous accorder. Cette démarche peut semer temporairement la confusion dans les esprits car il peut vous sembler que vous voulez tous des choses différentes. Persévérez et vous découvrirez probablement de nombreuses manières d'harmoniser les voyages personnels afin de tirer dans le même sens et d'atteindre la même destination. Et si ce n'est pas le cas, il vaut mieux s'en apercevoir au plus vite afin de pouvoir prendre les bonnes décisions et trouver des compromis sur la façon de vivre vos vies respectives.

Le fait de découvrir les valeurs qui vous motivent, ainsi que vos proches, rendra-t-il pour autant votre vie plus facile ? Dans un sens oui, car il vaut toujours mieux savoir. Mais lorsque vos priorités et celles de vos proches seront plus claires, vous devrez peut-être faire des choix cornéliens que vous aviez la chance de pouvoir ignorer auparavant. Il faut parfois accepter de voir certains de vos besoins insatisfaits ou sacrifier vos propres besoins pour votre bien-être ou celui d'êtres chers, car vous ne pouvez avoir le beurre et l'argent du beurre.

Chapitre 7
Faire le plein de questions pertinentes

Dans ce chapitre :
- La stratégie efficace de l'entonnoir à questions
- Savoir quelles questions poser
- Comprendre les réponses

Il est étonnant de constater qu'une grande partie du succès que vous obtenez en tant qu'adulte intervient lorsque vous étudiez méticuleusement les questions que vous vous posez et celles destinées aux personnes que vous côtoyez, et lorsque vous écoutez attentivement la bonne réponse. La figure 3.1 du chapitre 3 vous montre des questions pertinentes (anneau extérieur du cercle du coaching personnel), première étape vers la conscience de soi.

Posez-vous des questions comme vous utilisez un bon moteur de recherche : choisissez des mots-clés judicieux pour obtenir le résultat souhaité. Il faut toujours considérer les informations obtenues avec un certain sens critique, mais vous allez pouvoir maîtriser l'art de formuler vos questions grâce à ce chapitre. Vous serez alors mieux à même de séparer le bon grain de l'ivraie.

L'art de poser des questions

Les questions sont le point de départ des découvertes que vous faites dans votre vie. Depuis que vous êtes tout petit, vous connaissez le pouvoir des questions judicieuses. La première fois que vous avez découvert l'efficacité des interrogations remonte probablement à l'époque où vous avez fait la connaissance du mot « pourquoi » et cela vous a été très utile pendant un bon moment, jusqu'à ce que vos chers parents, passablement exaspérés, sortent la réponse magique « parce que, c'est tout ! ».

Vous vivez à une époque où la disponibilité des informations est sans précédent. Ces informations ne sont pas toutes bonnes, honnêtes, valables ou utiles, et il est parfois difficile de distinguer ce qui est bénéfique de ce qui est néfaste. Il faut maîtriser l'art de poser des questions pour faire la différence.

Alors, comment *savoir* quand se poser des questions ? Eh bien, je vous remercie d'avoir posé la question ! Posez-vous sans arrêt des questions, mais plus particulièrement quand vous avez l'impression que c'est nécessaire. Les sections suivantes passent en revue certaines situations qui devraient vous inciter à vous interroger.

Prêter attention aux hésitations

L'hésitation, la confusion et la frustration sont d'excellents indicateurs de la nécessité de se poser des questions à propos d'une situation. Votre hésitation peut être dictée par l'incertitude que vous éprouvez à propos de ce qui se passe ou des choix qui s'offrent à vous ou des mesures à prendre.

Commencez par tirer parti de l'hésitation en sachant quelle est sa nature et ce qu'elle signifie pour vous. Quels sont les signes ? S'agit-il d'une pause dans votre processus de réflexion, d'un sentiment de malaise, de peur ou de l'impression de tourner en rond ? Qu'est-ce que cela signifie ? Que refusez-vous de faire en hésitant ? Quel éclaircissement pourrait mettre fin à votre hésitation ? Ce peut être une chose différente à chaque fois. Habituez-vous simplement à vous poser des questions sur votre hésitation et vous parviendrez souvent à sortir de l'impasse.

Il est très facile de déceler une hésitation chez la personne avec laquelle vous conversez au téléphone. Les signes sont parfois un silence, le ton de la voix ou les mots employés par votre interlocuteur. En détecter une chez vous est moins évident. Vous avez tendance à souhaiter que votre dialogue intérieur soit fluide et à vouloir obtenir rapidement les réponses à vos questions. Ce genre de précipitation peut parfois générer un vague sentiment d'insatisfaction et l'impression que vous avez loupé quelque chose.

Imaginons qu'un collègue de travail vous demande de l'aider à rédiger un rapport, vous forçant ainsi à louper votre train et à rester tard au bureau. Dans un premier temps, vous hésitez, puis vous acceptez, notamment parce qu'il vous a déjà aidé par le passé. Quand vous repensez plus tard à votre raisonnement (après avoir apporté une excellente contribution à la rédaction du rapport !), vous vous rendez compte que votre hésitation n'avait rien à voir avec le fait de lui renvoyer l'ascenseur ou de louper votre train. Votre réaction instinctive tenait à la propension de votre collègue à chercher à s'attribuer plus que de raison les mérites du travail collectif, alors que, personnellement, vous faites toujours preuve de franchise lorsque vous donnez un coup de main à la réalisation d'un projet. Votre hésitation vous indiquait de fixer les règles du jeu dès le départ afin de pouvoir offrir votre aide sans retenue.

Posez-vous des questions dès que vous hésitez, car il vaut bien mieux définir clairement les besoins nécessaires pour obtenir un résultat satisfaisant que de revenir dessus après coup.

Affronter la confusion

La confusion vous incite à vous poser des questions telles que « Quelle est la meilleure option ? » car vous pouvez avoir une vision contradictoire ou incomplète d'une situation ou ligne de conduite. Malheureusement, il est parfois difficile de répondre à cette question ! Il faut généralement prendre du recul et vous demander ce qui est exactement à l'origine de votre confusion. S'agit-il d'un manque de connaissance ? Vous ne parvenez peut-être pas à vous décider sur l'orientation professionnelle à prendre car vous ne connaissez pas votre valeur au sein de votre entreprise par rapport à ce qui se fait ailleurs. Des émotions contradictoires concernant les choix qui s'offrent à vous ajoutent-elles à la confusion ? Par exemple, quelle est la meilleure attitude à adopter face à votre vieille amie qui vit une période difficile et s'enfonce en se faisant plaindre ? Une tasse de thé et de la compassion ou de l'aide pour affronter la réalité, même pénible ? Il se peut aussi qu'il existe un conflit entre vos valeurs et vos besoins, ce qui vous empêche de savoir quelle orientation prendre. Vous êtes attiré par une personne passionnante qui flatte votre ego, mais dont les valeurs de solidarité envers les autres sont très différentes des vôtres.

Vous pouvez contribuer à faire disparaître la confusion en recherchant des informations complémentaires et en imaginant les résultats des actions que vous pourriez entreprendre. Quand les choix disponibles semblent entrer en conflit, posez-vous les questions suivantes pour chaque option :

> *Que va-t-il se passer si je fais cela ? Que va-t-il se passer si je ne le fais pas ?*
>
> *Qu'est-ce que je vais y gagner ? Qu'est-ce que je vais y perdre ?*

Faites une liste des avantages et des inconvénients pour chaque option afin de vous aider à dissiper la confusion et de bien vous occuper de la première mesure à prendre.

Combattre la frustration

Vous êtes frustré quand vous estimez avoir épuisé toutes vos ressources et vous vous retrouvez dans une impasse.

Harry, excellent vendeur, connaît une mauvaise passe en termes de résultats. Il a redoublé d'efforts dans tous les domaines où il excellait : il a passé plus de temps à parler au téléphone avec les clients potentiels, il a rappelé ses anciens clients et a pratiquement déboisé l'équivalent d'une petite forêt tropicale avec l'envoi de prospectus décrivant ses services. Malgré tout, la mauvaise passe a persisté.

« J'ai tout essayé et rien ne marche ! » Harry a fini par solliciter un entretien avec son patron pour se plaindre de la situation.

Son patron lui a répondu calmement : « Tu as vraiment *tout* essayé ? »

En fait, ce supervendeur avait vraiment tout essayé parmi les solutions qu'il *connaissait* et il avait également sollicité l'aide de collègues, recueillant au passage quelques nouvelles idées. Mais il n'avait pas fait le tour de toutes les solutions qui existaient. Harry réfléchit à une toute nouvelle stratégie qui l'éloignait des techniques éprouvées qu'il maîtrisait et le poussait à s'aventurer sur un territoire qui le rendait mal à l'aise. Le résultat fut stupéfiant. En l'espace de quelques semaines, il retrouva le haut de l'affiche et son nouvel enthousiasme s'abattit comme une tempête, lui permettant de décrocher une nouvelle série de clients auparavant réticents face à ses anciennes approches. Harry s'était encroûté sans s'en rendre compte et n'avait pas pris le temps de se remettre en question jusqu'à ce que la frustration l'atteigne.

Pour lutter contre la frustration, posez-vous la question suivante :

Comment agir différemment pour obtenir de meilleurs résultats ?

Comme le dit le vieil adage, si vous continuez de faire ce que vous avez toujours fait, vous obtiendrez toujours ce que vous avez toujours obtenu. Tôt ou tard, vous risquez de finir dans les cordes, sans aucune issue pour vous échapper.

Ne tombez pas dans le piège des mauvaises questions !

Certaines questions vous font louvoyer et vous éloignent des itinéraires salutaires. Il peut s'agir, par exemple, d'une question renforçant des croyances limitantes à propos de vous-même : « Pourquoi est-ce que je gâche toujours tout ? » Il n'y a pas de bonne réponse à cette question, à part celle de votre coach intérieur : « Vraiment ? Toujours ? Et les fois où le succès était au rendez-vous ? » Mais votre coach intérieur doit véritablement crier au-dessus de la petite voix pleurnicharde de votre critique intérieur, lequel se fait vraiment une joie d'intervenir avec ses raisons, expliquant pourquoi vous êtes stupide, désagréable, paresseux, etc. Franchement, vous êtes vraiment indécrottable !

Au lieu de vous poser des questions inutiles, faites le plein de questions pertinentes. Ce sont les clés pour débloquer la situation et vous permettre d'entamer votre démarche de coaching personnel.

Se poser les bonnes questions

Les questions sont une invitation aux compléments d'informations ou un appel à l'action. Les questions fermées, à savoir celles qui suscitent une réponse par un oui ou un non, ne sont pas du tout « mauvaises ». Posées dans les bonnes circonstances, elles ont un rôle essentiel. Mais, généralement, optez pour une sorte de stratégie de l'entonnoir : commencez par des questions générales et ouvertes (commençant en principe par qui, qu'est-ce, comment, où ou pourquoi). Puis, passez aux questions d'approfondissement pour en savoir plus. Poser par exemple des questions d'éclaircissement vous permet de vérifier que vous avez bien compris. Terminez ensuite par des questions fermées pour confirmer l'action. L'idée est de partir du générique pour aller au spécifique (d'où la métaphore de l'entonnoir) afin de passer en revue toutes les possibilités et obtenir la meilleure solution aussi rapidement que possible. La figure 7.1 illustre l'entonnoir à questions.

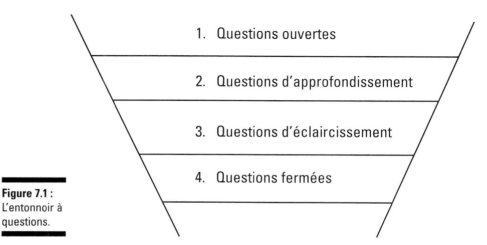

Figure 7.1 : L'entonnoir à questions.

Descendre dans l'entonnoir

L'utilisation de l'entonnoir n'a rien de rigide et ne vous oblige donc pas à commencer par une question ouverte et à finir par une question fermée. Il vous arrivera sans doute plus souvent de monter et descendre à votre gré afin d'obtenir les résultats souhaités. Il faut juste veiller à emprunter tous les niveaux avant de passer à l'action.

Les questions ouvertes

Pensez à l'expression « retrouver la forme ». La première question ouverte que vous pourriez vous poser est la suivante :

> *Que signifie pour moi l'expression retrouver la forme ?*

Votre réponse peut englober plusieurs choses : avoir de l'énergie, de la force, belle allure, éviter les maladies.

Les questions et énoncés d'approfondissement

Les questions d'approfondissement vous invitent à explorer plus avant la situation ou l'objectif. Vous pouvez étudier vos priorités dans le fait de retrouver la forme :

> *Parmi ces objectifs liés à la santé, quels sont les plus importants pour moi et pour quelles raisons ?*

Vous pouvez découvrir qu'« avoir belle allure » est lié au besoin d'être séduisant et qu'éviter les maladies est associé à une vie épanouie auprès de vos enfants. La connaissance de la valeur que vous accordez à ces deux éléments va vous aider à évaluer votre motivation. (Pour en savoir plus sur l'identification des valeurs qui vous motivent, rendez-vous au chapitre 6.)

Les questions et énoncés d'éclaircissement

Une bonne question d'éclaircissement peut vous permettre de rester sur les bons rails et vous empêcher de perdre du temps :

> *Donc, ce que j'attends vraiment de mon programme de remise en forme, c'est…*

Bien que cela paraisse étrange, vous poser une question d'éclaircissement alors que vous êtes sur le point de planifier des mesures peut vous pousser à vous interrompre, à réfléchir et à reconsidérer la question. Votre plan d'action ne correspond peut-être pas exactement à ce que vous souhaitez. La question d'éclaircissement est un moyen d'énoncer de nouveau vos objectifs et de vérifier que vous n'avez rien oublié.

Vous serez peut-être surpris de constater que votre objectif ou plan d'action subit souvent une légère modification à ce stade du processus. Les questions d'éclaircissement vous amènent en douceur vers les questions fermées.

Les questions fermées

Les questions fermées sont idéales pour boucler la descente de l'entonnoir par un engagement ou une action. Elles appellent généralement une réponse par oui ou par non. Vous pouvez donc simplement vous demander si vous êtes totalement prêt à passer à l'action. En matière de coaching, une question fermée induit également une question très précise destinée à lancer l'action proprement dite, par exemple :

Quelle est la meilleure première mesure que je pourrais prendre ?

Quand vais-je appeler la salle de sport ?

Les questions fermées sont orientées vers une décision claire et non des options.

Poser des questions vraiment pertinentes

Les bonnes questions posées au bon moment permettent toujours de s'assumer, mais certaines ont plus d'impact. Les questions *de réflexion* et les questions *induisant une présupposition* sont deux types spécifiques de questions qui mettent efficacement à contribution votre raisonnement lorsque vous pratiquez l'autocoaching.

Les questions de réflexion

Une question de réflexion est une question d'approfondissement ou d'éclaircissement très fréquemment employée en coaching de par ses propriétés quasiment magiques qui permettent d'aller au cœur des problèmes.

Ce type de question favorise également une réflexion profonde et l'analyse des options existantes. L'élaboration d'une question de réflexion très ciblée et la prise en compte de son contexte provoquent souvent un déclic après lequel tout s'éclaire. Posez-vous les questions de réflexion suivantes :

- **En quoi cette action/décision/situation me facilitera les choses ?** Cette question vous rappelle de tirer le meilleur parti de vos forces et préférences personnelles (chapitre 4).

- **Qu'est-ce qui m'empêche de passer à l'action ?** Cette question vous aide à identifier les croyances qui vous bloquent (chapitre 5).

- **Que m'apporterait la réalisation de cet objectif ?** Cela vous oblige à prendre en compte le lien entre votre objectif et vos besoins et valeurs (chapitre 6).

- **Qu'est-ce qui me dit que c'est ce que j'obtiendrai ?** Cette question contribue à aiguiser votre intuition ou à mettre en lumière la preuve apportée par vos sens (chapitre 8).
- **En quoi l'option envisagée est-elle exceptionnelle ?** Cette question vous permet de réfléchir positivement aux solutions que vous trouvez (chapitre 9).
- **Comment saurai-je que j'ai atteint mon objectif ?** Cette question vous permet de rester concentré sur les actions, événements marquants et résultats positifs (chapitre 10).

Les questions induisant une présupposition

Les questions induisant une présupposition sont une forme de question d'approfondissement ou hypothétique et concernent principalement la phase de découverte de solutions.

Ces questions de coaching partent du principe que vous pouvez former un pont au-dessus d'une croyance limitante et réussir en empruntant un autre itinéraire. Elles vous offrent la sécurité de pouvoir mettre temporairement de côté le besoin de croire en ce qui vous bloque et d'imaginer à quoi ressemblerait votre univers sans cette croyance limitante. Voici quelques questions induisant une présupposition :

Si je savais que l'échec était impossible, que ferais-je ?

Si mon état de santé pouvait être idéal, comment me sentirais-je ?

S'il était possible d'associer la sécurité de mon emploi actuel et la liberté du statut de travailleur indépendant, à quoi ressemblerait mon travail ?

Lors des séances avec mes clients, ce type de questions est le plus efficace pour les aider à mettre de côté leurs croyances limitantes. Même en cas de croyance profondément ancrée, l'attitude du client face à cette croyance change toujours après qu'il s'est posé une question induisant une présupposition. Il peut ainsi s'attaquer à la croyance limitante à l'aide de stratégies nouvelles et plus efficaces.

Écouter les réponses

Si l'interrogation est l'une des techniques les plus importantes pour votre voyage dans l'univers du coaching, l'écoute est la plus sous-estimée ! Votre qualité de vie s'améliore de façon spectaculaire si vous passez plus de temps à écouter les autres et vous-même. Tout le monde aime être écouté. Vous avez probablement déjà rencontré une personne très à l'écoute dont vous avez pensé après coup qu'elle était très intéressante, même si elle n'a pas beaucoup ouvert la bouche. En fait, elle *vous* permettait d'être intéressant et vous vous êtes donc pris de sympathie pour elle.

Vous pouvez de la même façon faire opérer le charme sur vous-même. Il est merveilleux de vous poser des questions pertinentes et d'écouter attentivement les réponses, à partir du moment où c'est votre coach intérieur et non votre critique intérieur qui s'exprime.

Quand vous ne connaissez pas la réponse

Quand vous commencez à utiliser de manière perfectionnée vos talents de communicant, vous pouvez être confronté à une certaine frustration, celle de *ne vraiment pas* connaître la réponse. Vous avez beau vous mettre dans un état d'esprit plein d'inspiration, bien formuler vos questions, être persuadé que vous avez la réponse, c'est le néant total. Ne vous en faites pas, il n'y a rien de grave. Cela signifie parfois simplement qu'il vous faut trouver une autre question, recommencer ou vous interrompre et faire autre chose afin de vous changer les idées. La réponse vient parfois quand on s'y attend le moins.

Que faire si la réponse ne vient pas ? Essayez cette technique très simple et vous serez bluffé par le nombre de fois où elle vous sortira d'affaire. Quand vous ne semblez vraiment pas connaître la réponse à l'une de vos questions, posez-vous la suivante :

Quelle serait la réponse si je l'avais ?

Cette question vous semble peut-être loufoque, mais je vous assure qu'elle marche presque à chaque fois. Pourquoi ? C'est un peu mystérieux, mais c'est lié au niveau inconscient de vos pensées et connaissances. À un niveau superficiel, cela vous permet également de vous épargner l'anxiété de « ne pas savoir » et de prendre en compte l'éventualité du « et si ? ». Vous pouvez aussi considérer qu'il s'agit de la réponse fournie par votre coach intérieur.

Vous pouvez également essayer cette technique sur les autres et les voir passer de la confusion à la joie quand ils trouvent la réponse qu'ils ne pensaient pas avoir en eux.

Compter sur les niveaux d'énergie pour trouver les réponses

Vos niveaux d'énergie sont très impliqués dans la faculté de compréhension de vos réponses. Vous pouvez vous poser des questions géniales et même trouver d'excellentes réponses, mais si vous n'avez pas le moral, si vous êtes fatigué, carrément épuisé ou particulièrement stressé, vous ne percevez peut-être pas ces réponses à leur juste valeur. Votre critique intérieur adore ces journées où vous êtes sans énergie et où vous saisissez toutes les occasions pour vous en vouloir de ne pas avoir le courage d'opérer les changements souhaités.

La première étape de la résolution du problème consiste à admettre que vous n'avez pas le moral ou que vous êtes stressé. Il arrive parfois que vous soyez prisonnier d'une spirale de stress et pris dans le tourbillon d'une vie frénétique sans pouvoir trouver le temps et l'énergie de vous écouter. Votre force et votre résistance vous permettent de faire face à ce phénomène à court terme, mais, tôt ou tard, une pause s'impose et il vous faut trouver un refuge mental et physique, lequel correspond à la deuxième étape du processus de résolution du problème. Cela peut aller d'une petite heure passée tout seul à de longues vacances ou à un congé sabbatique. Le chapitre 16 vous livre d'autres idées pour gérer le stress.

Heureusement, la plupart des baisses d'énergie durent peu de temps et vous pouvez vous programmer des séances d'autocoaching quand vous êtes fort, positif et vif d'esprit.

Dites-moi votre secret

Il vous faut l'aimable participation de deux amis pour réaliser cette activité, un exercice amusant qui révèle parfaitement comment les gens emploient l'entonnoir à questions. Cela s'apparente au jeu des 20 questions.

1. Demandez à vos deux amis de s'asseoir dos à dos et d'indiquer qui posera les questions (A), l'autre étant le détenteur (B) d'un secret que vous allez lui donner.

2. Donnez à B un morceau de papier sur lequel vous avez inscrit le secret, lequel peut être très bizarre : par exemple, « Je compte toujours les alvéoles d'une balle de golf ».

3. A doit ensuite trouver le secret rien qu'en posant des questions. Les seules questions interdites sont « Quel est ton secret ? » et « Qu'est-ce qu'il y a d'écrit sur ton morceau de papier ? ».

4. Écoutez attentivement l'éventail de questions utilisées par A. Combien y a-t-il de questions ouvertes, d'approfondissement, d'éclaircissement et fermées ? Les poseurs de questions les plus efficaces balayent tous les niveaux de l'entonnoir à questions (figure 7.1), ce qui permet souvent de trouver étonnamment rapidement la réponse, même si le secret est particulièrement étrange.

Parfois, le simple fait de repérer votre tendance à éviter les questions d'approfondissement ou à ne jamais aller jusqu'à une question fermée peut suffire à parfaire votre talent d'interrogateur et vous aider à bâtir des dialogues intérieurs plus sensés.

Chapitre 8
Faire le point sur sa situation actuelle

Dans ce chapitre :
▶ Voir ce qui marche pour soi
▶ Accéder à son intuition
▶ Visualiser ses objectifs de vie
▶ *« Une vie sans examen ne vaut pas la peine d'être vécue. »* Socrate

Votre vie change, que vous le vouliez ou non. Opter pour l'immobilisme revient à régresser, car votre univers change et, même quand ce changement est léger, vous finissez par être entraîné et vous vous rebiffez et hurlez car tout le monde n'adhère pas à ce changement. Le simple fait d'admettre que le changement est inéluctable peut vous soulager. Contrôler les changements que vous opérez rend le voyage beaucoup plus agréable. Vous avez peut-être du pain sur la planche et votre lot de désagréments pour atteindre l'euphorie et le succès, mais *vous* êtes à la place du conducteur, concentré sur la route. Et en passant les vitesses, vous devez voir clairement et objectivement ce qui se passe afin de choisir les meilleurs itinéraires.

Ce chapitre vous explique comment développer une lucidité salutaire sur les événements de votre vie afin de pouvoir prendre de meilleures décisions concernant les problèmes mineurs, ce à quoi il faut remédier et ce qui vous permettra de franchir un cap.

Être lucide

Je suis certaine que vous connaissez parfois des succès sans tache, que certaines choses ont du bon et du mauvais et qu'il vous arrive aussi de commettre des erreurs manifestes. Lorsque vous analysez votre vie sans faire preuve d'une lucidité salutaire, vous avez parfois tendance à être à la fois l'avocat général et l'avocat de la défense. Vous vous condamnez à la peine capitale tout en étant convaincu de votre innocence ! Votre juge intérieur s'empresse de vous condamner avant même d'avoir vu avec calme et objectivité ce que vous retirez de la situation, de bon et de mauvais.

Prendre les bons raccourcis

Compter sur les autres pour faciliter le choix de la meilleure mesure à prendre ou de l'élément à changer peut sembler plus facile que de le faire soi-même. Après tout, c'est à ça que servent les amis, non ? Si vous ne savez pas s'il vous faut ou non accepter un poste, mettre fin à une relation ou simplement acheter ce T-shirt vert-jaune élastique qui vous fera paraître branché ou frappé de jaunisse, prendre conseil peut sembler le moyen le plus rapide de mettre un terme à votre indécision. On ne peut retourner les différents arguments dans sa tête et obtenir des réponses à l'infini. Vous n'avez pas vraiment le temps de vous regarder le nombril et souhaitez simplement un conseil pratique.

Demander précisément conseil est légitime. Mais le problème de ce raccourci, c'est que les conseils, aussi bien intentionnés et judicieux soient-ils, ne font parfois que renforcer votre dilemme. Ils peuvent ajouter à votre confusion, vous faire douter de vos propres certitudes et même être tout bonnement erronés ! Tant que vous n'êtes pas habitué à prendre conseil auprès de cette partie de vous qui a les réponses, l'avis des autres peut toujours vous induire en erreur. Voir ce qui se passe vraiment, même quand la situation prête à confusion, est la première étape vous permettant de prendre les bons raccourcis. Bien s'écouter permet de prendre des décisions plus rapides et efficaces sur les options existantes sans ressasser inlassablement les mêmes choses dans sa tête. Avec cette nouvelle manière de voir et d'entendre les choses, vous êtes alors en mesure d'absorber des conseils sans que cela vous mène sur une fausse piste.

Trouver un équilibre entre actif et passif

Considérez-vous et considérez votre vie comme une entreprise avec son actif et son passif. L'actif prend de la valeur au fil des ans. Le passif correspond à ces choses qui ont un coût et tendent à épuiser vos ressources avec le temps. Le passif est indispensable à toute entreprise, c'est le prix à payer pour entrer dans la danse du marché, mais une société en bonne santé dispose d'un actif conséquent et sait gérer correctement son passif. Vous connaissez certains éléments de votre actif car ce sont les choses qui sont importantes pour vous, vos vraies valeurs telles que l'amusement et le soutien manifesté par vos amis par exemple. Mais ce n'est pas en voyant uniquement le bon côté des choses que vous allez parvenir à vos fins. La première étape du processus d'acquisition d'une lucidité salutaire consiste à étudier votre bilan à l'instant présent. L'activité suivante va vous aider à identifier votre actif et votre passif.

1. **Dessinez un tableau comme le 8.1.** Dans la première colonne, énumérez les choses qui font partie de votre actif. Il peut s'agir d'éléments tangibles (pour une entreprise, par exemple, un immeuble de bureaux ; vous concernant, ce peut être votre métier), ou intangibles (pour une entreprise, la clientèle ; vous concernant, ce peut être la confiance en soi).

2. **Faites de même avec le passif.** Une chose peut se retrouver dans les deux colonnes. Il est normal que certains aspects de votre vie présentent à la fois des points positifs et négatifs. Votre métier est le plus beau du monde certains jours et un vrai fardeau à d'autres moments.

3. **Prenez la troisième colonne et posez-vous la question suivante : « Qu'est-ce que cette chose (l'actif, le passif ou un peu des deux) m'apporte et me coûte ? »** Prêtez attention à la réponse que vous donnez instinctivement, même si vous êtes tenté de prendre votre temps et de bien peser les arguments.

4. **Dans la quatrième colonne, pensez aux principaux sentiments ou émotions que vous procure cet actif ou passif.** S'il y a à la fois une émotion positive et une émotion négative, laquelle semble la plus forte ? Mais ne rejetez pas complètement la plus faible des deux émotions et indiquez les deux si elles sont de force égale.

Tableau 8.1 : Votre actif et votre passif

Actif	*Passif*	*Apport/Coût*	*Principales émotions*
Mon métier		Argent, statut social, structure et routine	Fierté, sécurité, certitude
	Également mon métier	Moins de temps à consacrer aux loisirs et à ma famille	Frustration, parfois ennui
Mon enthousiasme		M'aide à me faire des alliés au travail et des amis dans ma vie personnelle	Façonne l'estime de soi
	Mon manque de confiance	Me prend du temps et m'épuise car je m'engage dans des choses que je ne devrais pas faire	M'enlève du pouvoir

Comment vous en êtes-vous sorti ? Vous tirez de cette activité certaines conclusions courantes :

- Vous trouvez que de nombreux éléments de votre vie présentent à la fois des aspects positifs et négatifs. Vous pouvez voir dans le tableau 8.1 qu'un métier peut conjointement avoir un impact positif et un impact négatif.
- Vous remarquez que certaines choses semblent provenir de la même cause. Vous voyez peut-être un lien entre le peu de temps que vous consacrez à votre famille et au sport et celui que vous consacrez à votre travail.
- L'équilibre entre votre actif et votre passif vous surprend agréablement ou vous choque carrément.
- Il vous est peut-être difficile de savoir quels sentiments et émotions ressortent, surtout dans les secteurs plus sombres de votre vie peuplés de bons et de mauvais côtés.

En outre, vous vous êtes peut-être surpris à vous lancer précipitamment dans un plan d'action quand vous avez clairement identifié ce qui se passait dans votre existence. Par exemple, votre juge intérieur a peut-être déjà décidé que pour avoir plus de temps à consacrer à votre famille et à retrouver la forme, il vous faut absolument moins travailler. Vous êtes déjà prisonnier d'un cercle vicieux à tenter de trouver comment y parvenir tout en demeurant performant au bureau. Arrêtez tout immédiatement ! Le processus de lucidité salutaire vient tout juste de commencer. Vous pourrez étudier plus attentivement les choix qui s'offrent à vous dans le chapitre 9, mais pour le moment, vous pouvez être content d'avoir identifié des choses de votre vie que vous aimez et d'autres que vous détestez.

Dans l'activité que représente votre vie, vous n'avez pas besoin de vous débarrasser du passif pour ne vous concentrer que sur l'actif. Votre objectif est d'élaborer un plan d'action permettant à toutes les composantes de votre « entreprise » de fonctionner en harmonie avec, en point de mire, le but commun à atteindre.

Redéfinir le succès

Avez-vous collé des étiquettes telles que « succès » ou « échec » aux éléments du tableau 8.1 ? C'est humain, mais, comme vous vous en rendez peut-être compte à l'usage, ce n'est pas toujours bénéfique. Comment évaluer si votre vie est réussie ? Pensez un instant à tous les moyens que vous *pourriez* utiliser pour tenir votre « palmarès » :

- Vous *pourriez* attribuer à chaque élément d'actif et de passif des points et calculer le total. Mais comment contrebalancer les éléments d'actif réellement importants par rapport aux nombreux éléments de passif plus accessoires ?

- Vous *pourriez* mesurer vos réussites en vous basant sur la norme du succès respectée par « la plupart des gens ». Mais quelle norme utiliser et comment vous assurer que l'échantillon de personnes choisies comprend des individus vous ressemblant suffisamment pour que le procédé soit cohérent ?

- Vous *pourriez* suivre vos sentiments sur les choses qui vous sont arrivées. Mais vous avez remarqué que vous avez tendance à être plus ou moins robuste que d'autres.

- Vous *pourriez* comparer votre perception du succès à ce qu'elle était il y a cinq, dix ou vingt ans. Mais vous avez changé, tout comme le monde dans lequel vous vivez.

Maintenant, est-ce vraiment la manière dont vous souhaitez considérer vos succès ?

Il est vraiment impossible de quantifier le « succès » ainsi, ni l'échec. Votre définition du succès et de l'échec change avec le temps, les expériences et les circonstances. Ce qui a été un échec majeur quand vous aviez 20 ans, par exemple ne pas décrocher une promotion, peut très bien avoir été l'élément déclencheur qu'il vous fallait pour changer de métier et trouver votre voie. Il est tout simplement impossible de quantifier le « succès » de votre vie tant que vous êtes occupé à la vivre, car vous ne savez pas encore ce que vous allez apprendre des événements qui surviendront et quelles mesures vous allez prendre ensuite. La vie est une activité inachevée. Vous ne savez pas encore comment *vous* allez influer sur ce qui se produit. Vous avez peut-être déjà entendu l'expression : « L'échec n'existe pas, il s'agit simplement d'un résultat dont on peut apprendre quelque chose. » Vous pensez peut-être que c'est un joli lieu commun destiné à mieux vivre les échecs. Ce n'est pas le cas car la réelle signification de cette expression est la suivante : « L'échec *ou le succès* n'existent pas, il s'agit simplement d'un résultat dont on peut apprendre quelque chose. »

Alors, ce que vous faites importe-t-il vraiment ? Bien sûr ! Dans la série *Angel*, une scène montre l'équipe en passe de très certainement « échouer » face aux forces des ténèbres, aucune action ne pouvant plus rien y faire. Angel affirme :

> *Quand tout ce que tu fais n'a plus d'importance, la seule chose qui importe est ce que tu fais.*

Cet adage vous semble peut-être triste, mais vu sous un angle différent, c'est non seulement réaliste mais également très libérateur. Vous avez très peu de contrôle sur la façon dont le monde réagit à vos actions. Ce que vous considérez comme un formidable succès peut se transformer en pétard mouillé et une tâche que vous estimez complètement loupée est parfois accueillie par les vivats de la foule, à votre plus grande stupéfaction. En fait, vous ne pouvez contrôler que l'intégrité de votre intention, l'action qui s'ensuit et votre réaction aux situations ou événements. C'est à vous seul qu'il incombe d'interpréter et de tirer parti de vos actions et c'est complètement indépendant du jugement et de l'opinion d'autrui. Vous devez bien sûr prendre en considération l'avis des autres lorsque vous étudiez vos résultats, mais ils doivent toujours passer après les questions que vous vous posez : « Que m'indique ce résultat ? Qu'est-ce que je peux en tirer ? Qu'est-ce que je souhaite faire en plus ou en moins pour modifier et améliorer le résultat obtenu la prochaine fois ? »

Quel soulagement de suspendre temporairement tout jugement et de s'intéresser uniquement à ce qui se passe. L'expérience revient à être soudain transporté au-dessus d'une chaude dispute entre deux bons amis à vous au cours de laquelle vous essayez de ramener le calme et de soutenir simultanément les deux personnes. En regardant vers le bas le combat qui fait rage, vous pouvez entendre ce qui se dit, observer le langage corporel des protagonistes, et même sourire face aux choses insensées qu'ils se disent dans le feu de l'action. Vous disposez d'un moment de répit pour trouver comment aider au mieux vos amis à sortir de l'impasse.

À ce stade, vous pouvez craindre que la soudaine disparition de votre vie de l'étiquette du « succès » réduise à néant tous vos efforts. N'ayez crainte ! Essayer d'attribuer ainsi l'étiquette du succès ou de l'échec à ce qui se passe, comme si votre vie n'était rien d'autre qu'un tableau de scores, vous détourne en fait de l'*entreprise* consistant à parvenir au vrai succès, celui qui porte votre définition personnelle. Comme l'a dit un jour l'actrice Ingrid Bergman : « Le succès, c'est d'avoir ce que vous voulez. Le bonheur c'est de vouloir ce que vous avez. »

Réfléchissez un instant à la signification du succès pour vous. Vous pouvez choisir d'y réfléchir calmement, d'écrire dans votre journal, de peindre, de dessiner ou de trouver un autre moyen d'illustrer votre définition. Choisissez le mode d'expression vous paraissant le plus naturel et intéressant et répondez aux questions suivantes :

- Qu'est-ce que le vrai succès pour vous dans votre vie ? S'agit-il d'atteindre des objectifs matériels, d'apprécier l'instant présent, de bâtir une relation merveilleuse ? À quoi ressemblera votre vie quand votre idée du succès se sera concrétisée ?

- Que faut-il qu'il vous arrive pour avoir le sentiment d'avoir réussi ? Comment saurez-vous que vous avez réussi ? Vous vous rendez peut-être compte que vous avez besoin de la confirmation des autres pour avoir le sentiment d'avoir réussi. Plus le succès dépend de l'assentiment des autres, plus il est difficile à atteindre et à conserver.

- Quelles conséquences votre vision du succès a-t-elle pour vous et les êtres que vous chérissez ? Vous estimez peut-être que votre succès a un prix (une promotion convoitée contre moins de temps passé auprès de vos proches, par exemple). Voyez comment votre définition du succès cadre avec le reste de votre vie. Quelles tensions pourraient naître de la culture de valeurs contradictoires entre elles ?

Une fois vos réponses à ces questions en poche, vous pouvez résumer votre vision à l'aide d'un simple énoncé tel que celui-ci :

> *Le succès, pour moi, c'est de fixer et d'atteindre des objectifs personnels qui me poussent à aller de l'avant à la fois dans ma vie personnelle et professionnelle. J'évalue mon succès grâce à l'avis d'autrui et à la satisfaction intérieure que j'éprouve face au travail bien fait.*

Se concentrer sur les résultats

La conscience de soi permet de voir avec objectivité et dans leur contexte les résultats obtenus dans sa vie. Vous avez peut-être tendance à coller les étiquettes « bon » ou « mauvais » aux événements qui vous arrivent en fonction de votre ressenti à chaud. En réalité, les événements ont plusieurs facettes et vos sentiments à leur égard changent avec le temps. Par exemple, vous repenserez peut-être en souriant à un premier rendez-vous au cours duquel vous étiez très gêné et vous sembliez ne dire que des âneries, alors que sur le moment, vous ne souhaitiez qu'une chose, disparaître sous la moquette.

L'activité suivante va vous pousser à réfléchir différemment à des événements importants de votre vie et à vous intéresser aux résultats de vos actions.

Pensez à des événements passés de votre vie particulièrement importants pour vous. Commencez par prendre un événement heureux dont le résultat vous a satisfait. Il peut s'agir, par exemple, de la réussite à un examen, de l'obtention d'une promotion, de l'acceptation d'une offre d'emploi ou d'un voyage à l'étranger. Posez-vous les questions suivantes :

- Cette action a-t-elle également généré des résultats moins satisfaisants ?
- Quelles autres options ai-je écartées ?

Maintenant, refaites l'exercice en prenant un événement qui ne s'est pas bien passé pour vous. Il peut s'agir d'une mauvaise prestation lors d'une réunion, d'un échec au permis de conduire ou même d'une rupture amoureuse. Posez-vous les questions suivantes :

- Quels sont les points positifs de cette expérience ?
- Parmi les leçons tirées de cette expérience, quelles sont celles qui m'ont été utiles ?

La curiosité n'a jamais tué personne, même pas le chat. Repenser aux choix bizarres que vous avez faits dans votre vie ne signifie pas que vous regrettez toujours que vos actions ne produisent pas systématiquement de bons résultats. C'est le signe que vous commencez à vous détendre, sachant pertinemment que, quel que soit le choix effectué, vous vous offrez la possibilité de refaire des choix, peut-être différents. Lorsque vous vous focalisez sur des résultats, vous vous apercevez que vous commencez automatiquement à vous intéresser à l'énigme, curieux de la façon dont elle va être résolue et fasciné par le nouveau résultat final. C'est un excellent état d'esprit pour obtenir les réponses souhaitées qui s'avère presque toujours meilleur et à coup sûr beaucoup plus amusant que de se tourmenter à propos du gâchis dont on se juge responsable.

Devenez plus curieux de votre propre vie. Prenez du recul à la manière d'un observateur bienveillant et regardez plus souvent ce qui vous arrive.

Se concentrer sur les résultats de sa vie est une excellente technique de coaching personnel. Que se passe-t-il quand vous l'utilisez ? Plein de choses positives :

- Vous ôtez temporairement le caractère émotionnel des événements. Cela revient à être votre propre meilleur ami. Vous êtes intéressé et impliqué, mais pas égocentrique sur le thème des hauts et des bas de votre vie.
- Vous jouez au policier, à la recherche d'indices et de tendances susceptibles de vous aider à construire une image pour vous guider.
- Vous commencez à considérer votre vie comme un tout, à savoir, un bilan en constante évolution dans lequel votre actif et votre passif changent et se développent. Vous prenez conscience que, comme dans le monde des entreprises, ce n'est pas parce que vous sortez temporairement du circuit que vous ne pouvez pas vous régénérer et revenir dans la danse.
- Vous tombez sur des surprises et faites des liens tout bonnement impossibles à établir quand vous êtes absorbé à compter les points, comme si vous passiez l'examen final vous permettant de réussir votre vie.
- Vous commencez à vous rendre compte que les événements peuvent être interprétés de multiples manières et vous êtes en mesure d'identifier les bonnes solutions quand vous consentez à voir les choses sous un jour différent.

Parlez à des gens que vous connaissez devant faire preuve de curiosité dans leur métier. Penser comme un scientifique, un inventeur, un inspecteur de police ou un dépanneur peut ajouter des dimensions fascinantes à votre façon d'aborder les grandes questions de votre vie. Comment ces différents métiers mobilisent-ils la curiosité ? Comment trouver des moyens d'exploiter ces méthodes d'investigation dans votre vie ?

Exploiter son intuition

Pour développer une conscience de soi salutaire, la curiosité est un merveilleux atout à posséder dans sa trousse de coaching personnel. C'est un mode d'analyse de résultats souple et agréable. Vous pouvez porter la curiosité à un autre niveau en faisant en sorte de découvrir votre pouvoir intuitif et en constatant comme une intuition développée vous aide à savoir sur quels domaines de votre vie vous pencher.

Tout le monde possède des pouvoirs intuitifs. Vous recueillez surtout les preuves à travers vos cinq sens, en remarquant consciemment les indices à travers ce que vous ressentez, voyez, entendez, touchez et goûtez. Mais avez-vous déjà connu ce déclic, au moment où votre conscience est détournée de la tâche que vous êtes en train d'exécuter ? Vous prenez une douche, mettez de l'eau à chauffer pour votre thé, plaisantez avec des amis et, soudain, sort de nulle part une idée qui vous aide à résoudre un problème que vous ruminiez depuis une éternité !

L'intuition est incroyablement précieuse pour la conscience de soi et peut vous apporter des solutions largement meilleures que celles qui vous minent l'esprit. Faire confiance à son instinct, prendre la vie du bon côté et être concentré et détendu figurent parmi les meilleures méthodes pour devenir plus intuitif et peuvent bonifier les décisions à prendre dans la vie.

Faire confiance à son instinct

Dans son livre consacré au développement de l'intuition et intitulé *La force de l'intuition : Prendre la bonne décision en deux secondes* (Robert Laffont, 2006), Malcolm Gladwell parle de la notion de *balayage superficiel*, façon dont les êtres humains prennent des décisions ou portent des jugements de manière instinctive en quelques secondes. Vous évaluez ainsi intuitivement une chose ou une personne en vous basant sur de petits fragments d'information, en l'espace de ce qui semble être une nanoseconde. Par exemple, vous rencontrez quelqu'un pour la première fois et savez que quelque chose cloche, que vous ne lui faites pas confiance. Vous recueillez des signes dont vous n'avez même pas conscience et obtenez par la suite la preuve tangible qui confirme votre intuition initiale. Bien entendu, cela ne signifie pas que vous deviez faire systématiquement confiance à vos premières impressions. Tous les drames sentimentaux vous mettent en garde contre *ce* danger ! Mais cela signifie qu'écouter son instinct fonctionne souvent mieux que d'essayer de recueillir et d'analyser des faits.

Comment développer son intuition ? C'est l'un des points indéfinissables qui défient l'approche cartésienne, mais vous pouvez prendre conscience de la force de votre intuition grâce aux suggestions suivantes :

- Commencez par prédire qui est à l'autre bout du fil quand le téléphone sonne et comptez le nombre de fois où vous voyez juste. Vous vous apercevrez peut-être que votre pourcentage de réussite commence à augmenter, uniquement parce que vous vous concentrez sur la tâche.
- L'intuition est étroitement liée à la créativité (chapitre 9) et au caractère enjoué (chapitre 15). Allez directement à ces chapitres pour savoir comment être créatif et enjoué dans votre vie de tous les jours.
- Le fait d'être plus centré sur l'instant présent vous aide à être à l'écoute de vos pensées et à exploiter votre inconscient, source de votre intuition. Pour en savoir plus sur la façon de vivre au présent, reportez-vous à la section intitulée « Visualiser ses objectifs de vie », plus loin dans ce chapitre.
- Enfin, remarquez les résultats que vous obtenez avec le temps quand vous vous fiez à votre instinct, comparé aux fois où vous étudiez attentivement les faits. Des tendances qui se dessinent ?

Prendre la vie du bon côté

La vie n'est pas toujours rose, mais prendre à cœur le moindre contretemps est épuisant. Le rire est sans nul doute l'un des meilleurs remèdes, et lorsque vous avez fait votre possible pour vous sortir d'une mauvaise situation, le mieux est de chercher des moyens de vous mettre du baume au cœur. Votre cerveau est le plus efficace quand vous n'êtes pas en proie aux émotions négatives que sont l'inquiétude et l'anxiété. Vous vous rendez bien plus facilement compte de ce qui se passe dans des situations difficiles si vous êtes capable de prendre la vie du bon côté. Les comédies de situation sont très populaires car c'est justement leur vertu. Regarder des gens ordinaires auxquels il arrive des mésaventures et qui sont capables d'en rire est incroyablement thérapeutique.

Comment trouver des moyens d'égayer un peu votre quotidien ? Rire, raconter des blagues avec des collègues de travail ou rejoindre des amis à la fin d'une journée très chargée est un excellent moyen de se dérider. Et quand votre journée promet d'être tendue et trop sérieuse, rappelez-vous de la fois où vous avez été pris d'un bon vieux fou rire afin de vous aider à remettre les choses dans leur contexte.

Être concentré et détendu

Vous est-il déjà arrivé de perdre toute notion de temps parce que vous étiez totalement absorbé par une tâche ? En plus, vous sentiez que vos pensées, actions et émotions étaient parfaitement en phase les unes avec les autres pendant l'exécution de la tâche. Vous avez l'impression d'évoluer au ralenti, tout en étant efficace, voire rapide, et sans fournir d'effort. Vous êtes dans un *état de grâce*, comme disent les sportifs, merveilleusement agréable. Vous êtes totalement absorbé par ce que vous faites, tout en étant parfaitement conscient de tout ce qui se passe autour de vous. Votre conscience est pleinement mobilisée par votre tâche et votre inconscient peut librement évoluer et vous donner toutes sortes d'idées et d'informations inattendues. Votre critique intérieur est en sommeil et votre coach intérieur vous encourage fièrement depuis le bord du terrain. Dans ces moments-là, vous vous sentez invincible et prenez la mesure de tout votre pouvoir et de votre talent. Ce genre de concentration détendue vous aide à être plus performant, à prendre de meilleures décisions et à plus apprécier la vie.

Comment être concentré et détendu dans la vie ? Commencez par repenser aux fois où vous étiez dans un état de concentration détendue. Soyez précis. Que faisiez-vous ? Vous travailliez ou vous jouiez ? Quels sentiments et sensations aviez-vous pendant ces expériences ? Quand vous y repensez, vous rappelez-vous de ces sentiments et sensations ? Si oui, vous disposez déjà d'un magnifique outil pour changer d'état d'esprit.

Vous pourrez peut-être recréer cette concentration détendue ou cet état de grâce lors des activités suivantes :

- la conduite automobile ou le cyclisme ;
- la course à pied ;
- un passe-temps qui vous passionne ;
- la lecture ;
- la méditation ;
- le yoga, le Pilates, le tai-chi et bien d'autres exercices physiques ou mentaux ;
- une longue marche en plein air.

S'il ne vous est pas facile de faire remonter à la surface ces sentiments et sensations, essayez de revivre les expériences au cours desquelles vous les avez ressentis. Quand vous aurez l'habitude de reproduire ces états de bien-être, vous verrez que vous pouvez trouver une concentration détendue quand vous le souhaitez et être ainsi capable de remarquer ce qui se passe autour de vous en étant calme et alerte.

Savoir ce que l'on veut vraiment

Qu'est-ce que votre conscience de l'instant présent vous indique sur la trajectoire que vous prenez dans la vie ? Si vous continuez de faire des choses habituelles, serez-vous capable de vous retourner et de voir la vie que vous avez conçue, avec toutes ses joies et moments difficiles ?

Quand vous savez exactement ce que vos actions et décisions vous apportent, il est beaucoup plus facile de répondre aux questions essentielles sur ce que vous attendez de la vie. Vous pouvez juger bien plus objectivement les mauvaises habitudes qui vous empêchent d'être complètement heureux, telles que les tergiversations, le dialogue intérieur négatif ou les retards permanents, et vous pouvez les remplacer par des habitudes bénéfiques. Mais, même quand les choses les plus importantes de votre vie sont parfaitement identifiées, il peut s'avérer difficile de définir les objectifs prioritaires. Vous pouvez très bien avoir atteint un objectif essentiel et ressentir, sans savoir pourquoi, un certain vide, comme si vous vous disiez : « Et maintenant ? » Poursuivre votre objectif était peut-être plus agréable que de l'atteindre.

Ces sentiments sont tout à fait normaux et en fait, la fixation d'objectifs est surtout intéressante parce qu'elle vous pousse à passer à l'action, et c'est cette action qui est le plus souvent à l'origine des récompenses qu'apporte la vie. En fait, plus vous utilisez le coaching pour fixer et atteindre des objectifs, plus vous avez de chances de sentir que la plus grosse satisfaction vient du sentiment de progression éprouvé. C'est pourquoi commencer à penser au prochain grand objectif avant d'avoir atteint celui en cours est une excellente idée.

Il arrive que les choses que vous désiriez vraiment ne soient pas si formidables que cela, ce qui peut être déroutant. L'une de mes clientes se focalisait à l'obsession sur le futur achat d'une maison, symbole ô combien fort de son succès professionnel. Mais, le jour de son emménagement, son enthousiasme a complètement disparu. Elle a découvert qu'elle voulait avant tout vivre le frisson du projet de rénovation et non l'objectif final. Cette prise de conscience lui a fait reconsidérer son orientation professionnelle et, cinq ans plus tard, elle avait comme activité secondaire passionnante la promotion immobilière.

> ### Apprécier le voyage
>
> Pensez à vos futurs buts dans la vie comme s'il s'agissait des caractéristiques d'un horizon lointain. Vous pouvez voir au loin les formes et les couleurs d'une montagne, d'un lac ou d'un village, mais pas le détail du relief car il est trop éloigné. Vous pouvez choisir de vous diriger vers la montagne, le lac ou le village, vers ce qui vous attire le plus de là où vous vous tenez. À mesure que vous vous rapprochez, vous commencez à percevoir le relief de la montagne, les remous de l'eau du lac, les maisons et constructions du village. Vous sentez plus précisément si votre choix d'opter pour la montagne était judicieux ou si, maintenant que vous avez une vue un peu plus précise et que vous vous êtes mis en mouvement, le lac ou le village vous paraît une meilleure destination. Vous pouvez encore changer de cap, même tard ce soir, et décider de votre destination finale. Il vous est peut-être même possible de remarquer un détail que vous ne pouviez distinguer depuis votre point de départ. À proximité de la montagne se trouve une vallée qui semble magnifique. Lorsque vous atteignez votre destination, vous n'avez aucun regret car le périple a été fantastique.

Vous n'avez pas besoin d'avoir ce que vous avez toujours eu

Vous n'êtes pas votre passé, ni votre avenir. Si vous revenez sans cesse sur le passé, vous avez tendance à trop vous appuyer sur les expériences vécues pour prendre des décisions. C'est comme si, il y a dix ans, vous aviez une Ford Cortina qui ne roulait pas vite et que vous rouliez maintenant en Ferrari tout en conduisant comme avec votre Ford. Vous êtes meilleur conducteur, avez appris des choses, êtes plus prudent. En somme, votre niveau est meilleur que celui que vous aviez il y a dix ans.

Ce que vous voulez aujourd'hui n'a peut-être plus rien à voir avec ce que vous attendiez de la vie auparavant. Si vous ne prenez pas la peine de faire le point, vous pouvez facilement finir par suivre d'anciens principes. Quand Christine décida de changer de métier juste avant la quarantaine, elle a automatiquement pensé à retourner à l'université pour obtenir une qualification officielle avant d'essayer de tâter le terrain dans le nouveau domaine. Elle avait été bercée par les principes erronés de ses parents selon lesquels il fallait un diplôme d'études supérieures pour embrasser une carrière, et c'est d'ailleurs ces préceptes qu'elle avait suivis pour son premier métier. Mais en utilisant le coaching pour prendre sa décision, Christine s'aperçut qu'elle préférait largement la pratique à la théorie et qu'elle souhaitait aller sur le terrain le plus rapidement possible. Elle découvrit qu'elle pouvait se construire en se servant de son expérience et bien démarrer dans une entreprise qui la formerait à son nouveau poste.

Vous créez dès maintenant votre avenir

Dans le tout premier film *Retour vers le futur*, le personnage de Marty revient dans le passé avant sa naissance pour s'assurer que ses parents vont se rencontrer et tomber amoureux, chose plutôt improbable, sous peine qu'il n'existe jamais dans son propre futur. À mesure que ses actes l'éloignent et le rapprochent successivement de la réalisation de son objectif, sur la photo de famille qu'il porte sur lui, son image et celle de sa sœur disparaissent, puis réapparaissent. Marty était capable d'ajuster ses actions car il avait une idée très claire de ce qu'il voulait réaliser et voyait précisément comme certaines choses lui faisaient faire fausse route.

Bien que vous n'ayez pas sous le coude une boule de cristal ou un scénariste de Hollywood pour savoir quelle sera votre vie, vous pouvez penser au type d'avenir que vous souhaitez vous créer. Cette projection peut servir de balise pour vous aider à suivre votre chemin. L'un de vos objectifs à long terme est-il de mettre suffisamment d'argent de côté pour pouvoir prendre votre retraite assez jeune et tenir un petit hôtel sur une fabuleuse île sous les tropiques ? Si c'est le cas, votre stratégie d'évitement actuelle consistant à ne jamais ouvrir vos relevés bancaires ne va pas vous aider à vous bâtir cet avenir.

L'action que vous menez dans le présent crée les nombreux avenirs possibles qui peuvent s'offrir à vous.

Visualiser ses objectifs de vie

Pour parvenir à ce que vous souhaitez vraiment, il faut créer une sorte de vision transformable en buts tangibles avec un itinéraire précis pour les atteindre. Aujourd'hui, la vision que vous avez de votre future vie est peut-être parfaitement claire ou très générale, ou vague. Maintenant que vous connaissez vraiment vos valeurs (voir chapitre 6), vous pouvez décrire nombre de choses qui devront peupler votre future vie. Vous pouvez également avoir une idée plus précise de certains autres détails.

L'activité suivante va vous aider à avoir une idée claire de vos objectifs de vie.

Imaginez qu'un matin, vous allumiez votre ordinateur et releviez une série de courriels envoyés par votre coach intérieur. Souvenez-vous que votre coach intérieur existe aujourd'hui et existera à tous les stades de votre vie. Il veut vous révéler toutes les choses que vous avez accomplies dans votre vie et a donc décidé de vous écrire depuis votre avenir, à cinq, dix et vingt ans de distance.

Regardez la liste suivante qui regroupe différents domaines de votre vie. Certains sont peut-être plus prioritaires que d'autres. Vous pouvez donc choisir de ne vous concentrer que sur quelques-uns pour le moment.

Chapitre 8 : Faire le point sur sa situation actuelle

Mais rien ne vous empêche de vous repencher sur chaque domaine ou de considérer votre vie comme un tout. Toutes ces approches fonctionnent très bien. Où vous voyez-vous dans cinq, dix et vingt ans sur les plans suivants ?

- **Santé.** Votre santé physique, mentale et émotionnelle.
- **Vie professionnelle.** Votre métier, votre poste ou votre carrière, rémunérée ou bénévole.
- **Relations humaines.** Les relations et les personnes présentes dans votre vie.
- **Argent.** Votre sécurité financière et vos choix de style de vie.
- **Développement personnel.** La façon dont vous vous cultivez et vous développez en tant que personne.

Sur le plan humain, vous pouvez vous voir devenir parent dans cinq ans. Sur le plan du développement personnel, votre coach intérieur peut vous dire que vous avez parcouru le monde. Dans vingt ans, vous profiterez peut-être d'une retraite agréable.

Écrivez et lisez bien !

(Remarque à l'attention des technophobes : vous pouvez taper vos messages à la machine ou les écrire à la main, cela marche aussi bien qu'avec l'ordinateur !)

Placer ses objectifs de vie sur son horizon

Une fois déterminée la vision de vos objectifs de vie, vous pouvez placer ces derniers dans un énoncé exprimant vos vœux dans l'optique de vous bâtir des options et un plan d'action. Cet énoncé exprime de manière simple votre vision de votre avenir.

Qu'avez-vous vu quand vous vous êtes envoyé des courriels dans la peau de votre coach intérieur ? Vous vous êtes peut-être vu en train de gérer votre propre entreprise, d'avoir une merveilleuse vie de famille ou d'exploiter un talent ou vous adonner à une passion d'une certaine manière.

Il est temps de positionner vos objectifs sur votre horizon afin de savoir où vous allez !

1. **Prenez un par un vos objectifs de vie et résumez-les en un court énoncé.** Votre désir de richesse peut, par exemple, ressembler à ceci :

    Je veux être un homme (ou une femme) d'affaires brillant(e) et gagner suffisamment d'argent pour offrir à ma famille le style de vie que nous souhaitons.

2. **Pensez au délai de réalisation de vos objectifs de vie (un an ou vingt ans, par exemple) et choisissez une image pour illustrer le chemin à parcourir.** Vous aimez peut-être l'image d'une chaîne de montagnes pour représenter votre destination finale, ou celle d'un paysage de bord de mer avec le point à l'horizon où la terre et le ciel se touchent. Vous pouvez aussi choisir un ciel étoilé et vous concentrer sur l'étoile la plus lointaine.

3. **Placez chacun de vos objectifs sur le terrain devant vous, à peu près à l'époque où vous estimez pouvoir les atteindre.** En les positionnant, pensez aux images et sentiments associés à chaque objectif et répétez-vous l'énoncé choisi. Par exemple, vous avez l'image de votre maison idéale qui représente l'objectif d'avoir une vie de famille, ou un trophée qui symbolise un exploit sportif (faire un marathon, par exemple).

4. **Refaites régulièrement la visualisation afin d'avoir bien à l'esprit la vision d'ensemble de votre vie.**

Cette activité vous a peut-être déjà incité à penser à la façon dont vous allez réaliser vos objectifs de vie. Le chapitre 9 vous indique comment vous créer des choix qui vous permettront de transformer votre énoncé en objectif centré sur le présent, préalable à des actions que vous entreprendrez sur-le-champ.

Chapitre 9
Explorer les choix existants

Dans ce chapitre :
▶ Se mettre dans l'état d'esprit du « tout est possible »
▶ Étoffer son éventail de choix
▶ Créer et choisir son option préférée

Vous avez clairement en tête vos objectifs de vie et votre sac est rempli de croyances solides et positives, d'une motivation résistante et d'une curiosité profonde (reportez-vous aux chapitres 5, 6 et 7 si vous n'en êtes pas encore là). L'un des meilleurs moyens d'explorer les choix qui existent est de plonger dans l'inconnu et d'en essayer quelques-uns pour voir s'ils vous conviennent.

Mais vous vous sentez peut-être un peu hésitant car vous souhaitez étudier plus à fond les itinéraires qui s'offrent à vous. Vos objectifs sont peut-être importants et audacieux et vous avez du mal à voir exactement comment vous allez parcourir la distance vous séparant des sommets de la chaîne de montagnes qui se dessinent à l'horizon. Vos objectifs sont peut-être parfaitement réalistes et vous souhaitez juste retrouver plus d'équilibre ou reprendre de ce que vous avez déjà. Quel sera le meilleur et le plus efficace des itinéraires pour rejoindre cette jolie vallée ?

Cette étape est parfois très frustrante car vous *voyez* votre vie idéale vous faire un signe engageant, mais vous vous sentez bloqué, incapable d'aller de l'avant. Tout le monde connaît ça et c'est la raison pour laquelle certaines personnes demeurent prisonnières d'un poste qu'elles détestent ou d'une relation qui les épuise, bien qu'elles sachent pertinemment qu'elles pourraient avoir une vie meilleure.

Ce sentiment de blocage est normal mais vous pouvez le faire disparaître. Le moyen le plus sûr de sortir de l'impasse est d'étudier les options que vous *pourriez* prendre... même si une partie de vous veut rejeter les options qui sont autant de rêves inaccessibles, irréalistes ou voués à l'échec. Dans ce chapitre, vous allez découvrir comment défier vos propres hypothèses et commencer à proposer des itinéraires de rechange passionnants.

Passer des problèmes aux solutions

Le sentiment d'être dans une impasse est une tendance naturelle de l'être humain à voir les problèmes plutôt que les solutions. Cette section recense les moyens de prendre en compte les solutions et de chercher au plus profond de vous-même.

Éviter le jeu du « oui, mais »

Joe se plaint souvent auprès de son ami Mark qu'à l'âge de 42 ans, il commence à se sentir hors de forme et en mauvaise santé. Il souhaiterait retrouver la forme de ses 20 ans. La conversation suivante illustre la mentalité du « oui, mais » consistant à voir les problèmes plutôt que les solutions.

- Mark : Pourquoi ne reprendrais-tu pas le sport pour retrouver la forme ?
- Joe : Oui, je pourrais, mais je n'ai pas le temps. Je fais des horaires de folie et je ne serais pas capable de m'astreindre à une activité régulière.
- Mark : Pourquoi ne pas nager avec les enfants ? Tu les conduis bien à la piscine le samedi matin, non ?
- Joe : Oui, mais ce ne serait pas l'idéal parce que je dois constamment les surveiller.
- Mark : OK. Au travail, tu pourrais faire partie du groupe qui va courir le mercredi midi ? Je sais que le PDG y va régulièrement. Cela ne ferait pas de mal à ta carrière.
- Joe : C'est vraiment une idée géniale ! Mais je ne peux pas courir depuis que je me suis fait un arrachement ligamentaire au genou. Il est trop fragile. Si j'essayais, je me ridiculiserais devant le patron !
- Mark : Si le sport est trop dur pour toi, pourquoi ne pas perdre quelques kilos ? Pour commencer, tu te sentirais mieux et tu pourrais ensuite reconsidérer la solution du sport. As-tu pensé à ce nouveau régime que tous les mecs du bureau semblent faire ?
- Joe : C'est vrai que ce serait bien que je perde quelques kilos, mais je déteste l'idée de faire ces régimes à la mode.
- Mark : Tu peux demander à ton médecin de te conseiller un régime.
- Joe : As-tu essayé d'avoir un rendez-vous avec notre médecin dernièrement ? Cela revient à demander audience à la reine ! De toute façon, je ne pense pas qu'un régime soit une bonne solution. J'aimerais vraiment pouvoir faire du sport, mais j'ai passé en revue toutes les solutions et c'est tout bonnement impossible…

Les objections de Joe ne sont pas irrecevables. Ce sont les vraies raisons pour lesquelles il considère le fait de retrouver la forme comme un problème sans solution. Il « aimerait » vraiment faire quelque chose, mais il joue au jeu du « oui, mais » qui l'empêche de considérer toutes les éventualités associées aux nombreuses options suggérées par Mark (même l'avantage supplémentaire d'améliorer son image auprès du PDG). Le jeu du « oui, mais » ferme la porte à tout l'éventail de solutions comme une série de questions fermées et aide Joe à rester enfermé dans son piège, sentiment certes désagréable mais qui confirme au moins qu'il a raison. Joe cherche tellement un « mais » qu'il n'explore pas les autres moyens de venir à bout de son problème. Un rendez-vous chez le médecin, ou une séance chez le kiné, peut l'aider à soigner son ligament et lui permettre ensuite de se joindre au groupe des employés qui courent le mercredi midi.

Si Joe se laisse considérer les options existantes, son « souhait » de changer commencera à devenir un « objectif » qu'il pourra prévoir d'atteindre.

Quand et de quelle façon jouez-vous personnellement au jeu du « oui, mais » ? Quelles portes vous fermez-vous en jouant à ce jeu ? Essayez plutôt le « oui *et* » et remarquez la différence.

Le jeu du « oui et » vous force à envisager des solutions positives. Quand Mark suggère à Joe de nager avec ses enfants, Joe présente une objection car il joue au jeu du « oui, mais ». En remplaçant le « mais » par un « et », il verrait plutôt comment arranger les choses : par exemple, « Oui et je pourrais demander à ma femme de venir pour que nous puissions nager à tour de rôle pendant que l'autre surveille les enfants ».

L'attitude du « oui et » ne vous semblera pas naturelle si vous avez l'habitude de chercher des raisons de ne pas faire quelque chose. Les deux éléments essentiels de la prise de décision consistent à évaluer les risques réels et de veiller à ne tomber dans aucun piège. Mais gardez à l'esprit que vous ne vous êtes engagé à rien tant que vous n'avez pas fait le premier pas (et vous pouvez toujours faire machine arrière). Par conséquent, passer en revue les possibilités offertes par le jeu du « oui et » vous permet de faire disparaître le blocage mental de la plus sûre des façons.

Le scénario de l'île déserte

Si vous continuez de vous heurter aux situations dans lesquelles vous ne vous sentez pas capable d'exploiter les éléments pertinents pour progresser, cherchez au plus profond de vous-même et regardez bien autour de vous car les réponses ne sont pas toujours évidentes.

Imaginez-vous coincé sur une île déserte comme dans la série *Lost*. Votre vie normale est à des années-lumière et, à juste titre, vous êtes effrayé par la perspective de devoir survivre jour après jour et essayer de vous en sortir ou d'être secouru. Mais pouvez-vous imaginer comment puiser en vous la force et l'ingéniosité dont vous ne soupçonniez pas l'existence ? Quel rôle joueriez-vous dans cette situation ? Seriez-vous plutôt du style à mener, à travailler, à planifier, à soutenir les autres ? Qu'est-ce qui vous aiderait à tenir et à aller de l'avant ? Vous ne vous pensez pas capable d'être très ingénieux ? Pensez-y bien !

Vous êtes-vous déjà retrouvé dans une situation où vous deviez affronter une chose à laquelle vous ne vous sentiez pas du tout préparé ? Faire un discours improvisé sans notes. Skier avec une visibilité nulle pour rejoindre la station. Être sollicité pour sauver quelqu'un en danger de mort. Vous souvenez-vous du moment où vous avez su que vous alliez réussir à gérer la situation ? Il y a des chances que vous ayez eu l'impression d'agir instinctivement et vous ne pouvez expliquer comment vous avez trouvé des ressources insoupçonnées.

Tout le monde a ce talent en soi et vous aussi pouvez vous en servir quand vous en avez besoin. Ayez conscience de tout le talent présent en vous : les habiletés, le savoir et les compétences que vous pouvez mobiliser dans de nombreux domaines de votre vie (voir chapitre 4).

Seul au monde

Dans le film *Seul au monde*, Tom Hanks joue le rôle de Chuck, employé de Fedex dont l'avion s'écrase et qui vient s'échouer sur une île déserte où il doit apprendre à survivre seul, pendant quatre ans. Avant l'accident, Chuck est un homme ordinaire vivant une vie normale, certainement pas le candidat idéal à la survie dans des conditions extrêmes. Il a des kilos en trop, aime porter de gros pulls en laine et, dans son travail rythmé par les objectifs, il semble obsédé par la gestion du temps. Malgré les nombreux contretemps et frayeurs, il relève le défi de la survie et, avec le temps, il découvre plein de façons d'exprimer son ingéniosité. En ouvrant quelques colis restés dans la carcasse de l'avion, Chuck trouve une paire de patins à glace pour femme. Il trouve rapidement comment utiliser les lames en guise de couteau, de miroir et même pour faire de la chirurgie dentaire d'urgence sur lui-même !

En regardant le film, vous voyez comment Chuck utilise, dans un environnement complètement nouveau, les habiletés qu'il possédait déjà et comment il découvre en lui des forces insoupçonnées. Résultat de cette aventure, sa vie change à plus d'un titre.

Chapitre 9 : Explorer les choix existants

Évaluer sa réserve de ressources

Vous disposez de puissantes ressources : vos habiletés et talents existants et potentiels. Et vous avez également accès à des ressources externes exploitables à volonté. Prenez le temps de les développer et vous récolterez les fruits lorsque vous rechercherez des options pour opérer des changements.

Se constituer un réseau de soutien

Bien que vous soyez peut-être capable de survivre seul sur une île déserte si vous n'avez pas le choix (voir section précédente), avoir un peu de compagnie pour vous aider, vous motiver, vous inspirer vous remonterait sans nul doute considérablement le moral. Vos options se multiplient quand vous impliquez d'autres personnes dans votre voyage, non seulement parce qu'elles ont peut-être des talents complémentaires aux vôtres, mais également parce que plus vous pouvez exploiter un réseau de soutien, plus vous avez de chances de bénéficier d'une aide inattendue.

Pendant la phase d'écriture de ce livre, j'ai fait en sorte d'informer de nombreuses personnes de mon projet et je leur ai à toutes demandé de me faire part, parmi toutes les informations qu'elles pouvaient glaner, de tout ce qui pourrait m'aider à rendre cet ouvrage le meilleur possible. Des personnes se sont proposé de lire des chapitres et de faire des commentaires, des amis m'ont transmis des articles de presse et envoyé par courriel des citations passionnantes et plein de gens m'ont suggéré de parler à Untel qui avait réalisé des travaux intéressants dans tel et tel domaine. Tout ce que mes connaissances m'ont envoyé s'est avéré intéressant et utile. Le résultat est un incroyable périple qui a abouti à un livre dont je suis fier et une expérience qui a enrichi ma vie professionnelle et personnelle à plus d'un titre. Et dire que j'ai failli m'enfermer pendant six mois dans une pièce pour écrire tout ce que je savais.

Avez-vous déjà entendu parler du jeu des degrés de séparation ? L'idée est que vous n'êtes jamais à plus de cinq personnes de distance de n'importe qui dans le monde, car vous connaissez quelqu'un qui connaît quelqu'un, et ainsi de suite, jusqu'à ce que vous trouviez la personne que vous avez en tête. Donc, théoriquement, avec le bon réseau, vous pouvez passer un entretien avec Steven Spielberg pour vous faire engager ou prendre le thé avec la reine d'Angleterre ! Sérieusement, pensez à toutes les personnes que vous connaissez qui détiennent peut-être une pièce de votre puzzle. Une de vos relations connaît peut-être une personne qui peut vous aider à collecter les fonds nécessaires pour transformer votre passe-temps en activité professionnelle à domicile. Un voisin peut vous montrer comment faire de la menuiserie. Vous pouvez consulter un ancien collègue de travail qui connaît parfaitement le pays dans lequel vous avez l'intention d'acheter une résidence secondaire.

Si vous avez un objectif bien précis en tête, vous pouvez envisager de vous créer un site Web et de demander aux personnes que vous rencontrerez d'aller sur le site et de vous donner leur avis. Vous pouvez également noter les coordonnées de celles ayant des ressources qui vous seront peut-être utiles dans le futur.

Accroître sa réserve de ressources

Vers quoi vous dirigez-vous instinctivement quand vous souhaitez en savoir plus sur un domaine ? Êtes-vous un adepte d'Internet ou un amoureux des livres ? Quelles ressources externes vous inspirent et enrichissent votre raisonnement ? Quand vous vous créez des options pour atteindre vos objectifs, augmentez le nombre de sources d'information et d'inspiration afin de multiplier les chances de trouver des données utiles. Pensez également à la *façon* dont vous exploitez vos ressources. Les loisirs sont souvent des activités basées sur la facilité. Par exemple, si vous aimez lire, vous avez tendance à piocher dans vos auteurs préférés plutôt que de découvrir un nouveau genre. Vous avez tendance à toujours aller sur les mêmes sites Web parce que vous connaissez exactement leur contenu. Cette démarche est à coup sûr un gage d'apaisement, mais pensez aux possibilités qu'offrent ces ressources pour acquérir une plus grande ouverture d'esprit. Incorporez quelques nouveautés simplement pour voir ce qui se passe. Vous pourriez découvrir de nouvelles routes susceptibles d'élargir la palette d'options permettant d'atteindre vos objectifs de vie.

Une de mes collègues a passé des mois à se tourmenter à propos de son site Web. Elle espérait qu'il serait impeccable mais repoussait inévitablement le jour de la mise en ligne. Elle découvrit un jour l'univers des *blogs* (sortes de journaux en ligne) et après une brève période de cynisme, elle commença à expérimenter. Elle fut ravie de découvrir que non seulement le blog était un moyen très simple de communiquer avec ses clients, mais qu'il l'aidait également à renforcer sa motivation pour finir son site Web car les visiteurs réclamaient à cor et à cri plus d'informations.

La semaine prochaine, prêtez plus particulièrement attention à l'influence que le monde extérieur a sur vous. Quelles émissions de télévision, vidéos ou DVD choisissez-vous de regarder ? Quels livres lisez-vous ? Combien de temps passez-vous à naviguer sur Internet ? Quelles stations de radio écoutez-vous ? Lisez-vous un journal ou un magazine ? Lequel et plus particulièrement quelles rubriques ? Pensez à innover de temps en temps afin d'ouvrir votre esprit à différentes options. Troquez par exemple les romans pour les documents d'actualité ou passez un peu de temps à naviguer sur Internet, pour changer. Étoffer son éventail de ressources peut aider dans des domaines inattendus de la vie.

Enrichir sa palette d'options

Quand vous allez dans votre restaurant préféré, prenez-vous souvent le même plat ? C'est peut-être en partie le rythme frénétique et les incertitudes de la vie qui vous poussent à agir de la sorte. Ces petites routines vous aident à vous sentir plus en sécurité. En plus, vous savez que vous adorez ce plat, n'est-ce pas ?

Vous préféreriez peut-être un menu simple plus facile à choisir ? Mais, au bout d'un moment, vous vous ennuyez. Si vous allez alors dans un restaurant à la carte très fournie, vous paniquerez peut-être et ferez un mauvais choix. Mais plus vous innovez et essayez d'autres options, plus vous savez ce que vous aimez. Il peut certes vous arriver de faire un mauvais choix, mais, un jour, vous pourriez découvrir qu'en fait, vous *aimez* bien le foie sauté que vous évitiez depuis des années.

Ainsi, au fil du temps, vous commencez à préférer les cartes plus fournies, le choix vous fait beaucoup moins peur (vous pouvez essayer le plat dont vous ne vouliez pas la fois précédente) et la perspective de vous tromper de temps en temps ne vous inquiète plus trop. Faire un choix vous est beaucoup plus simple et rapide, vous vous investissez moins dans le processus de décision, pour, au final, une récompense plus importante. La carte très riche n'est plus un problème et vous recherchez les choix, que vous considérez maintenant comme des options et non des problèmes.

Développer une approche créative

Pour développer votre faculté de vous créer des options, devenez plus créatif dans tous les domaines de votre vie. Votre cerveau droit est responsable de la créativité. La recherche montre que lorsque votre cerveau droit est plus souvent sollicité, vous pouvez être stupéfait par votre capacité à résoudre des problèmes en mettant en œuvre comme par magie des approches novatrices. Le cerveau gauche excelle quant à lui dans l'analyse et l'évaluation. Il vous faut donc mobiliser vos deux cerveaux pour prendre des décisions concernant votre vie. (Le chapitre 15 vous en dit plus sur la puissance cérébrale.)

Entretenez-vous la croyance limitante que vous manquez de créativité ? C'est le cas de nombreuses personnes. La créativité est innée mais se perd un peu avec le temps, à mesure que nous nous concentrons sur les processus, les analyses et l'obtention de résultats. La créativité quotidienne est de même nature que le génie des grands artistes. Vous pouvez exploiter la vôtre afin d'ouvrir votre mentalité, de développer votre flexibilité et de vous aider à considérer vos options de manière novatrice.

Devenir créatif peut être aussi simple que mettre fin aux schémas de fonctionnement dans lesquels vous vous êtes encroûté. Mais décider un beau jour de considérer vos options d'une manière créative peut s'avérer difficile. Une stratégie plus efficace consiste à habituer votre cerveau en vous adonnant régulièrement à des activités que vous pouvez introduire petit à petit dans vos routines habituelles.

Voici quelques idées pour laisser votre créativité s'exprimer :

- Avez-vous de jeunes enfants ou des nièces et neveux ? Jouez avec eux de temps en temps, pas en tant qu'adulte mais en vous plongeant vraiment avec eux dans le bac à sable !
- Chez vous, déplacez six objets de leur emplacement habituel. Quelles nouvelles connexions vous viennent à l'esprit en voyant des éléments familiers dans une nouvelle configuration ?
- Parlez avec un inconnu en attendant à la caisse du supermarché. Qu'avez-vous en commun ? Quelles sont vos différences ?
- Prenez un itinéraire différent cinq jours de suite pour aller au travail.
- Lisez un livre sur un sujet qui ne vous intéresse pas en temps normal. Si vous aimez plutôt les romans à l'eau de rose, optez pour un ouvrage scientifique de vulgarisation par exemple.
- Écoutez de la musique à l'opposé de vos goûts : par exemple, du tam-tam africain à la place de Mozart ou un récital d'un musicien à la place d'un morceau de hard rock.
- Si vous prenez rarement les transports en commun, faites-vous un point d'honneur à prendre le bus ou le train tous les jours pendant une semaine et prêtez attention à ce qui se passe autour de vous.
- Lisez une rubrique de votre journal que vous ignorez habituellement (économie, sport, mode, par exemple).
- Le week-end, sortez déjeuner dans votre restaurant préféré au lieu d'y aller le soir. Remarquez ce qu'il y a de différent.
- Marchez dans la rue principale de votre ville et entrez dans un magasin où vous n'avez jamais mis les pieds.
- Passez dix minutes par semaine à réfléchir à ce genre d'idées afin de les mettre en pratique la semaine qui suit et choisissez celles qui vous font envie !

Ces suggestions ne requièrent qu'un tout petit changement dans vos routines. Dans la journée, accordez-vous donc quelques instants pour élaborer une stratégie empreinte de créativité. Très vite, vous verrez s'améliorer la qualité et la clarté de votre réflexion et vous en récolterez les fruits dans votre vie. Et vous apprécierez bien plus vos journées !

Profiter d'un nombre illimité d'options

Comment exploiter les idées énoncées dans ce chapitre afin de créer une feuille de route pour vos objectifs de vie ? Tout d'abord, définissez clairement vos objectifs de vie. Vous pouvez les exprimer sous forme d'énoncé global exprimant vos vœux (voir chapitre 8) ou d'une déclaration liée à un aspect bien précis de votre vie. Voici un exemple :

Je veux être un homme (ou une femme) d'affaires brillant(e) et gagner suffisamment d'argent pour offrir à ma famille le style de vie que nous souhaitons.

À ce stade, l'énoncé n'est pas un but tangible car il n'est pas assez détaillé. Mais il s'agit d'une intention marquée englobant des valeurs clés en matière de motivation. Si votre désir est prononcé, vous savez déjà que vous disposez de nombreuses options pour obtenir le résultat en question. En choisissant les options que vous allez prendre, vous renforcez l'expression de votre désir pour le transformer en objectif tangible.

Voici les quatre étapes de la création d'options pour l'énoncé exprimant vos vœux :

1. Qu'est-ce qui est possible ?

N'oubliez pas de respecter le principe du « oui et » et non celui du « oui, mais » (voir la section « Éviter le jeu du « oui, mais » », plus haut dans ce chapitre). Consentez à admettre que presque tout est *possible* pour vous pour autant que vous souhaitiez faire suffisamment d'efforts et exploiter toutes vos ressources. Pour chacun de vos énoncés, pensez aux différents moyens d'atteindre les objectifs associés. Il vous sera peut-être utile de diviser vos options en différentes catégories :

- **L'option la plus rapide.** Vous avez peut-être l'occasion d'obtenir à coup sûr une grosse promotion. Cette option est peut-être attirante car vous êtes certain de parvenir à vos fins.

- **L'option la plus effrayante.** L'idée de vous mettre à votre compte vous fait-elle peur malgré les avantages entrevus ? Vous pouvez parfois transformer la peur en adrénaline pour une motivation accrue.

- **L'option la plus difficile.** Vous pouvez peut-être également envisager d'accepter cette promotion tout en montant une affaire dont vous vous occuperez le week-end ? Il s'agit peut-être de l'option la plus difficile car il vous faudra faire en sorte d'équilibrer votre emploi du temps. Vous la considérez peut-être comme l'option la plus avantageuse.
- **L'option la plus risquée.** Vous pouvez penser à investir de l'argent dans l'immobilier ou les valeurs mobilières. Cette option peut être la plus attirante en raison des perspectives de rendements élevés, en récompense des risques importants.
- **L'option la plus passionnante.** Que penseriez-vous de vendre votre maison et de vous installer à l'étranger, afin de gagner plus d'argent grâce à l'exploitation de vos habiletés ? Cette option peut vous attirer si elle offre à votre famille de meilleures conditions de vie.

Chacune de ces options a ses avantages et ses inconvénients. Qu'est-ce qui est sûr, effrayant, difficile, risqué ou passionnant pour vous ? Quel est l'impact de chacune de ces options sur vos autres objectifs de vie ? De quels facteurs devez-vous tenir compte (responsabilités et engagements, conditions de vie actuelles) ? Gardez à l'esprit le principe du « oui et » quand vous passez en revue ces options. Il n'y a pas de mal à avoir des idées folles et à se demander « et si ? ». Votre coach intérieur (voir chapitre 1) connaît les questions que vous devez vous poser afin d'évaluer ces options de manière sûre et réaliste.

2. De quoi suis-je capable ?

Remarquez ce qui vous vient à l'esprit en pensant aux options s'offrant à vous. Avez-vous confiance en vos capacités ou pensez-vous que des croyances limitantes néfastes pourraient surgir ? Si vous pensez « Je ne pourrais peut-être pas faire cela ! », demandez-vous pourquoi. Est-ce parce que c'est quelque chose de nouveau, parce que vous pensez peut-être échouer ou parce que cette option s'oppose à une de vos valeurs importantes ?

3. Qui peut m'aider ?

En analysant chaque option, pensez aux personnes qui pourraient contribuer à la mise en œuvre de votre plan. Comment pourraient-elles vous aider à aller de l'avant ?

4. Où puis-je glaner des informations ?

Quelles sont mes lacunes en matière de connaissances ou d'habiletés pour décider exactement des mesures à prendre concernant chaque option ?

Comment combler ces lacunes ? Me faudrait-il faire des recherches sur Internet, lire un livre, adhérer à un club ou à un groupe de soutien ?

Une fois ces quatre facteurs pris en compte, vous êtes disposé à reformuler l'énoncé exprimant vos vœux. Faites-en de même avec toutes les options existantes afin de réaliser un comparatif. Mettez votre énoncé au présent pour que votre objectif paraisse encore plus proche :

> *Je suis un homme (ou une femme) d'affaires brillant(e) et je gagne suffisamment d'argent pour offrir à ma famille le style de vie que nous souhaitons. Pour ce faire, je m'attache à obtenir une belle promotion tout en réunissant toutes les conditions pour me mettre à mon compte.*

Réunir les meilleures conditions

Le moment est venu de choisir l'option idéale par rapport à vos conditions de vie actuelles. Le chapitre 10 s'attache à déterminer les règles de la fixation d'objectif afin de déterminer les mesures précises à prendre. Pour l'heure, comptez sur votre intuition pour choisir l'itinéraire que vous emprunterez. Posez-vous les questions suivantes :

- **Quelle est l'option la plus intéressante pour moi ?** Suis-je en mesure de me voir en train d'atteindre mon objectif, malgré mes éventuels doutes et peurs actuels ?

- **Ai-je des réticences ?** Y a-t-il une option pour laquelle j'hésite à cause de peurs, de doutes, d'inquiétudes ou d'un manque d'habileté, de connaissances ou de capacités ? Cette résistance est-elle due au jugement sévère de mon critique intérieur ou aux conseils avisés de mon coach intérieur ?

- **Suis-je sincère à propos des conséquences de mon option préférée ?** Cette option est-elle *grosso modo* conforme à mes valeurs dans d'autres domaines de ma vie ? Si je tiens vraiment à prendre cette orientation malgré des conséquences indésirables dans d'autres domaines, dois-je plutôt procéder à un réajustement à partir de mes valeurs et de ma motivation ?

- **Sur quel aspect dois-je plutôt me pencher pour privilégier cette option ?** Dois-je améliorer mes habiletés, mes connaissances ou mes croyances ?

Enfin, demandez-vous quelle sera votre toute première mesure pour vous pousser à passer à l'action. Il peut s'agir d'un grand bond dans l'inconnu, mais plus probablement de quelque chose de beaucoup plus simple. Il vous faut peut-être décrocher le téléphone et appeler quelqu'un qui saura écouter votre plan d'action, vous aider à le clarifier davantage et vous pousser à vous lancer. Remarquez ce qui vous semble naturel et promettez-vous de prendre sans tarder cette première mesure.

Chapitre 10
Monter un plan d'action efficace

Dans ce chapitre :
▶ Fixer intelligemment des objectifs
▶ Planifier l'itinéraire jusqu'à la réalisation de l'objectif
▶ Gérer les échecs

Une fois le ou les buts choisis (voir chapitre 8), vous êtes prêt à formuler et à prendre les mesures précises qui vous feront progresser vers l'atteinte de vos objectifs de vie. Prenez pour preuve la maxime « Travail bien commencé est à moitié terminé ». Passer à l'action est bien plus simple quand vous avez passé en revue toutes les possibilités, que vous connaissez les ressources et les options à votre disposition, ainsi que les valeurs qui vous guident.

Vous devez également veiller à ce que les circonstances soient propices au succès de votre entreprise. Ce chapitre étudie les méthodes pour bâtir un plan d'action efficace et permettant de gérer les hauts et les bas de votre périple.

Soigner la fixation des objectifs

Des objectifs de vie séduisants se profilent déjà à l'horizon (si ce n'est pas le cas, rendez-vous au chapitre 8). Pour l'heure, ces objectifs correspondent à une vision d'ensemble de la façon dont vous souhaitez que votre vie prenne forme dans un avenir plus ou moins lointain. Vous connaissez également certaines orientations pour parvenir à vos fins (voir chapitre 9). La première étape de votre plan d'action est d'avoir une visibilité très nette de vos objectifs de vie (grâce au processus désigné par les Anglo-Saxons sous l'acronyme SMARTEN UP, expliqué ci-après). Ce processus consiste à connaître parfaitement les dimensions quoi, comment, où et qui associées à vos objectifs.

Votre cerveau doit avoir des instructions claires et le modèle de fixation d'objectifs SMARTEN UP est une excellente méthode pour vous aider à progresser.

Pour être atteignable de manière réaliste, votre objectif (ou parfois vous-même) doit être :

- Spécifique
- Mesurable
- Atteignable et attirant
- Réaliste
- Délimité dans le temps
- Enthousiaste
- Naturel
- Compris (*Understood*)
- Préparé

Voici tous les éléments très solides de la fixation d'objectifs selon le modèle SMARTEN UP.

Spécifique

Votre objectif doit être spécifique, à savoir précis. Il ne suffit pas de dire que vous voulez être « en meilleure santé », car votre cerveau ne dispose d'aucun moyen d'interpréter ce type d'instruction. « Meilleure santé » peut signifier devenir plus mince, plus énergique, plus tonique, ne plus être malade ou tous ces éléments à la fois !

Quand vous formulez vos objectifs, veillez à bien penser aux aspects les plus importants de chaque objectif. Vous pouvez classer ces aspects par ordre de priorité (voir l'activité sur les valeurs du chapitre 6) afin de vous aider à rester concentré sur ce qui fonctionne bien pour vous ou à identifier les points clés. Lors de la conception de votre plan d'action pour être en bonne santé, vous pouvez alors mettre l'accent sur les options produisant les meilleurs résultats. Si l'énergie est vitale, analysez vos habitudes alimentaires et votre pratique sportive afin de générer un maximum d'impact en la matière.

Mesurable

Votre objectif doit être mesurable. Si vous souhaitez vous attaquer au problème du tabac, vous devez quantifier votre objectif. Par exemple, il peut s'agir d'arrêter complètement de fumer ou de fixer le nombre de cigarettes. Là encore, votre cerveau a besoin d'une instruction claire et précise sinon, il ne sait pas où commencer et c'est la porte ouverte aux tergiversations.

Atteignable ou attirant

Le A de SMARTEN UP peut être « atteignable », mais « attirant » est plus significatif. Par conséquent, un objectif est-il attirant parce que d'autres l'ont atteint ? Prenons l'exemple de l'achat d'une ferme française. Le fait que de nombreux Anglais vivent une vie très agréable en France peut donner une certaine impulsion à votre projet. Par contre, vous n'êtes pas les « nombreux Anglais » et prendre cela comme un critère peut parfois constituer un obstacle. Vous pouvez même contrarier la poursuite d'un objectif que vous êtes capable d'atteindre faute de précédent. Prenez Roger Bannister, premier athlète à descendre sous les 4 minutes au mile. S'il avait retenu ce critère, il n'aurait jamais tenté de battre le record du mile car tout le monde disait que c'était impossible.

Votre objectif doit également vous sembler attirant. Se focaliser sur les effets indésirables liés à l'habitude de trop manger comme élément de motivation pour prendre des mesures ne mène pas très loin. Vous pourriez vous sentir moins bien à cause de toutes les associations négatives créées. Prenez plutôt la vision positive de tous les bienfaits d'une alimentation saine et contrôlée. Pensez à la façon dont vous allez apprécier votre nouveau style de vie et votre silhouette amincie.

Si vous ne trouvez pas votre objectif attirant, il ne vous mènera nulle part faute d'une motivation réelle. Si votre objectif est de perdre du poids parce que vous pensez que cela correspond au souhait de votre conjoint, alors que vous vous sentez très bien ainsi, vous pourriez bien vivre la poursuite de votre but comme une bataille. Rendez votre objectif attirant ou changez d'objectif pour vous donner l'envie d'avancer.

Réaliste

Les évaluations externes de ce qui est atteignable, telles que comparer votre situation à celle des autres, sont parfois néfastes. Vous devez néanmoins toujours veiller à ce que votre objectif soit réaliste au vu de votre situation et de vos capacités actuelles. Avoir un grand objectif est merveilleux si vous parvenez toujours à sortir de votre zone de confort, en sachant qu'une grande volonté vous aide à réussir. Mais vous devez veiller à vous préparer à votre propre *succès*. Prenez donc en compte toutes les contraintes éventuelles susceptibles de rallonger votre voyage ou de demander un ajustement de votre plan.

Vous souhaitez peut-être honorer d'autres engagements. Votre objectif de tour du monde à cheval devra peut-être attendre un peu ou être moins ambitieux. Il vous faudra peut-être considérer des objectifs plus modestes de façon à disposer des ressources nécessaires pour monter votre affaire.

Être réaliste ne signifie pas s'imposer des limites mais apprendre à marcher avant de souhaiter courir.

Délimité dans le temps

Votre objectif doit être délimité dans le temps, sous peine de ne jamais pouvoir l'atteindre. Par exemple, pour obtenir une promotion au travail, vous aurez plus de chances d'y parvenir si vous déterminez des jalons datés. Commencez par définir les habiletés à acquérir et les dates auxquelles vous pourrez suivre la formation associée ou travailler avec un mentor. Ensuite, choisissez un poste disponible et fixez-vous un délai pour rédiger votre CV ou vous préparer à l'entretien d'embauche. Vous pouvez toujours modifier les dates à mesure que vous recueillez des informations, mais l'existence de jalons datés vous aidera à vous concentrer sur des délais qui vous conviennent. L'objectif délimité dans le temps est l'un des meilleurs remèdes aux tergiversations.

Enthousiaste

Si l'objectif doit vous attirer, vous devez également afficher de l'enthousiasme face au périple à effectuer pour l'atteindre. Vous aurez beau faire preuve d'une volonté farouche, si le processus vous apparaît trop difficile et pénible, vous aurez peut-être du mal à persévérer. Pas besoin non plus de souscrire pour la forme au mantra « on n'a rien sans rien ». La poursuite de vos objectifs peut certes s'accompagner de certains désagréments et sacrifices, mais n'ajoutez pas à la souffrance en ne vous ménageant pas. Si vous avez bien étudié vos options, vous serez toujours capable de trouver une méthode qui multiplie vos chances d'atteindre votre objectif grâce à un enthousiasme de tous les instants.

Offrez-vous régulièrement des petites récompenses. Un simple coup de fil à un ami pour fêter un succès intermédiaire peut vous stimuler. Vous pouvez aussi aborder votre voyage de façon amusante. Par exemple, notez votre progression sur une grande feuille de papier à l'aide de feutres de couleur et accrochez-la quelque part. Quoi que vous fassiez, pensez à des moyens de fêter vos succès à chaque fois que vous franchissez une étape importante. C'est vous qui fixez les règles et personne d'autre !

Naturel

Votre objectif doit être adapté à vos instincts naturels. Exploitez votre conscience de soi et servez-vous de votre intuition pour fixer vos objectifs (pour en savoir plus sur la conscience de soi et l'intuition, reportez-vous au chapitre 8). Cet objectif est-il fait pour moi ? Est-ce que j'estime *devoir* opter plutôt pour l'objectif de quelqu'un d'autre ? Ou mon objectif est-il à ce point vital pour moi qu'il n'est pas question de remettre à plus tard mon plan d'action ? Si vous ne parvenez pas à répondre oui à cette dernière question, étudiez de nouveau vos besoins, valeurs et croyances et voyez quels changements opérer pour vous approprier pleinement votre objectif.

Compris (Understood)

Vos objectifs doivent être clairement compris par votre entourage, qu'il s'agisse de votre conjoint, de vos amis, de vos enfants ou de collègues de travail. Ils doivent connaître votre objectif et savoir comment vous soutenir. Cela ne veut pas dire faire part à *tout le monde* de vos pensées intimes et rêves. Mais vous vous rendrez service en identifiant les acteurs clés de votre vie et en leur disant ce qu'ils doivent savoir pour vous encourager dans votre périple. Si les autres jouent un rôle primordial dans la poursuite de votre objectif, vous devez veiller à ce qu'ils comprennent ce que vous attendez d'eux et qu'ils sont capables de vous soutenir ou de collaborer avec vous.

Préparé

Enfin, même si vous faites le maximum pour que tout le monde vous encourage, vous devez être prêt à faire face aux contretemps, voire aux réactions négatives d'autrui. Même si vos proches rêvent du meilleur pour vous, ils peuvent trouver perturbant de vous voir foncer vers un objectif ardu, surtout s'ils rêvent d'en faire autant dans leur propre vie. Les êtres chers ne souhaitent pas forcément votre échec, mais ils peuvent tout à fait inconsciemment vous faire régresser à cause d'un commentaire isolé ou d'une petite tentation au mauvais moment.

Même si vous ne recevez que des marques de soutien, vous n'êtes pas à l'abri des obstacles. Sachez que les autres ne sont pas toujours en mesure de vous gratifier des encouragements dont vous avez besoin pour redresser la tête et reprendre votre marche en avant. Vos proches voudront parfois vous « offrir une pause » et voir vos efforts temporairement diminuer. Ce peut être un conseil judicieux à suivre. L'essentiel est d'être préparé à voir les autres ne pas s'investir autant que vous dans la réalisation de vos objectifs.

Pour voir comment le SMARTEN UP peut fonctionner pour un objectif bien précis, étudiez l'exemple suivant :

> *Je veux vendre ma maison et acheter une villa en Angleterre d'ici le mois de mai de l'année prochaine.*

- **L'énoncé contient-il un objectif précis ?** Oui, votre objectif consiste à déménager dans un endroit précis via une méthode précise. Par exemple, il ne s'agit pas simplement de « déménager à l'étranger ».

- **Votre objectif est-il mesurable ?** Pourrez-vous savoir quand vous l'aurez atteint ? Oui, quand vous serez l'heureux et fier propriétaire d'une villa anglaise !
- **Votre objectif est-il atteignable ?** Oui, de nombreuses personnes y sont déjà parvenues. Et attirant ? Oui, vous vous voyez très bien emménager dans cette villa !
- **Votre objectif est-il réaliste ?** Oui, vous avez sondé le marché de l'immobilier des deux côtés de la Manche et il vous semble tout à fait possible de déménager dans votre situation et au vu de l'état du marché.
- **Votre objectif est-il délimité dans le temps ?** Oui, vous souhaitez déménager d'ici le mois de mai de l'année prochaine et vous avez vérifié que ce délai était raisonnable.
- **Êtes-vous enthousiaste en pensant au parcours qui vous conduira vers votre objectif ?** Oui, vous avez démarré vos recherches et prévu de consacrer deux heures par semaine à votre projet.
- **Votre objectif est-il naturel pour vous ?** Oui, vous avez très souvent passé des vacances agréables en Angleterre, vous parlez bien l'anglais et vous vous sentez déjà chez vous en Angleterre.
- **Votre objectif est-il compris par les personnes qui comptent dans votre vie ?** Oui, votre famille est prête à changer d'univers et a hâte de passer de longues vacances là-bas.
- **Êtes-vous prêt pour le voyage menant vers votre objectif ?** Oui, vous avez en tête des plans de rechange si la villa de vos rêves est trop chère pour votre budget. Vous avez réfléchi à la façon dont vous pourriez revoir votre stratégie si la vente prend plus de temps que prévu ou tombe à l'eau.

Mettre en pratique sa théorie

Vous pouvez maintenant intégrer vos objectifs de vie dans un tableau tel que le 10.1. Formulez chaque objectif le plus simplement possible. Il faut que vous puissiez vous souvenir rapidement des énoncés afin d'avoir une vision très nette des choses.

Chapitre 10 : Monter un plan d'action efficace

Tableau 10.1 : La fixation d'objectifs selon le modèle SMARTEN UP

	Spécifique	Mesurable	Attirant	Réaliste	Délimité dans le temps	Enthousiaste	Naturel	Compris (*understood*)	Préparé
Santé									
Argent									
Relations humaines									
Travail									
Développement personnel									

Utiliser le modèle SMARTEN UP pour perdre du poids

Voici un autre exemple d'utilisation du SMARTEN UP pour vos objectifs de vie.

Louise avait deux enfants de moins de 5 ans et son mode de vie avait tellement changé qu'elle avait pris beaucoup de poids pour la première fois de sa vie. Elle se sentait mal et souhaitait retrouver l'énergie qu'elle avait lorsqu'elle était plus mince. Autre problème, très important, elle voulait porter une certaine tenue pour un mariage dans sa famille cet été-là. Elle décida de recourir au coaching pour conserver son objectif en tête.

Louise énonça l'objectif de vie lié à sa santé de la façon suivante :

> *D'ici neuf mois, je vais retrouver mon poids de forme grâce à un régime alimentaire équilibré et à la pratique régulière du sport. Je parviendrai ainsi à rentrer dans ma tenue pour le mariage tout en retrouvant progressivement mon énergie.*

Passé au modèle SMARTEN UP, cet objectif s'avérait *spécifique*, *mesurable* et *délimité dans le temps*. Louise estimait qu'elle n'avait pas besoin de chiffrer exactement le niveau d'énergie final car elle serait en mesure de vérifier l'évolution quotidiennement à travers ses sensations. Louise décida de se concentrer sur une taille de vêtement bien précise car elle estimait que c'était un critère très concret. Elle pouvait voir et toucher la tenue qu'elle souhaitait porter, ce qui contribuait parfaitement à rendre son objectif *attirant* et à entretenir son *enthousiasme* pour la conduite de son projet.

L'objectif de Louise était *réaliste* car elle pourrait perdre lentement ses kilos, ce qui était très faisable avec son rythme de vie trépidant. Son objectif était *naturel* car elle avait toujours détesté l'idée de faire un régime draconien et elle aimait bien manger sans se priver. Et Louise veilla à ce que sa famille *comprenne* l'objectif à atteindre et soit prête à la soutenir. Dans le même temps, elle était *préparée* à fournir des efforts sur la durée, à accepter les éventuels contretemps et elle avait engagé un coach pour l'aider dans son entreprise.

Ajuster ses options sur ses objectifs

Vous avez donc clairement défini vos objectifs de vie et envisagé certaines options qui vous permettront de les atteindre (voir les chapitres 8 et 9). L'heure est maintenant venue d'élaborer les différentes étapes et la toute première mesure est de trouver les moyens d'avancer vers les objectifs fixés. Suite à l'utilisation du modèle SMARTEN UP pour évaluer vos objectifs, il doit vous apparaître clairement que, dans votre situation, certaines options sont meilleures que d'autres. Vous pouvez très bien passer également vos options au modèle SMARTEN UP.

Louise a ajusté ses options sur ses objectifs de la manière suivante :

Louise était ravie de son objectif et devait désormais analyser les options qu'elle avait à définir pour mener à bien son projet. Elle a séparé son objectif en deux volets : perdre ses kilos superflus et retrouver son énergie grâce à la pratique régulière du sport. Pour la perte de poids, elle a défini deux options principales : s'inscrire dans un centre d'amaigrissement et suivre un régime recommandé par les spécialistes du centre ou demander à son généraliste de lui conseiller un régime. Pour l'aspect sportif, elle décida que l'aérobic lui ferait le plus grand bien. Deux options s'offraient à elle : se servir du vélo d'appartement d'une amie ou s'inscrire dans une salle de sport de sa ville et y suivre un programme. Toutes ses options ont passé avec succès le filtre du modèle SMARTEN UP pour les critères *attirant*, *enthousiaste*, *spécifique*, *mesurable* et *délimité dans le temps*. Il lui fallait donc maintenant décider ce qui était le plus *réaliste* et *naturel* pour elle.

Louise tint compte de ses préférences naturelles. L'idée de suivre les conseils de son généraliste lui plaisait un peu plus que celle de s'inscrire dans un centre d'amaigrissement, car elle lui offrait une plus grande souplesse en termes d'emploi du temps. Elle choisit également l'option de fréquenter une salle de sport car celle de l'emprunt du vélo d'appartement de son amie lui semblait demander un engagement moindre de sa part.

Fixer des jalons sur le parcours

Avoir un objectif clair et des options préférées établies suffit probablement à vous pousser à prendre la première mesure vers la réalisation de votre objectif. Il vous faut peut-être prendre rendez-vous avec quelqu'un ou prendre connaissance des horaires d'un cours de gym ou d'une formation. Pour créer une certaine dynamique, il faut démarrer le plus tôt possible, mais également penser d'ores et déjà aux *jalons*. Sur votre itinéraire, il s'agit des points d'arrêt servant à célébrer les succès acquis jusqu'à présent, que vous pouvez considérer comme une oasis servant à recharger vos accus, à refaire le plein d'enthousiasme et à contrôler rapidement votre cap pour vous assurer que vous vous dirigez dans la bonne direction.

La mort suspendue

Ce drame passionnant raconte l'histoire de Joe Simpson, alpiniste ambitieux qui décide de gravir avec son ami Simon Yates la face ouest du Siula Grande, dans la cordillère des Andes, au Pérou. Un terrible accident oblige Simon à prendre la décision d'abandonner Joe, qu'il croit mort. Joe entreprend alors un voyage déchirant, seul, une jambe cassée, dans un univers hostile, à lutter pour sa survie.

Les pires moments de Joe apparaissent quand il commence pour la première fois à douter de sa capacité à tenir la distance, devant affronter une paroi rocheuse en apparence infranchissable et son état physique, mental et émotionnel qui ne cesse de se dégrader. Sa stratégie de survie consiste à se fixer de petits objectifs situés pas loin de lui à atteindre en 20 minutes. Il les enchaîne, suivant une progression très pénible vers ces objectifs successifs. Sa bataille contre le temps livrée avec une farouche détermination lui permet d'accéder à une grande force intérieure malgré la douleur et la peur. Il la décrit ainsi :

« Très claire… comme une voix… un élément extérieur qui me dit de faire quelque chose. Fais ceci, fais ceci et encore ceci et tu parviendras là-bas. »

Joe survit et continue de grimper d'autres montagnes.

Le programme de neuf mois de Louise comportait des jalons toutes les six semaines. Toutes les douze semaines, elle était en mesure de voir un résultat significatif en matière de forme physique et d'énergie ou de centimètres de tour de taille perdus. Ce délai entre les objectifs intermédiaires lui convenait très bien car elle n'avait jamais l'impression d'être loin d'une occasion de surveiller et fêter ses progrès, et les évolutions marquantes enregistrées étaient une grande source de motivation.

Avancer à petits pas

Vous pouvez être tenté de foncer vers vos objectifs de vie et d'essayer de les atteindre aussi vite que possible. C'est parfois une bonne méthode, qui produit une dynamique très importante. Mais la plupart des gens trouvent que le changement durable s'obtient grâce à des avancées modestes et progressives vers l'objectif.

Voici certains avantages de la stratégie de la tortue sur celle du lièvre :

- vous pouvez intégrer vos objectifs à votre mode de vie sans sacrifier d'autres aspects également importants pour vous ;
- vous pouvez procéder à de petits aménagements d'itinéraire significatifs au lieu de vous retrouver avec un demi-tour à exécuter rapidement si quelque chose ne va pas comme vous le voulez ;
- vous appréciez bien plus votre périple car vous avez le temps d'insérer des instants de célébration et de récompense ;
- vous prenez des habitudes plus durables qui font vraiment partie de vous, rendant ainsi le changement plus pérenne une fois l'objectif atteint ;
- vous vous épargnez du stress et de la pression supplémentaire susceptibles d'avoir des effets indésirables sur votre vie ;
- votre progression sera plus durable car vous n'adoptez pas des comportements extrêmes ou désagréables pour exprimer vos goûts naturels.

Louise a obtenu de meilleurs résultats en avançant à petits pas qu'en privilégiant la vitesse. Sa lente perte de poids était préférable en termes de santé et sa peau s'est adaptée progressivement sans l'apparition d'aucun pli ni ride.

Si vous êtes dans l'obligation d'opter pour la stratégie du lièvre, choisissez des objectifs atteignables assez rapidement, qui perturbent le moins possible les autres aspects de votre vie et ne nuisent pas à votre dynamique. Une obtention si rapide de résultats peut renforcer votre motivation mais risque de ne pas s'inscrire dans la durée. Votre option liée à la santé doit être envisagée à long terme, surtout s'il s'agit de l'objectif de perdre du poids. Certaines personnes interrompent même toute autre activité et partent en retraite ou prennent un congé sabbatique pour se concentrer exclusivement sur leur objectif. Cette approche présente des avantages mais nécessite généralement beaucoup de temps et d'argent, et il faut encore penser à maintenir votre progression une fois la période d'immersion terminée.
Je parle de *vos* objectifs et de *votre* vie. Vous seul pouvez savoir ce qui fonctionne le mieux pour vous.

Des stratégies simples pour mettre fin aux tergiversations

Monter un plan d'action efficace et progresser à petits pas vers votre objectif est une excellente méthode, mais si vous perdez votre motivation ? Si vous comprenez pourquoi vous hésitez sur quelque chose, vous pouvez alors créer un contre-argument séduisant susceptible de vous faire passer à l'action (voir chapitre 5). Et vous serez moins enclin à tergiverser si vous avez passé vos objectifs et options au modèle SMARTEN UP. Mais même la personne la plus convaincue et motivée peut se laisser ronger en cours de route par les tergiversations. Votre périple n'est pas toujours captivant et certains aspects peuvent s'avérer difficilement enthousiasmants.

La première stratégie de lutte contre les tergiversations consiste à se repencher sur son modèle SMARTEN UP et de voir s'il est possible de modifier légèrement quelques éléments pour sortir de l'impasse.

Voici des choses à faire. Choisissez les conseils qui correspondent le mieux à votre style, mais essayez-en également qui vous sont étrangers pour voir s'ils font l'affaire :

- Si vos objectifs vous font peur, minimisez les tâches qui vous attendent, rendez-les faciles à exécuter et souvenez-vous des fois où vous êtes venu à bout de tâches plus importantes.
- Promettez-vous de « simplement commencer ». Libre à vous ensuite d'arrêter au bout de cinq minutes.
- Dites à une personne que vous respectez que vous allez accomplir une partie de la tâche pendant un certain temps afin de vous donner un peu de responsabilité supplémentaire.
- Faites-vous aider par un ami pour traiter le point posant problème.
- Observez votre environnement. Pouvez-vous procéder rapidement à de légers changements pour vous donner l'allant nécessaire et mettre fin à vos tergiversations ?
- Pouvez-vous déléguer une partie de votre tâche et parcourir malgré tout cette portion du voyage ?
- Si vous êtes très pris, que pouvez-vous supprimer de votre agenda afin de vous libérer le temps nécessaire pour démarrer le cheminement vers vos objectifs ? Revoyez vos hypothèses sur l'importance de *tout* faire vous-même.
- Commencez par le plus facile et générez une certaine dynamique à partir de vos petits succès.

Garder sa promesse pour soi

Bravo pour la préparation de votre voyage, que vous abordez le sac plein de matériel utile et avec un itinéraire clairement défini ! Si vous continuez de vérifier votre progression à chaque étape intermédiaire, l'accomplissement de vos objectifs de vie va vous sembler facile.

Quand des événements testent votre résolution, souvenez-vous de la promesse faite à vous-même d'atteindre vos objectifs. Dans cette section, je vais vous montrer des choses simples à garder à l'esprit pour tenir votre promesse.

Penser comme un héros

Pas besoin de gravir des montagnes ou de combattre des dragons pour être un héros. Vous êtes le héros de votre propre vie. Votre marque personnelle d'héroïsme tient à votre façon de vivre votre vie avec l'intégrité qui vous caractérise et selon vos souhaits. Cela peut signifier des objectifs gigantesques ou de petits ajustements, le courage et l'investissement nécessaires pouvant être de qualité semblable dans n'importe quel cas. Vous seul êtes responsable de la promesse que vous vous êtes faite, même si vous partagez vos objectifs avec d'autres personnes pour obtenir un soutien. Tous les vrais héros savent qu'ils s'obligent à respecter les normes les plus élevées.

Pour être un héros, il faut parfois subir une mise à l'épreuve et surmonter les hésitations. Cette qualité de courage inlassablement démontrée lors de la poursuite de vos objectifs fait de vous le héros de votre propre vie, qualité très éloignée de n'importe quel critère absolu du perfectionnisme. Penser ainsi en héros peut vous aider à résister aux périodes les plus pénibles.

L'activité suivante est un moyen amusant de vous aider à considérer vos qualités de héros.

Supposez que vous veniez de recevoir un coup de fil de votre metteur en scène préféré, porteur d'une excellente nouvelle. Il souhaite tourner *Le film de votre vie*. À vous de choisir le scénario et l'acteur qui va vous incarner.

Quelle sorte de film est-ce ? Un film d'aventures à suspense ? Un film sentimental ? Une comédie hilarante ? Une réflexion profonde sur des sujets sérieux ? Un grand film de science-fiction ?

Si vous deviez choisir quelqu'un, célèbre ou non, pour jouer votre rôle, pour qui opteriez-vous ? Quelles qualités a-t-il que vous retrouvez en vous ? Quelles seraient les interprétations exceptionnelles, les scènes qui vous laisseraient bouche bée ? Quel conseil donneriez-vous à l'acteur principal pour aborder ce rôle ?

Que vous révèle cette activité sur la façon dont vous abordez le théâtre de votre vie ?

Quand la vie n'est plus un long fleuve tranquille

Avancer vers son objectif semble plus facile quand la vie se déroule comme prévu. Vous êtes parfaitement préparé, disposez donc de plans d'urgence pour faire face à des tas d'événements et estimez que peu de choses peuvent vous faire dévier de votre cap. Puis, vient un de ces jours où toutes les crises imaginables vous tombent dessus en même temps. Vous prenez des contraventions, vous vous rendez compte que vous n'avez pas payé des factures dont le délai de paiement est dépassé et votre entourage ne semble pas vouloir ou pouvoir vous aider à résoudre tous ces problèmes. Pour couronner le tout, vous êtes fatigué parce que vous travaillez dur et ne dormez pas assez et vous avez attrapé un virus qui vous a affaibli. Vous en avez marre et vous vous apitoyez sur votre sort. Goutte d'eau qui fait déborder le vase, au moment de prévenir un important nouveau client que vous êtes pris dans les embouteillages et arriverez donc en retard à la présentation, vous n'avez pas le réseau sur votre téléphone mobile !

Tout le monde a déjà vécu ces journées infernales, qui se transforment parfois en semaines, voire durent plus longtemps encore. Et quand vous êtes aux prises avec un objectif ardu, il est difficile de soutenir son effort. Il faut faire quelque chose. Le problème, c'est que si vous vous écartez de votre objectif, vous risquez de vous culpabiliser facilement, ce qui peut être à l'origine d'un contretemps encore plus important.

La partie est parfois difficile. Si vous devez mettre de côté votre objectif majeur afin de sortir d'une période de malchance ou d'une série d'événements inhabituels, alors soit. Considérez les contretemps comme faisant partie de tout processus de changement et restez concentré sur les options à disposition pour gérer du mieux que vous pouvez les crises vécues, puis reprenez le cours normal de votre voyage. Réfléchissez à des moyens de progresser, même modestement, par exemple en recherchant des solutions inattendues.

Pendant son périple de neuf mois vers le regain de forme, Louise a dû faire face à plusieurs contretemps et tentations, à mesure que des sources de distraction se matérialisaient. Les fois où elle a dû manquer ses cours de gym afin de gérer d'autres priorités, elle a su garder sa ligne directrice en consacrant cinq minutes chaque jour à la rédaction de son journal. Elle y inscrivait chaque fois un avantage différent lié à la poursuite de son objectif.

Chasser le mythe de la volonté

Imaginez que vous succombiez à la tentation, générant ainsi un contretemps. La tentation n'est jamais loin lorsque vous opérez des changements liés à la santé (arrêter de fumer, retrouver la forme, perdre du poids). D'autres domaines sur lesquels peut porter votre objectif sont aussi concernés. Par exemple, vous êtes focalisé sur l'obtention d'une promotion, mais vous laissez soudain réapparaître l'ancienne mauvaise habitude consistant à tergiverser dès qu'il s'agit d'exécuter une tâche capitale. Et voici que votre critique intérieur se fait une joie de vous réprimander à cause de votre manque de volonté, ce qui vous pousse à vous demander : « Pourquoi chercher à décrocher cette nouvelle fonction ? »

Vous serez peut-être surpris d'apprendre que les personnes parvenant le mieux à atteindre leurs objectifs de vie croient rarement à la volonté. Elles se comportent souvent comme si elles n'avaient *aucune* volonté et veillent à se mettre dans des conditions qui les éloignent la plupart du temps de toute tentation. Lorsqu'elles succombent à la tentation, elles haussent les épaules, apprécient ce petit plaisir et se remettent immédiatement sur le droit chemin sans se réprimander.

Considérez la volonté comme un trait de personnalité à développer quand une certaine dynamique s'installe et quand vous voyez poindre les premiers résultats. Si vous avez le bonheur d'être doté d'une volonté à toute épreuve, elle vous aidera certainement à démarrer votre processus de réalisation de vos objectifs. Mais, pour la plupart des gens, l'obtention d'excellents résultats leur permet de conserver le même enthousiasme et de poursuivre leur progression.

Vous êtes un être humain et les échecs font partie du jeu. Acceptez cette réalité. Ne vous servez pas des échecs comme d'une excuse pour conserver une habitude qui vous éloigne de votre objectif.

Gérer la jalousie d'autrui

Parmi les éventuels contretemps, figurent les réserves de l'entourage, voire sa désapprobation explicite face à votre démarche d'accomplissement d'un objectif à l'aide du coaching. Ces attitudes, parfois très perturbantes, peuvent être l'expression d'une certaine jalousie face à l'excellente gestion de votre poursuite d'objectifs.

Le cas échéant, recherchez l'intention positive qui se cache derrière la jalousie de l'autre. Elle a probablement peur de perdre une chose précieuse que vous lui apportez. Vous étiez la seule personne à partager sa pause cigarette et votre nouvelle résolution antitabac la perturbe peut-être. Un membre de votre famille avait l'habitude de se prélasser devant la télévision à vos côtés et se sent perdu car vous passez plus de temps à la salle de sport. Au bureau, vous étiez la personne qui semblait toujours prête à compatir quand un collègue avait envie de se plaindre du patron et vous avez décidé d'avoir moins l'esprit d'équipe, ce qui est beaucoup moins marrant pour votre collègue.

Dans tous ces exemples, les personnes proches de vous regrettent le rapport qu'elles entretenaient avec vous et cette impression de « symbiose ». Vos nouvelles habitudes modifient votre comportement et vous souhaitez un changement. Le réajustement des relations que vous aviez avant ces changements peut prendre un peu de temps. Certaines relations ne seront peut-être plus jamais comme avant et vous pouvez également prendre l'initiative de modifier vos relations pour les améliorer.

Troisième partie
Se concentrer sur les composantes de sa vie

« Quand on a commencé à s'éloigner l'un de l'autre avec ma femme, on a décidé de faire comme lors de notre voyage de noces. On a appelé ses parents pour leur demander de l'argent. »

Dans cette partie...

Les chapitres de cette partie mettent l'accent sur votre travail, vos finances, votre entourage, votre santé et votre développement personnel. Vous pouvez procéder à des ajustements pratiques dans les domaines de votre vie qui battent de l'aile et la vision d'ensemble va commencer à se dessiner.

Chapitre 11
La carrière et le travail

Dans ce chapitre :
▶ Faire des choix professionnels proactifs
▶ Comprendre le pouvoir de la concentration et des retours d'informations
▶ Se pencher sur son avenir professionnel

Vous passez probablement beaucoup de votre temps « au travail » ou à chercher du travail. Si vous êtes retraité, vous cherchez peut-être à combler le vide laissé par l'arrêt de votre activité professionnelle. Mais le travail rémunéré que vous faites ou faisiez n'est qu'une partie de ce que représente le travail à l'échelle de la vie. Votre travail en tant que parent, travailleur social, bénévole et même vos passe-temps ou centres d'intérêt sont autant de facettes de votre propension naturelle à vous investir dans une activité pour le bien des autres ou le vôtre.

Une bonne définition du « travail » serait : contexte dans lequel vous utilisez d'une certaine manière vos habiletés et talents afin de donner et (souvent) recevoir quelque chose de valeur, sous forme d'argent, en nature, pour votre propre satisfaction ou à titre de responsabilité morale. En revanche, faire « carrière » signifie faire des choix de façon à exploiter les habiletés et capacités que vous utilisez au travail pour assumer des fonctions plus importantes ou exigeantes. Ces fonctions s'accompagnent généralement d'augmentations de salaire et d'avantages revus à la hausse, car vous pouvez offrir plus de choses et, en tant qu'employé, vous générez plus de valeur. Faire carrière peut inclure devenir consultant à son compte pour étoffer son activité sur un marché plus large.

Tout le monde ne souhaite pas une carrière de la sorte et vous pouvez très bien vous contenter de faire passer votre travail au second plan, après votre famille ou votre santé. Vous ne travaillez peut-être que pour subvenir à vos besoins selon le mode de vie qui vous plaît. Vous avez donc choisi de mettre votre énergie dans des domaines à vos yeux plus importants que le travail. Le chapitre 1 vous aide à déterminer l'importance relative de ces domaines dans votre vie. En fait, vous êtes susceptible de penser par moments « qu'il ne s'agit que d'un travail » et par moments que votre travail occupe une place centrale dans votre vie.

Ce chapitre se concentre sur trois aspects principaux de votre travail et de votre carrière : la satisfaction que vous tirez de ce que vous faites, la reconnaissance de vos efforts à travers le salaire, les promotions et les retours d'informations si vous faites un travail rémunéré, les possibilités de développement de vos habiletés et de votre potentiel grâce à votre travail ou à votre carrière. Ce chapitre fait un tour d'horizon des options existantes pour améliorer ces trois domaines et vous aide à repérer les aspects de votre travail et de votre carrière qui sont essentiels dans votre vie en général.

Évaluer ses attitudes vis-à-vis du travail

J'entends souvent les gens se plaindre « du cafard du lundi matin » quand la sonnerie du réveil vous donne envie de rester sous la couette et de vous rendormir. Mais c'est le travail, peut-être plus que l'amour, qui fait tourner le monde. Même si vous n'avez pas besoin de travailler pour de l'argent, l'instinct de mener des activités est toujours très fort. Qu'en est-il pour vous aujourd'hui ? Travaillez-vous pour vivre ou vivez-vous pour le travail ? Votre travail actuel doit-il changer pour refléter votre attitude dans la vie ou votre attitude vis-à-vis du travail requiert-elle quelques ajustements ?

Jouer son rôle dans différentes situations de travail

Quand on vous demande « Qu'est-ce que vous faites ? », vous indiquez probablement votre fonction ou parlez de l'entreprise dans laquelle vous travaillez ou que vous possédez. Quelle proportion de votre identité est liée à votre travail rémunéré (ou à votre absence de travail rémunéré) ? Imaginez-vous un instant interdit de travail. Réfléchissez à la réponse que vous fourniriez à la question « Qu'est-ce que vous faites ? » Seriez-vous à l'aise pour y répondre ? L'intensité du malaise peut indiquer l'ampleur de la dépendance ressentie vis-à-vis de votre travail rémunéré et signifier que ce dernier conditionne fortement votre succès et votre estime de soi. Il n'y a pas de mal à cela, mais avoir conscience des autres modes d'expression de vos talents dans le travail est un excellent moyen de faire progresser votre palette d'habiletés et de vous rendre plus heureux de travailler.

Trouver un équilibre entre ses différents rôles

Voici les trois aspects associés aux principaux rôles que vous jouez probablement :

- **Salaire :** le travail pour lequel vous êtes payé ou votre activité.
- **Relations humaines :** le travail que vous faites pour les personnes appartenant à votre vie et à votre environnement : éducation des enfants, travail social, bénévolat.
- **Passion :** le travail qui est lié à vos centres d'intérêt et passions : passe-temps, apprentissage d'une habileté, appartenance à un club.

Vous considérez peut-être que ces trois domaines se recoupent ou qu'ils sont assez indépendants. En termes de temps, l'équilibre est rarement atteint entre ces aspects. La plupart des gens consacrent la majeure partie de leur temps à leur travail rémunéré, au moins pendant une partie de leur vie. Mais pensez aux périodes où vous n'avez pas de travail rémunéré : chômage, congé de maternité ou paternité, congés sabbatiques et retraite. Quelle sera alors votre conception du travail ?

Vous avez peut-être le sentiment de ne pas encore avoir identifié votre travail « passion ». Si vous consacrez beaucoup de temps et d'énergie à bâtir votre carrière, il vous faut peut-être placer le travail « passion » parmi vos dernières priorités. Le chapitre 15 vous aide à comprendre pourquoi le développement de cet aspect du travail peut contribuer à accroître considérablement votre bonheur.

L'activité suivante peut vous aider à percevoir les liens et les différences entre vos attitudes vis-à-vis des différents domaines liés au travail. Pensez aux différents rôles que vous jouez dans les domaines du salaire, des relations humaines et de la passion, puis répondez aux questions du tableau 11.1 qui présente l'exemple de Stuart, travailleur indépendant. Dans cet exemple, je prends un rôle par domaine mais vous pouvez très bien en avoir plusieurs (dans le domaine du travail « relations humaines », être parent et vous occuper de personnes âgées de votre famille). Choisissez les rôles les plus significatifs pour vous.

Tableau 11.1 : Identifier son rôle dans différents domaines liés au travail

	Salaire	*Relations humaines*	*Passion*
Quel est mon rôle principal dans ce domaine ?	Gérer mon activité.	Père de John et Sophie.	Membre d'un groupe artistique de mon quartier.

Tableau 11.1 : Identifier son rôle dans différents domaines liés au travail (suite)

	Salaire	*Relations humaines*	*Passion*
Combien de temps est-ce que je consacre à ce travail ?	Trop ! Au moins 50 heures par semaine et, en plus, je travaille souvent le week-end.	Vraiment pas assez… la semaine, je lis quelques histoires aux enfants avant qu'ils s'endorment. Le week-end, c'est mieux, mais je suis souvent interrompu par des problèmes professionnels.	J'ai loupé les six dernières séances.
Que m'apporte ce travail ?	Argent, stimulation, confiance en soi et accomplissement.	Amour, joie, rires, contribution au bien-être de ma famille.	Un vrai plaisir à exploiter ma créativité et à monter des expositions sur le travail que nous réalisons.
Quels sentiments génère en moi ce travail ?	J'oscille entre la profonde motivation et un stress important en fonction des défis à relever.	Je me sens très calme dans ce rôle et trouve qu'il m'aide à relativiser et à évacuer le stress.	Je m'amuse beaucoup dans ce rôle, je me sens vivre et je suis déterminé. J'ai plus d'énergie après une séance.
En dix mots maximum, quelle est mon attitude vis-à-vis de ce travail ?	Demande plus de temps et d'attention qu'il ne m'apporte.	M'apporte toujours plus que je ne donne.	Pour moi, c'est naturel et son impact a diminué.
Que dois-je changer à propos de ce travail pour trouver un équilibre ?	Je peux être plus discipliné, déléguer plus et consacrer moins de temps à ce rôle. Pour opérer un changement significatif, il me faudrait simplement travailler une heure de moins par jour. Et je peux arrêter de travailler le week-end.	En travaillant moins, je vais pouvoir consacrer plus de temps à ce rôle. J'aimerais m'engager à préparer des dîners en famille au moins deux fois par semaine.	Je peux lui accorder une plus grande priorité en m'engageant à suivre une séance par semaine. Je vais également voir si les enfants pourraient venir au club occasionnellement, ce qui me permettrait de partager ma passion avec John et Sophie.

Vos réponses aux questions du tableau 11.1 mettent en lumière l'importance que vous accordez à chaque domaine, le temps que vous leur consacrez et la façon dont ils sont en phase avec vos valeurs les plus importantes. Les réponses de Stuart montrent clairement que le temps qu'il consacre au travail le plus vital, son activité professionnelle, le prive de ce que lui apportent les deux autres. En admettant cette situation, il peut trouver des moyens d'adapter son emploi du temps professionnel pour consacrer plus de temps aux deux autres domaines, ce qui contribuera à lui redonner de l'énergie pour exercer son métier.

Mettre son travail en perspective

L'équilibrage de vos différents domaines de travail peut vous aider à trouver des moyens de satisfaire tous les besoins associés. Le restant de ce chapitre va s'attacher à améliorer ce que la plupart des personnes appellent le travail : votre activité rémunérée.

Même si votre travail ne vous sert qu'à payer les factures, vous y consacrez probablement beaucoup de temps. Il est donc logique de vous pencher sur l'adéquation entre votre travail et votre vie, et vos préférences. Dans quelle mesure votre travail est adapté à vos capacités naturelles, à vos croyances à propos du monde et à vos valeurs préférées ? Pourquoi vos meilleures habiletés devraient-elles naturellement conditionner le choix de votre travail ? Retireriez-vous plus de satisfaction personnelle à travailler dans un environnement où vous développeriez des habiletés qui ne figurent pas actuellement parmi vos points forts ? Concernant le travail que vous faites le plus clair de votre temps, qu'il soit rémunéré ou bénévole, cette section va vous aider à trouver un équilibre entre être à l'aise dans l'utilisation de vos meilleures habiletés et exploiter votre potentiel naturel.

Faire un choix délibéré

Pensez un instant à la façon dont vous en êtes venu à jouer votre rôle actuel ou à occuper vos postes précédents. Qu'est-ce qui vous a fait choisir le travail que vous faites actuellement ? Des hasards heureux ou malheureux ont-ils dicté vos choix de carrière ? Avez-vous été influencé par un parent ou un aîné ? Avez-vous été emporté par un processus de recrutement au point d'avoir accepté une offre sans réfléchir ? Vu ce que vous savez maintenant, accepteriez-vous votre poste si c'était à refaire ?

Vous êtes aux prises avec des problèmes professionnels ? Vous n'avez pas un bon poste ? Vous n'exploitez pas au mieux vos talents et vous ne savez pas comment faire le travail pour lequel vous avez été recruté (ou vous ne savez même pas en quoi il consiste) ? Toutes ces expériences, certes désagréables, vous préparent parfaitement à ce qui vous attend. Quelle que soit l'attitude adoptée (avoir l'esprit pragmatique et ouvert à toutes les éventualités ou tout planifier), faites preuve de détachement et utilisez les techniques de questionnement du coaching pour être certain de prendre la bonne orientation. Vous pouvez décider de ne pas bouger pour le moment, en sachant qu'il vous faut rassembler vos forces (par exemple, une bonne dose de confiance en soi) et ressources (talents, connaissances et expérience) pour opérer un changement. La prise de décision proprement dite fait partie du processus consistant à aller de l'avant.

Évaluer son travail

Il est possible que vous soyez tellement pris par votre travail, pour le meilleur ou pour le pire, qu'une année se sera écoulée sans vous en rendre compte et vous vous demanderez quelles ont été les améliorations. Vous êtes capable de vous adapter à presque toutes les situations et vous pourriez vous retrouver dans un rôle que vous aviez abandonné depuis longtemps. Autre cas de figure, cela vous inflige une pression néfaste, tout simplement parce que vous n'avez pas pris le temps de vous poser régulièrement des questions perspicaces. Une grande part du stress professionnel est due à l'accumulation de petites contrariétés non traitées. Si vous êtes ambitieux et souhaitez faire avancer votre carrière, il vous faut connaître précisément votre situation actuelle et savoir où vous voulez aller.

Pour savoir si vos talents et préférences naturelles conviennent à ce que vous faites en ce moment, mettez-vous dans la peau d'une personne qui évaluerait les exigences, hauts et bas, avantages et pièges de votre travail. Voyez ce qu'il en ressort. Ne prenez pas votre fiche de poste officielle. Ce sont souvent les choses non écrites qui sont à l'origine des plus grandes frustrations ou joies. Essayez l'activité suivante et n'hésitez pas à ajouter des questions afin de l'adapter à votre situation professionnelle. (Avant de réaliser cette activité, vous souhaiterez peut-être vous reporter au chapitre 4 pour passer en revue vos talents.)

Dans quel but principal faites-vous ce travail ?

- À quoi est consacré 80 % de votre temps de travail ?
- Parmi vos points forts, quels sont ceux que vous utilisez au travail ?
- Quelles habiletés n'utilisez-vous jamais ou rarement au travail ?
- Combien de temps passez-vous
  - stressé ?
  - dans l'ennui ?
  - stimulé ?
  - enchanté par votre travail ?

- Vous sentez-vous maître de la situation au travail ?
- Tirez-vous souvent le maximum de vos capacités ?
- Au travail, tout se déroule-t-il souvent sans problème pour vous ?
- Comment noteriez-vous votre environnement de travail sur une échelle de 1 (votre pire cauchemar) à 10 (votre idée du paradis) ?
- Finissez l'énoncé suivant : « J'ai choisi le travail que j'ai actuellement parce que… »
- Choisissez la suite qui décrit le mieux vos sentiments à propos de votre travail :
  - « Mon rêve s'est réalisé. Je ne le considère même pas comme un "travail". »
  - « Je me sens intellectuellement stimulé et valorisé la plupart du temps et cela me permet de surmonter les épreuves difficiles. »
  - « Il y a des hauts et des bas et, dans l'ensemble, je l'aime mais sans plus. Le travail n'est pas une priorité pour moi. »
  - « Je suis souvent frustré, anxieux ou je m'ennuie fréquemment au travail, ce qui m'empêche d'apprécier les bons moments. »
  - « J'y vais chaque jour à reculons ; je suis prêt à démissionner. »

Après cette activité, qu'est-ce qui nécessite un changement dans votre travail ? Vous avez découvert que vous passiez 80 % de votre temps à exécuter des tâches ennuyeuses ou que vous utilisiez des habiletés que vous appréciez le moins ? Vous avez appris que la dose d'ennui et de stimulation était d'importance égale et qu'au final, la stimulation l'emportait d'une courte tête sur l'ennui ? Vous en tirez la conclusion que vous aimez votre travail mais sans plus, cela signifiant que vous pouvez supporter les contrariétés quotidiennes car votre travail n'est pas prioritaire ? Recherchez les points communs et les liens dans vos réponses. Votre but principal correspond-il à la raison vous ayant poussé à choisir le travail que vous faites actuellement ?

À la fin de son évaluation, Stuart a indiqué qu'il faisait ce travail pour offrir une stabilité financière à sa famille, traduisant ainsi un contrôle total de sa situation. Stuart a choisi cette orientation professionnelle (être à son compte) car il aimait son statut de chef d'entreprise. Son but était donc en adéquation avec ses valeurs (chapitre 6) et son choix répondait à sa connaissance de ses points forts (chapitre 4).

Procéder à des ajustements au travail

À partir de la précédente activité, vous pouvez identifier les principaux domaines devant subir des changements. Des ajustements s'imposent souvent dans le travail à cause d'impacts indésirables dans les domaines suivants :

- **Croyances.** Vos croyances à propos de votre travail constituent peut-être un frein à votre progression. Vous estimez être « en droit » d'être stimulé par votre activité et devez reconsidérer cette croyance afin de trouver de manière proactive des moyens d'accroître votre stimulation.
- **Motivation.** Il faut revoir votre motivation en modifiant votre approche du travail en question.
- **Liberté.** Vous avez besoin de plus de liberté et d'autonomie.
- **Soutien.** Vous avez besoin de plus de soutien et de reconnaissance de la part de votre entourage.
- **Pression.** Vous êtes surchargé et subissez un stress néfaste.
- **Responsabilité.** Vous vous sentez déconnecté de votre travail et souhaiteriez plus de responsabilités afin de vous investir plus.
- **Environnement.** Votre environnement actuel ne vous satisfait pas. Cela peut aller d'un simple problème de locaux (« toujours le même bureau et les mêmes quatre murs ») à un désintéressement progressif vis-à-vis du poste et de l'entreprise.

Servez-vous du tableau 11.2 en inscrivant, pour chaque domaine, l'engagement qui vous rapprocherait du travail idéal. Voici ce que Stuart a dit à propos de la gestion de son entreprise :

Tableau 11.2 : Engagements pour se rapprocher du travail idéal

Modifier mes croyances	« L'entreprise ne va pas faire faillite si je délègue plus. Elle va même plutôt profiter de l'apport de sang neuf dans certains secteurs. »
Me pencher sur ma motivation	« J'ai hâte de mobiliser l'énergie créatrice que je puise dans mon art pour voir comment résoudre des problèmes professionnels de manière plus efficace. »
Apprécier une plus grande liberté	« Me fixer l'objectif de rentrer plus souvent à l'heure à la maison va m'empêcher de me sentir prisonnier de mon entreprise. »
Recevoir plus de soutien	« Mon directeur administratif (Jo) est prêt à développer l'activité et s'investit totalement dans l'entreprise. Elle réussira à m'épauler plus et à prendre de nouvelles responsabilités. »
Créer moins de pression	« Le fait de passer plus de temps avec mes enfants m'aidera à décompresser. »

Endosser plus de responsabilités	« Je veux pouvoir mieux gérer mon temps. Je suis effaré de voir le temps que je passe à penser que je travaille dur. Rester tard au bureau est devenu une habitude. »
Changer d'environnement	« Je ne ressens pas le besoin de changer d'environnement, bien que Jo ait des idées d'aménagement pour l'équipe afin de favoriser de nouvelles relations de travail. Je resterai ouvert à tout ! »

Améliorer son travail

Si l'évaluation vous a fait prendre conscience que votre travail ne répondait pas à vos besoins, vous pouvez monter un plan d'action pour procéder à des changements radicaux. Vous pouvez estimer que, malgré votre volonté de modifier certains aspects de votre fonction actuelle, nombre de vos exigences sont satisfaites et que votre situation professionnelle est au final satisfaisante. En revanche, vous pouvez très bien vous sentir prêt à faire le grand saut et à chercher un poste ailleurs (voir la section « Trouver le travail de ses rêves », plus loin dans ce chapitre). Mais vous devrez probablement le faire savoir à qui de droit, remplir des obligations et passer le relais pour la conduite de certains projets avant de franchir le seuil d'une autre société. Même si votre changement repose plutôt sur une ambition fondamentale (par exemple acquérir ou développer une nouvelle habileté afin de progresser d'un échelon dans votre entreprise actuelle), il existe une différence entre vos ambitions et votre situation actuelle.

Rester concentré

Vous devez apprendre à focaliser votre attention sur l'instant présent tout en ne perdant pas de vue votre prochain objectif. Vous pouvez trouver de nouvelles idées pour franchir l'étape suivante tout en tirant le meilleur parti de votre situation actuelle. Vous vous apercevrez peut-être qu'il est possible d'apporter des modifications au poste que vous occupez qui amélioreront votre situation.

Senti a démarré le coaching avec un objectif bien précis : fuir son poste actuel avant d'être virée ! Bien qu'admettant qu'elle ne serait probablement pas virée à proprement parler (elle était attentive et consciencieuse), elle détestait tellement les rapports qu'elle avait avec son patron qu'elle *réagissait* comme si c'était vrai. Elle était profondément malheureuse car, même si elle savait là où elle *ne voulait pas* être, elle ne savait pas ce qu'il y avait de mieux à faire.

Pendant les séances de coaching, elle a pris conscience des mesures à prendre pour sortir de l'impasse. Elle s'est rendu compte que le choix de son prochain poste n'était pas la première des priorités. Elle s'est aperçue que certaines de ses croyances à propos d'elle-même alimentaient ses mauvaises relations avec son patron. Si elle ne trouvait pas le moyen de se comporter en faisant preuve de plus d'assurance, elle se retrouverait toujours dans la même position, quel que soit le poste.

Senti s'est fixé deux objectifs majeurs : d'une part, identifier le travail de ses rêves puis prendre des mesures pour l'obtenir et, d'autre part, s'occuper des relations avec son patron. Le second objectif n'était pas une sinécure car elle avait déjà en partie fait une croix sur son poste actuel et était déjà concentrée sur l'avenir. Elle a beaucoup travaillé sur son estime de soi et sa confiance en soi, ce qui lui a permis d'arrêter de prendre pour elle le mode de fonctionnement de son patron. Cela a également permis à ce dernier d'enfin bien voir les talents de Senti. Trois mois plus tard, il a proposé une promotion à Senti, sous la forme de la conduite d'un nouveau projet.

Après un moment de réflexion, Senti a accepté le nouveau poste, qui lui permettait de développer considérablement ses talents et la faisait évoluer dans un secteur de l'entreprise qui la passionnait. Elle découvrit à sa grande surprise que son nouveau poste ressemblait beaucoup au travail de ses rêves qu'elle avait commencé à imaginer. Grâce au coaching, la nouvelle confiance en soi de Senti lui a donné le courage d'identifier des besoins de l'entreprise qu'elle seule était en mesure de satisfaire.

À l'instar de Senti, vous pourriez découvrir que le facteur externe dont vous estimez qu'il constitue le problème dans vos fonctions actuelles (le salaire, les méthodes de management à votre égard, la pression des délais) peut être accessoire par rapport aux facteurs internes que vous pouvez contrôler en utilisant et en développant vos talents naturels. Voici des suggestions pour vous aider à mieux apprécier votre travail :

- **Communiquez en faisant preuve d'assurance.** Si vous êtes frustré au travail, vos besoins ne sont pas satisfaits (pour en savoir plus sur l'identification des besoins, reportez-vous au chapitre 6). Ayez une idée précise de ce que vous attendez de votre travail. La diversité est-elle plus importante pour vous que la routine ? Vous pouvez trouver des moyens de structurer vos tâches avec diversité tout en ayant besoin de l'aval de votre patron pour opérer des changements. Exprimez clairement et le plus tôt possible ce qui vous convient le mieux, au lieu de pester en silence contre une situation. Cela vous aidera à éviter les confrontations tendues ultérieures, une fois l'ennui bien installé en vous.

- **Souvenez-vous de ce qui vous motive.** Une fois vos valeurs clairement définies (voir chapitre 6), vous pouvez relier tout ce que vous faites à ces éléments de motivation. Si le stress s'invite parfois dans votre travail et que vous vous demandez pourquoi vous n'en changez pas, pensez à ce que vous apporte votre travail, lequel vous aide à vivre en adéquation avec vos valeurs. Votre salaire vous permet peut-être d'avoir le mode de vie souhaité, ou la reconnaissance obtenue grâce à votre respect des délais alimente votre sens de la réussite et votre confiance. Le fait de rester concentré sur le résultat final vous aide à situer votre travail dans votre vie en général.

- **Surprenez-vous à « être concentré sur l'instant présent ».** Vous êtes dans le vrai quand vous êtes absorbé par ce que vous faites, à en oublier toute notion de temps. Avec un peu d'entraînement, vous pouvez recréer cet état d'esprit même quand l'ennui ou la frustration sont au rendez-vous. Focalisez-vous simplement sur ce que vous faites comme si votre vie en dépendait ou comme si c'était la chose la plus fascinante que vous ayez rencontrée, ou essayez de vous remémorer vos sentiments la première fois que vous avez exécuté cette tâche. Cette astuce ne parviendra pas toujours à transformer une tâche ennuyeuse en moment de magie, mais le simple fait de vous efforcer de changer d'état d'esprit suffit souvent à faire disparaître toute trace de négativité et à gérer efficacement la routine pour passer à des tâches plus intéressantes.

- **N'oubliez pas que seuls vos pensées, votre comportement et vos actes sont entièrement sous votre contrôle.** Même si vous ne le méritez pas, vous subissez parfois la mauvaise humeur d'un collègue ou d'un patron. Vous pouvez laisser cette situation vous faire dévier de votre cap ou décider de vous y faire et de prendre des mesures pour vous adapter aux circonstances et poursuivre votre chemin. Cela signifie parfois s'attaquer au comportement en question et parfois laisser à l'autre l'espace nécessaire pour assumer sa mauvaise humeur sans que vous ne le preniez pour vous. Concentrez-vous sur ce que vous pouvez contrôler, vos propres comportements et humeur, et vous serez mieux à même d'aider l'autre à se remettre sur les bons rails.

- **Retrouvez-vous toutes les deux heures.** Si vous avez tendance à préférer la compagnie des autres au travail solitaire, comment injecter un peu de rapports humains dans votre tâche pour recouvrer l'énergie nécessaire à la poursuite de vos travaux ? Réfléchissez aux différents moyens d'exécuter avec plus de plaisir des tâches simples ou routinières. Si vous devez mettre sous enveloppe un grand nombre de courriers, pouvez-vous solliciter d'autres personnes pour rendre la tâche plus amusante ? Ou bien préféreriez-vous vous installer près d'une fenêtre pour profiter de la vue et considérer cette tâche routinière comme une séance de méditation apaisante ? Ces choix peuvent conditionner votre état d'esprit et vous offrir un meilleur contrôle sur votre travail.

Gérer les situations négatives

Vous adorez peut-être votre travail, mais vous trouvez que vos collègues vous épuisent et nuisent à votre humeur, votre confiance ou votre foi dans ce que vous faites. Vous pouvez vous protéger des effets les plus indésirables de la négativité en ayant conscience que les gens adoptent souvent ce comportement néfaste lorsqu'ils se sentent pris au piège et estiment que leurs options et leur pouvoir ne sont pas assez importants.

L'ennui et le désengagement peuvent être une source d'apathie, laquelle peut mettre à mal l'enthousiasme et le sens de l'initiative d'équipes entières. Quand vous succombez à l'apathie, vous êtes détourné de votre ligne de conduite par une léthargie, un cynisme et un sentiment de futilité. Ce genre d'état d'esprit est contagieux. Faites en sorte d'éviter de l'afficher en vous posant les questions suivantes : « D'où vient ma frustration ? Pourquoi est-ce que je me sens pris au piège et débordé ? Que puis-je faire pour apporter un soutien positif à l'équipe ou prendre des initiatives pour résoudre ce problème ? »

La tentation de céder aux commérages et aux rumeurs génère une forme très différente de comportement négatif. Les commérages nuisibles peuvent provenir d'un sentiment de peur et d'une volonté de se protéger, éloignant ainsi l'attention de la commère. Les effets sont souvent très négatifs : encourager la médisance entre les départements et détruire la confiance. Tout ceci peut être passionnant, pendant un moment, jusqu'à ce que tel soit pris qui croyait prendre à cause de l'énergie négative diffusée. Faites en sorte d'éviter de vous adonner aux commérages en vous posant la question suivante : « Comment utiliser mon énergie pour alimenter un débat plus fructueux ? » Avant de transmettre à une tierce personne une information sur un collègue, posez-vous trois questions : « Ce que je m'apprête à dire est-il vrai ? Est-ce positif et constructif ? Est-ce utile à mon interlocuteur ? »

Trouver le travail de ses rêves

Cette section passe en revue les options à votre disposition quand vous savez que l'évolution de votre carrière passe par un changement d'horizon. (Le chapitre 17 vous aide à évaluer le besoin et le projet de bouleversement de votre vie professionnelle et propose des stratégies utiles pour affronter des changements imposés importants tels qu'un licenciement ou le chômage.)

Chapitre 11 : La carrière et le travail

Pour trouver le travail de ses rêves, il faut commencer par savoir ce que vous aimez vraiment faire sur le plan professionnel. L'activité suivante va vous aider à identifier les tâches qui vous font plaisir au travail.

Trouvez-vous un endroit tranquille et asseyez-vous confortablement. Respirez profondément plusieurs fois et détendez-vous. Fermez les yeux et posez-vous la question suivante :

> *Si un miracle se produisait et, qu'en rouvrant les yeux, j'avais le travail de mes rêves, quel serait-il ? Qu'est-ce que je ferais pendant les vingt-quatre prochaines heures ?*

Pensez précisément à ce qui se passerait, en planifiant chaque heure de la journée en fonction de vos goûts et préférences. Vous pouvez inclure des scénarios qui vous semblent impossibles et hors de portée pour vous actuellement. L'objectif de la visualisation n'est pas de créer un projet, mais de vous fournir des indices sur les éléments clés de votre journée de travail parfaite.

Que vous a offert ce miracle ? Est-ce un prolongement de votre travail actuel, avec peut-être de légers ajustements de votre situation actuelle ? Ou le travail de vos rêves est-il à ce point aux antipodes de votre poste actuel que vous ne voyez vraiment pas comment vous pourriez faire pour l'obtenir ? Vous disposez déjà de toutes les ressources nécessaires pour le décrocher, quels que soient les défis à relever (lisez le chapitre 19 si vous ne me croyez pas). Bien entendu, plus le travail de vos rêves est éloigné de vos talents actuels et hors de portée, plus votre passion doit être grande pour préserver votre dynamique lorsque les difficultés surgissent.

Veillez à ce que votre passion soit bien ancrée sur les éléments importants pour vous dans la vie avant de mettre le cap sur votre objectif (voir chapitre 6). Le chapitre 4 vous aide à explorer vos habiletés et capacités naturelles afin de vous permettre d'élaborer une solide stratégie d'identification et de concrétisation du travail de vos rêves.

Commencez par vous rapprocher du travail de vos rêves en recueillant des annonces pour des postes approchants ou semblables. Certains sont peut-être hors de portée à l'heure actuelle, mais vous pouvez également inclure des annonces concernant des postes ressemblant à celui que vous occupez actuellement. Faites des recherches et référez-vous à votre poste idéal, réfléchissez à la façon dont vous pouvez vous préparer pour le décrocher et votre objectif vous paraîtra bien plus atteignable.

Connaître l'objectif de sa recherche d'emploi

Que vous a révélé l'activité de la section précédente sur le travail de vos rêves ? Êtes-vous loin de ce poste actuellement ? Votre stratégie d'exploration du marché du travail variera en fonction des étapes à franchir pour atteindre votre destination finale. Votre objectif peut être de :

- **Changer pour changer.** Vous aimez probablement beaucoup certains aspects de votre travail, tandis que d'autres génèrent en vous de la frustration. Mais vous souhaitez avant tout changer pour retrouver de l'enthousiasme dans un nouvel environnement. Le changement positif est vraiment motivant pour vous. Vous pouvez introduire assez facilement et rapidement ce changement dans votre travail car il vous suffit de modifier quelques éléments pour refaire le plein d'enthousiasme. Commencez par observer les autres départements de votre entreprise afin de considérer la situation avec un œil neuf. Une affectation provisoire à un autre poste peut répondre à votre besoin de changement et vous propulser vers de nouvelles fonctions.

- **Progresser.** Vous souhaitez passer un palier, voire deux. Une promotion et une augmentation de salaire peuvent constituer d'excellents éléments de motivation. Vous êtes prêt à vous lancer sur le marché du travail, à démontrer que vous pouvez dépasser vos limites et à prouver que votre nouvel employeur ne regrettera pas son investissement en vous recrutant. Vous devez vous préparer à affronter sainement une éventuelle concurrence : pensez à votre CV, à votre comportement en entretien et aux recherches que vous devez effectuer sur le marché. Une fois ce travail préparatoire effectué, le changement peut intervenir rapidement.

- **Élargir son horizon.** Votre objectif à long terme est d'élargir votre éventail d'habiletés. Vous considérez peut-être les quelques années à venir comme un tremplin pour créer votre entreprise. L'étape suivante est donc de vous préparer en emmagasinant beaucoup d'expérience. Pour disposer à terme d'une palette de talents différente, il vous faudra peut-être changer de poste. La réalisation de cet objectif de carrière peut prendre plus de temps, car vous souhaitez traiter plusieurs facteurs et devez prouver que vous êtes capable de vous adapter à une nouvelle arène professionnelle.

Créer le CV idéal

Pas besoin d'un CV pour trouver un emploi. Si vous savez vous vendre et connaissez vos atouts, le moyen le plus rapide et efficace de trouver un travail est d'appeler directement des employeurs potentiels bien ciblés, avec l'objectif de décrocher un entretien au cours duquel vous pourrez leur en mettre plein la vue. Rares sont les personnes à procéder ainsi, voilà pourquoi c'est si génial quand la réussite est au bout.

Cependant, un CV vous rendra particulièrement service si vous n'êtes pas du genre à prendre votre téléphone. Même si vous parvenez à décrocher un entretien sans utiliser de CV, l'employeur potentiel vous en demandera probablement un par la suite. Voici quelques conseils pour bâtir un CV qui en jette :

- Soyez concis et direct. Plus votre CV est long, plus vous devez vous efforcer de le rendre agréable à lire à l'aide de puces et de titres qui sautent aux yeux. Préparez votre CV aussi soigneusement que vous préparez votre tenue pour vous rendre à un entretien. La première impression est cruciale.

- Consacrez plus de temps à vos expériences récentes et mettez l'accent sur les résultats obtenus à ces postes. C'est lors de l'entretien que vous entrerez dans les détails.

- Faites en sorte qu'il soit générique, mais sa conception doit aussi vous permettre de faire ressortir les postes que vous souhaitez mettre en avant. Pour chaque candidature, joignez une lettre de motivation en mettant l'accent sur les besoins de votre employeur potentiel que vous aurez trouvés dans l'annonce ou à travers vos recherches personnelles. La lettre de motivation a pour objectif de montrer brièvement que vous pouvez répondre aux attentes de l'entreprise.

Pour en savoir plus sur le CV, reportez-vous aux ouvrages suivants : *Le CV pour les Nuls* et *Les Entretiens de recrutement pour les Nuls*, de J.-L. Kennedy et Alain Dumesnil (Éditions First).

Entrer sur le marché du travail

Quand vous cherchez un emploi, vous pouvez vous débrouiller seul et répondre à des annonces en envoyant votre CV, poser votre candidature sur des sites Web d'emploi ou faire fonctionner votre réseau (la section suivante indique comment exploiter votre réseau de connaissances). Vous pouvez également solliciter des cabinets de recrutement. Vous souhaitez peut-être bénéficier du soutien et des conseils d'un expert qui sera capable de vous vendre avec talent.

Si vous décidez d'opter pour la solution du cabinet de recrutement, choisissez-en deux ou trois et établissez de bonnes relations avec les interlocuteurs respectifs. Inscrivez-vous dans un grand cabinet travaillant sur tout le pays afin de bénéficier de ses nombreuses ressources, et dans un ou deux autres à vocation plus régionale capables de vous proposer un service de grande qualité. Mettez-vous d'accord avec votre consultant sur un mode de communication. Ne partez pas du principe qu'il est naturel qu'il vous appelle. Rappelez-vous souvent à son bon souvenir et veillez à ce qu'il pense à vous lorsqu'un excellent poste est à pourvoir.

Utiliser ses réseaux

Une grande partie des changements de poste d'un plan de carrière, surtout au niveau des cadres supérieurs, se fait par le bouche-à-oreille (le marché « caché » du travail). Mais vous n'avez pas besoin d'être un homme ou une femme de réseau pour tirer parti de cette orientation. Quand vous recherchez le travail de vos rêves, n'hésitez pas à faire part à votre entourage du profil de poste que vous souhaitez et à lui demander de penser à des personnes susceptibles de vous aider. Vos connaissances n'ont pas forcément d'employeur potentiel à vous indiquer, mais elles connaissent peut-être quelqu'un dans le bon secteur d'activité susceptible de vous fournir des informations utiles à vos préparatifs. Une personne de votre réseau maîtrise peut-être les techniques d'entretien et pourrait vous entraîner ou analyser votre CV. Posez-vous la question suivante :

> *Que me faut-il pour réduire l'écart entre ma situation actuelle et celle que je veux obtenir ? Qui peut m'aider à y parvenir ?*

Reportez-vous au chapitre 13 pour en savoir plus sur l'aide que peuvent apporter les réseaux pour la mise en œuvre de changements dans votre vie.

Être reconnu dans son travail

Même la personne la plus ambitieuse et à la conscience de soi élevée a besoin de réactions positives et d'être reconnue pour avoir le sentiment que son travail est utile. Mais il peut être difficile de donner son impression et d'accueillir les réactions. Il arrive parfois que l'on ait peur de s'attaquer à un problème ou que l'on soit gêné à l'idée de dresser ou de recevoir des louanges excessives. Dans le milieu professionnel, nombre de problèmes viennent du fait que les gens espèrent les voir disparaître d'eux-mêmes ou se passent de dire « bravo » parce qu'il ne fait aucun doute que vous avez fait du bon boulot. Mais les études montrent que même les réactions négatives, maladroitement formulées, sont préférables à l'absence totale de réactions.

Faire de l'autocoaching pour donner son avis et accueillir les réactions au travail aide non seulement à développer les capacités professionnelles, mais accroît également la conscience de soi, l'empathie et la faculté de proposer des solutions.

Recevoir des réactions

Avez-vous hâte de recevoir des réactions sous forme d'évaluations et de face-à-face ou trouvez-vous cela inutile et sans importance ? Les évaluations s'attachent parfois trop à vous jauger par rapport à une norme, alors que vous êtes, bien entendu, un individu unique. Bien que le point de vue de l'entreprise soit essentiel, les deux parties trouvent leur compte lorsque l'évaluation est réellement significative pour la personne jaugée. Essayez de considérer votre évaluation formelle comme une séance de coaching libre et convaincante et aidez l'évaluateur à adapter la séance à vos besoins. Votre évaluation vous apportera bien plus de choses et vous projetterez l'image d'un professionnel doté d'un sens de l'initiative.

Posez-vous les questions suivantes :

- Quelles occasions mon travail me donne-t-il d'obtenir des réactions officielles ? Comment puis-je favoriser les occasions d'avoir des réactions constructives ?
- Actuellement, quels avantages puis-je tirer des évaluations officielles au travail ?
- Sur une échelle de 1 à 10, à quel point est-ce que j'apprécie et suis motivé par ce genre de retour d'informations ?
- Comment les évaluations officielles peuvent-elles me procurer plus d'avantages et de motivation ?

Voici trois suggestions pour tirer mieux parti de votre processus d'évaluation officiel :

- Si vous êtes nerveux ou inquiet, faites-en part le moment opportun pour que votre évaluateur puisse trouver des moyens de vous rassurer. Il peut s'agir simplement de mener l'entretien dans une pièce moins solennelle. Faire face à son évaluateur dans une salle de conférences froide et austère rebute de nombreuses personnes.
- Ayez bien à l'avance une idée précise du thème de l'évaluation et préparez les documents nécessaires. Si vous avez des informations à communiquer, vous perdrez moins de temps et ferez bonne impression.
- Demandez que l'on vous donne des exemples de comportements (bons et mauvais) et que l'on vous explique précisément pourquoi ces comportements ne répondent pas aux attentes. Demandez des conseils pour maintenir ou améliorer le niveau de vos performances.

Si vous travaillez à votre compte, vous pouvez toujours tirer parti d'un processus d'évaluation en recourant à l'autocoaching et en prenant en compte l'opinion de vos clients et fournisseurs. Voici des questions à vous poser lors de votre évaluation annuelle :

- Quels ont été mes succès l'année dernière ? Qu'est-ce qui m'a inspiré le plus ?
- Quels sont les plus gros défis que j'ai dû relever et comment m'en suis-je tiré ? Quels ont été les obstacles les plus importants et quelles leçons en ai-je tiré ?
- Que pensent mes clients de ma personne, de mon activité et de mes produits/services ? (Demandez-leur !)
- Comment mes fournisseurs et partenaires jugent-ils nos relations professionnelles ? (Demandez-leur !)
- Quels talents ai-je acquis et qu'ai-je appris sur moi-même ?
- Quels nouveaux objectifs personnels puis-je me fixer pour l'année prochaine ?
- De quel soutien ai-je besoin ?
- Comment puis-je mesurer ma réussite ?

Quelle est votre liste de souhaits personnels pour que votre séance d'évaluation soit efficace ? Quelles mesures pouvez-vous prendre ?

Promouvoir sa marque personnelle

Être reconnu au travail consiste uniquement à aider les autres à identifier votre contribution au bon fonctionnement de l'entreprise. Vous avez peut-être l'impression que se vendre et vanter ses mérites est égoïste, surtout si vous êtes d'un naturel modeste. Vous avez peut-être tendance à dissimuler votre côté « brillant » et, au fil du temps, vous en venez à mal accepter le fait que votre bon travail ne soit pas remarqué ou apprécié à sa juste valeur. Ou bien, vous avez le penchant inverse et vous vous faites remarquer le plus souvent possible et, au final, votre entourage vous remet à votre place. Il est difficile de trouver le juste milieu. Vous avez peut-être l'impression de devoir donner une autre image de vous au travail et d'avoir une stratégie politique pour réussir alors qu'en réalité, la plupart des gens détestent la manipulation, surtout dans l'univers du travail.

Portez-vous un « masque » au travail ? Affichez-vous parfois une confiance inébranlable de façade alors que vous tremblez comme une feuille intérieurement ? Cette attitude est parfois utile, mais elle peut aussi vous priver du soutien dont vous avez besoin. Si vous dirigez une équipe, estimez-vous avoir toujours besoin d'avoir la réponse à chaque problème ? Quelle répercussion cette attitude a-t-elle sur vous et votre équipe lorsque vous ignorez la meilleure solution à un problème ? Comment pouvez-vous afficher votre vraie personnalité au travail tout en bénéficiant du respect des autres ?

Considérez-vous comme une entreprise. Quels sont vos atouts ? Bien sûr que vous avez des talents, mais quelle est votre façon très personnelle de les présenter au monde extérieur ? Une bonne perception de la façon dont vous affichez votre « patte » peut vous aider à devenir plus polyvalent. Après tout, vous pouvez modifier cette marque de fabrique personnelle comme vous l'entendez, en fonction du « marché » dans lequel vous évoluez. Vous pouvez donc choisir d'être plus extraverti en réunion ou de laisser transparaître votre côté réfléchi et posé, en fonction du public et des circonstances.

Penser à l'avenir

Quelles tendances se distinguent dans vos choix professionnels ? Vous avez peut-être l'impression de devoir courir pour suivre le rythme des changements, mais si vous faites régulièrement de l'autocoaching pour décider de vos choix professionnels, vous pourrez imposer votre propre rythme et fixer des critères d'excellence personnels.

Dans votre vie professionnelle, progression ne rime pas toujours avec promotion. Il peut s'agir de trouver des moyens de conserver une motivation satisfaisante, par exemple en changeant de poste de temps en temps afin de refaire le plein d'énergie et d'entretenir vos talents. Mais la progression peut aussi passer par des fonctions différentes dans une autre entreprise au bout de quelques années. Si vous avez trouvé le poste fait pour vous, la progression peut s'avérer facile.

Généralement, le sentiment de progression apparaît quand vous travaillez en adéquation avec vos valeurs et que vous vous présentez sous un jour authentique. Même si tous les postes possèdent une part de routine, vous vous sentez généralement plus inspiré si vous êtes capable de découvrir, grâce au travail, de nouvelles facettes de votre personnalité et de vos talents.

Voici trois questions à vous poser chaque jour pour évaluer les progrès réalisés :

- ✔ **Quelles victoires ai-je remportées aujourd'hui ?** Il peut s'agir de réaliser une bonne négociation avec un fournisseur ou de tenir un délai.

- ✔ **Qu'est-ce que j'ai appris aujourd'hui ?** Vous avez peut-être enrichi votre éventail d'habiletés, appris de nouvelles choses ou découvert une façon de ne pas exécuter une tâche !

> ✔ **Quel changement ma journée peut-elle me permettre d'opérer ?**
> Le stress excessif subi pour respecter ce délai vous pousse à revoir la gestion de votre temps de travail ou vous décider de vous lancer à l'avenir plus volontiers dans des négociations afin d'acquérir de la confiance.

Mettez vos réponses par écrit afin de pouvoir les consulter ultérieurement et de vous rendre compte de tout le pouvoir que renferme l'accumulation, au quotidien, de ces petits succès, leçons et avancées significatives apportés par votre vie professionnelle.

Quand vous pensez à votre futur travail, vous estimez-vous prêt pour celui-ci ? Rêvez-vous d'être votre propre patron ou d'avoir une vie professionnelle indépendante de votre source de revenus (axée principalement sur les investissements immobiliers par exemple) afin d'être complètement libre de choisir votre poste pour sa seule valeur intrinsèque ? Vous pouvez juger votre travail en procédant à une analyse SWOT, à savoir l'étude de vos forces (*Strengths*), faiblesses (*Weaknesses*), opportunités (*Opportunities*) et menaces (*Threats*) :

> ✔ Quelles sont mes **forces** au travail ?
>
> ✔ Quelles sont les **faiblesses** dont j'ai conscience et comment est-ce que je les corrige ?
>
> ✔ Quelles sont les **opportunités** adaptées à mes objectifs de vie que m'offre mon travail ?
>
> ✔ Quelles **menaces** peuvent m'empêcher d'atteindre mes objectifs de vie ?

Faites un travail de coaching sur votre futur travail en répondant aux questions suivantes (pour en savoir plus sur ces approches de coaching, reportez-vous à la deuxième partie de cet ouvrage) :

> ✔ **Question ouverte pertinente :** Quelles attitudes est-ce que je souhaite développer dans mon travail afin d'exploiter mon potentiel tout au long de ma carrière ?
>
> ✔ **Style personnel :** Par quel type de travail suis-je naturellement attiré ? Qu'est-ce qui me réussit ? Qu'est-ce qui me démotive ? Quel genre d'environnement me convient le mieux ? Où est-ce que je me sens le plus à l'aise lorsque je travaille ?
>
> ✔ **Croyances :** Quelles croyances négatives à propos de mon travail m'empêchent de me préparer à relever les futurs défis ?
>
> ✔ **Motivation :** Quelle image de moi-même au travail est la plus séduisante compte tenu de ma vision de l'avenir ? Qu'est-ce que je viserais si j'étais certain de ne pas échouer ?

- **Ce qui fonctionne :** Qu'est-ce que je fais actuellement pour me préparer à ma future vie professionnelle ? Comment puis-je développer ces comportements et habitudes ? Qu'est-ce qui m'empêche d'exploiter tout mon potentiel ? Quelles tendances favorables ou défavorables se dessinent actuellement ?

- **Explorer les options :** Quelles options s'offrent à moi pour élargir mon horizon professionnel ? Quel est l'itinéraire le plus facile ? Quel est l'itinéraire le plus difficile ? De quelles informations supplémentaires ai-je besoin avant de choisir mes options ?

- **Passer à l'action :** Quelle est ma première mesure ? Combien de temps puis-je consacrer à la planification de ma démarche ? Comment puis-je savoir si je fais des progrès ? Que puis-je faire pour fêter mes succès ?

Chapitre 12

L'argent, la richesse et l'abondance

Dans ce chapitre :
▶ Accorder à l'argent l'importance qu'il mérite
▶ Comprendre la création de richesse
▶ Vivre sa vie dans l'abondance

L'argent et la richesse ne sont pas forcément la même chose. La plupart des gens doivent travailler pour gagner suffisamment d'argent afin d'acheter les produits de base nécessaires et les produits de luxe désirés. Que vous ayez peu ou beaucoup d'argent, votre rapport à la richesse est probablement un facteur révélateur de votre bonheur de vivre.

Cependant, l'argent ne fait pas le bonheur. Des études intéressantes sur les gagnants à la loterie et les personnes lourdement handicapées suite à un grave accident ont révélé qu'un an plus tard, les plus tristes étaient les gagnants à la loterie. Mais il existe, bien entendu, également de nombreux millionnaires fous de joie. C'est ce que vous faites de votre argent et vos relations personnelles associées qui favorisent ou détruisent votre potentiel à être heureux.

Les problèmes de richesse concernent généralement votre degré de sécurité financière de base, votre capacité de vivre selon le mode de vie souhaité et la façon dont vous assurez vos arrières pour l'avenir. Ce chapitre va vous aider à accorder à l'argent l'importance qu'il mérite, à identifier la véritable richesse pour vous et à vous encourager à trouver comment créer votre propre conception de l'abondance. Si vous vous concentrez sur ce que vous voulez avoir, faire et être dans la vie et que vous ajustez vos finances en conséquence, vous pourriez bien vous apercevoir que l'argent rentre beaucoup plus facilement que lorsque vous mettez la charrue à billets avant les bœufs de dame richesse.

Fixer le rôle de l'argent dans sa vie

La plupart des gens doivent travailler dur pour développer le rapport à l'argent qui leur convient. Si vous vivez en Occident, vous êtes déjà riche selon les critères des pays en voie de développement et même ceux de vos ancêtres il y a plusieurs siècles. Mais vous ne vous *sentez* peut-être pas riche. Les trucs tels que les voitures, les téléphones mobiles et les ordinateurs sont à portée de bourse, mais une fois ceux-ci en votre possession, vous êtes peut-être poussé à jeter très vite votre dévolu sur la version supérieure, meilleure et plus récente de votre acquisition. Le mécontentement s'installe très rapidement si votre perception de la richesse est liée à l'acquisition de choses matérielles.

Le moyen le plus simple d'éviter d'être heureux dans la vie est peut-être de se comparer aux autres (qui se comparent probablement à vous et ont, au passage, la même impression). Ce genre de comparaison est le plus vivace et douloureux dans le royaume de l'argent et des biens matériels. Il est facile d'être aveuglé par l'éclat de l'argent et d'oublier la satisfaction des besoins pour lesquels il était destiné au départ.

L'argent n'est qu'un produit de base vous aidant à :

- acquérir des choses essentielles telles que l'alimentation et de quoi se chauffer ;
- acheter des produits d'agrément tels que de nouvelles chaussures fantaisie et des vacances de rêve ;
- améliorer la qualité de votre vie en investissant dans une entreprise ou en faisant des dons à votre association caritative préférée.

Le manque d'argent peut entraîner plein de choses, d'une légère frustration à la détresse extrême, même si la quête de l'argent pour l'argent peut également avoir des conséquences néfastes et venir ternir le plaisir tiré des choses réellement importantes au succès de votre vie.

La richesse est fort différente de l'argent. Il est généralement impossible de se sentir riche sans d'abord estimer avoir suffisamment d'argent. Pénétrer le royaume des nantis est vraiment beaucoup plus difficile si vous n'avez pas bien fixé le rôle de l'argent et déterminé la signification de la richesse dans votre vie.

Quelle distinction faites-vous entre argent et richesse ? Que doit-il arriver dans votre vie pour que vous vous sentiez riche ? Quand l'argent vous a-t-il rendu plus heureux, confiant et satisfait ?

> ### Le bonheur national brut
>
> Le Bhoutan, petit pays situé dans l'Himalaya, mesure désormais officiellement le bonheur national brut, ainsi que l'aspect financier du produit national brut. Basée sur des valeurs immatérielles et un mode vie traditionnel bouddhiste, l'idéologie du gouvernement s'attache à améliorer la qualité de vie du peuple bhoutanais, pas seulement à travers la création de richesses, mais également en perpétuant des valeurs culturelles, sociales et environnementales. Est-ce que cela marche ? L'avenir le dira, mais de nombreux économistes internationaux ont déjà exprimé des avis favorables sur cette stratégie officielle. Cette approche atypique sera probablement de plus en plus populaire quand le monde prendra conscience des dégâts que peut causer une avidité excessive au sein de nos sociétés.

Être financièrement à l'abri du besoin

Les choses importantes d'abord ! Le coaching personnel en vue de jouir de l'abondance passe d'abord par le développement d'un bon sens des finances élémentaire. Vous aurez beaucoup de mal à apprécier la vie si vous vous demandez où trouver l'argent pour payer les factures ou remplir le frigo. Vous connaissez peut-être l'anxiété caractéristique des périodes de vaches maigres, quand les dépenses sont largement supérieures aux revenus. Démarrer une activité libérale en empruntant, perdre son emploi, vivre un échec professionnel ou même carrément être en faillite sont autant de situations qui s'accompagnent d'un sentiment d'insécurité financière. Vous n'avez pas toujours le sentiment de bien contrôler les pépins financiers qui pourraient vous tomber sur la tête.

L'inquiétude permanente liée à la perte éventuelle de votre sécurité financière peut bloquer la réalisation de vos rêves, et ne pas réaliser vos rêves peut vous empêcher de produire la richesse et, en fin de compte, la sécurité que vous désirez le plus et méritez. Pour sortir de ce cercle vicieux, vous pouvez mettre en place votre propre stratégie d'une vie qui vous offrira un moment de répit et vous permettra de savoir que vous pouvez toujours survivre financièrement, quelles que soient les tuiles qui vous arrivent.

Définir ses règles du jeu financières

Savez-vous quelles sont les choses essentielles à faire régulièrement pour être certain de toujours être financièrement en sécurité ? Pour commencer à concevoir votre nouveau plan financier grâce au coaching, voici des directives qui ont fait leurs preuves et susceptibles de vous aider à savoir exactement ce qui fonctionnera pour vous :

- **Soyez honnête avec vous-même.** Sortez du déni. Savez-vous combien vous dépensez réellement ? Une de mes clientes a décidé de trier la paperasse qu'elle accumulait depuis six mois. Elle a été horrifiée de constater que les seules enveloppes non ouvertes étaient ses relevés de compte. Pendant un mois, inscrivez chaque centime dépensé au lieu de vous rassurer en pensant que vous vous faites simplement plaisir avec quelques achats d'impulsion sur de bonnes affaires.

- **Planifiez votre budget.** S'il est possible d'être heureux avec un budget limité, c'est presque à coup sûr le malheur qui vous attend si vous perdez le contrôle de vos dépenses, même si vous disposez d'un bon matelas d'argent au départ. Votre budget est une simple formule : vos sorties d'argent ne doivent jamais être supérieures à vos rentrées. Commencez donc par dessiner deux colonnes et notez toutes vos opérations.

- **Ayez comme objectif de dépenser moins que vous ne gagnez chaque mois.** Une fois votre budget fixé, vous pouvez définir votre marge de sécurité permanente. En dépensant chaque mois un peu moins que vous ne gagnez, vous savez qu'à la fin du mois il vous restera un peu d'argent pour faire face à un éventuel imprévu. Libre à vous ensuite, en fin de mois, de vous faire parfois plaisir avec un cadeau par exemple. En économisant un peu, vous diminuez les risques de transformer votre inquiétude en obsession susceptible d'entraver la concrétisation d'objectifs de vie plus importants.

Diminuer vos dépenses ne vous semble peut-être pas très amusant, mais vous pouvez considérer cette mesure comme un défi à relever ou un jeu. Prenez vos choix au supermarché. Optez-vous toujours pour certaines marques alors que vous pourriez acheter des produits de la marque du distributeur ? Vous pourriez décider de vous rendre en fin de journée chez les petits commerçants (boulangeries et primeurs), pour bénéficier de prix réduits ou de produits gratuits pour un certain nombre achetés. Jouez à dénicher les meilleures affaires et constatez de combien vous parvenez à diminuer votre facture hebdomadaire de courses.

- **Essayez d'économiser 10 % de ce que vous gagnez.** Au lieu de vous faire plaisir en fin de mois avec l'argent qui vous reste, épargnez-le ou investissez-le pour asseoir votre sécurité financière. Décidez quelle part de votre revenu vous êtes en mesure d'économiser et faites-en un objectif. Mettre de côté chaque mois une certaine somme est une méthode qui fonctionne souvent mieux que d'épargner comme un fou quand vous touchez une grosse prime puis de ne rien économiser pendant un certain temps. Optez pour un virement automatique de façon à ne pas être tenté de changer d'avis et « d'oublier » votre promesse.

Ignorer son budget : attention à la punition !

Rosie et Mark avaient chacun un revenu, ce que leur enviaient particulièrement leurs amis, et un style de vie en conséquence. Mais ils étaient constamment malheureux et stressés car leurs dépenses semblaient monter en flèche chaque mois, au point qu'ils furent obligés de contracter un prêt à un taux très élevé pour revenir à un équilibre et repartir sur de bonnes bases. Ils cessèrent même d'ouvrir les enveloppes contenant leurs relevés bancaires car ils ne voulaient tout simplement pas voir la réalité en face. Le couple vint au coaching et se fixa des objectifs pour affronter leur peur et se fixer un budget. Ils parvinrent finalement à se remettre sur de bons rails et découvrirent qu'il leur fallait simplement ajuster légèrement leurs dépenses pour que tout aille comme sur des roulettes. Le fait d'ignorer le budget dont ils disposaient les avait fait dérailler et avait généré une dette qui gonflait au fur et à mesure et qu'il payait très cher, à la fois émotionnellement et financièrement.

Notez dans votre journal vos nouvelles règles de fonctionnement financières de façon à pouvoir les consulter facilement et renforcer votre engagement.

Que pensez-vous de l'idée de monter un budget, de dépenser moins que vous ne gagnez et d'économiser une somme précise chaque mois ? Vous vous réjouissez peut-être à l'idée de redevenir maître de la situation ou bien l'idée de vous imposer de telles contraintes vous insupporte. Demandez-vous ce qui est à l'origine de cette réticence. Tenez-vous à la liberté en matière d'argent, de sorte qu'établir un budget et faire des économies mettrait à mal ce sentiment ? Que produit cette liberté sur vous ? Que pourrait vous apporter de mieux une approche plus structurée ? Vous pouvez trouver d'autres règles de fonctionnement financières qui vous conviennent et sont adaptées à votre vie, vous offrant la même liberté tout en vous évitant de paniquer face à des exigences et des factures non prévues. Si vous avez d'autres options, quelles sont-elles ? Quelle que soit l'option choisie, vous devez faire preuve d'un peu de discipline afin de conserver le contrôle de vos dépenses à long terme.

Préparer sa survie financière

L'utilisation du coaching pour les questions d'argent peut vous pousser à prendre la décision essentielle de changer de style de vie ou de travail. Vous pouvez vous retrouver soudain privé d'une importante source de revenu suite à un licenciement ou à un dépôt de bilan. Quel est votre plan de survie ? Savez-vous combien d'argent il vous faut pour vous en sortir et quel est le délai nécessaire pour que tout rentre dans l'ordre ? Les conseillers financiers recommandent généralement de disposer de six mois de salaire de côté pour parer à une urgence, mais le chiffre varie en fonction de votre train de vie et des circonstances. Si vous envisagez de monter votre entreprise, il vous en faudra très certainement plus à moins que ne soyez certain que votre nouvelle activité génère très rapidement des rentrées d'argent. Si vous avez déjà prévu votre budget quotidien, votre réserve pour les coups durs sera beaucoup plus facile à fixer. Voici deux suggestions pour conserver la motivation nécessaire à la formulation de vos idées :

- **Considérez cette démarche comme une « stratégie de liberté » et non un « plan de survie ».** Si la sécurité est une valeur importante à vos yeux, il est crucial que vous puissiez vous imaginer à l'abri du danger lorsque s'annoncent des périodes moins roses. Mais vous êtes peut-être déjà financièrement très à l'aise et n'avez pas le même entrain pour vous constituer cette réserve d'argent. Si c'est le cas, rêvez librement à ce que vos économies vous offrent comme possibilités si vous vous réveillez un matin persuadé que c'est le moment idéal pour apprécier ce congé sabbatique ou tirer parti d'un superbe plan professionnel qui vous tombe tout cuit dans le bec.

Vous pouvez toujours considérer votre pécule à la fois comme une « stratégie de liberté » et un « plan de survie ». Appuyez-vous sur n'importe quelles croyances vous permettant de prendre les mesures pour aller de l'avant.

- **Faites-vous aider pour concevoir votre plan.** Un conseiller financier chevronné ou un comptable peuvent parler fiscalité et investissement avec vous. Un ami de confiance, avec les pieds sur terre, peut vous aider à vérifier vos hypothèses budgétaires.

Quand Shami envisageait de se mettre à son compte, elle avait en tête une idée précise de ce qu'il lui fallait pour passer la première année, au cours de laquelle elle ne s'attendait pas à faire un chiffre d'affaires mirobolant. C'était une somme rondelette qui commençait à saper sa motivation. En analysant la situation avec son coach, elle s'est penchée de plus près sur ses chiffres et hypothèses. Shami a découvert qu'il ne lui fallait pas autant qu'elle ne le pensait, car elle n'aurait plus à supporter les frais de transport qu'engendrait son poste actuel.

Vivre le mode de vie de son choix

Quelle que soit la satisfaction tirée de votre travail, vous aimeriez certainement avoir plus de temps libre. Vous avez envie d'aller dans de bons restaurants, de jouer au golf ou de paresser au bord de la piscine, et souvent, ces activités améliorent vraiment votre vie. Mais parfois, vos loisirs ne vous apportent pas ce que vous souhaiteriez. Vous avez peut-être déjà connu ce sentiment de lassitude quand vous êtes en vacances, avec toutes les bonnes choses de la vie à portée de main. Vous souhaitez vous amuser mais, en fait, vous vous ennuyez, vous êtes agité et mécontent.

Votre mode de vie est un aspect de votre richesse. Vous avez peut-être besoin d'argent pour profiter d'un certain style de vie, mais la satisfaction tirée de votre façon de vivre n'est pas forcément directement liée à la quantité d'argent que vous dépensez. La façon d'obtenir satisfaction revient à tirer de l'argent d'une banque. Si votre choix est judicieux et si vous adoptez un mode de vie en adéquation avec ce qui vous enthousiasme, votre temps libre sera bien utilisé et portera ses fruits, en créant un sentiment de richesse. Si vous vous focalisez sur des choses qui « devraient » vous rendre heureux sans pour autant vous investir totalement, vous ne risquez pas de voir s'installer une véritable richesse en vous. Vous éprouvez un sentiment de vide et vous vous sentez floué. Réfléchissez bien à vos loisirs et à l'argent et au temps que vous y consacrez. Vous payez peut-être un abonnement dans une salle de sport que vous ne fréquentez jamais. Une séance de footing hebdomadaire dans un parc avec votre meilleur ami vous permettrait aussi bien de retrouver la forme tout en profitant de l'énergie et de l'inspiration procurées par la compagnie de votre ami.

Évaluer le vrai coût de son mode de vie

À l'instar de tout ce qui est tangible, l'argent n'est pas une ressource illimitée. Si vous tombez dans le piège de croire que plus vous dépenserez d'argent pour un plaisir immédiat, plus vous serez heureux, vous finirez déçu et vous piocherez dans la réserve prévue pour accroître votre bonheur (par exemple, la résidence secondaire de vos rêves). Vous vous souvenez sans doute du frisson ressenti lors de votre premier gros achat : une voiture, un acompte pour une maison, des vacances à l'étranger. Mais il est vrai qu'on s'habitue à tout. Ce frisson a peut-être été moins intense pour la seconde voiture, le troisième déménagement ou les quatrièmes vacances exotiques. Vous estimez peut-être avoir besoin de dépenser plus d'argent pour retrouver ce frisson. Par contre, vous éprouvez peut-être toujours la même excitation à vendre des biens. Il n'y a pas de mal à cela. Ne culpabilisez pas parce que vous êtes matérialiste et prenez un réel plaisir à gagner de l'argent pour vous payer des choses.

Pensez aux fois où votre mode de vie met en péril votre équilibre financier. Vous êtes peut-être parvenu à vous convaincre que vous n'êtes pas du tout matérialiste alors que, secrètement, vous adorez les voitures de sport mais ne pensez pas en mériter une et pouvoir vous la payer. Si c'est le cas, vous devriez peut-être admettre que l'argent et ce qu'il vous permet d'acheter *est* très important pour vous et mettre en place des stratégies pour accroître votre richesse. À moins que, lorsque vous vous baladez au volant de votre voiture haut de gamme, vous n'enviiez les couples que vous voyez attendre le bus, la main dans la main, pour aller faire du lèche-vitrines. Vous vous rendez peut-être alors compte que les choses matérielles ne compensent pas le manque d'amour ressenti dans votre vie, ce qui pourrait vous pousser à investir une partie de l'énergie consacrée à gagner de l'argent dans la recherche d'une relation amoureuse.

La tranquillité d'esprit en termes d'argent se résume souvent à savoir où affecter ses ressources et à admettre que les séances de lèche-vitrines pour se remonter le moral reviennent souvent à mettre un sparadrap sur une jambe de bois.

Quand vous pensez aux choses importantes pour vous, le coaching vous rappelle de voir au-delà de vos biens matériels tels que l'argent et de réfléchir à ce que ces biens vous apportent. Si vous aimez l'argent, vous appréciez sans doute la sécurité qu'il vous offre ou la joie que vous procure la possession de beaux objets. En fait, peu de personnes aiment l'argent pour l'argent sauf les… collectionneurs de pièces.

Pour acquérir une conscience financière, répondez aux questions suivantes (vous trouverez une explication de chaque approche dans la deuxième partie de cet ouvrage) :

✔ **Question ouverte pertinente :** Que me coûte vraiment mon mode de vie ?

✔ **Style personnel :** Combien d'argent me faut-il pour vivre en harmonie avec mes préférences naturelles et en fonction de mes besoins ?

✔ **Croyances :** Quelles sont mes croyances limitantes à propos de l'argent ?

✔ **Motivation :** Que me coûte l'argent ? Quels sont les effets indésirables de la recherche d'argent ?

✔ **Ce qui fonctionne :** Qu'y a-t-il de bien dans mon attitude vis-à-vis de l'argent ? Qu'est-ce que je veux changer ?

✔ **Explorer les options :** En quoi la recherche de l'argent m'aide-t-elle à atteindre mes objectifs de vie ?

✔ **Passer à l'action :** Quelle est ma première dépense d'argent pour atteindre mes objectifs de vie ? Combien de temps puis-je consacrer à la planification de ma démarche ? Comment puis-je savoir si je fais des progrès ? Que puis-je faire pour fêter mes succès ?

S'autoriser à être riche

Quelle est votre position vis-à-vis de l'argent ? Certaines de vos croyances vous empêchent peut-être de produire la richesse que vous méritez. Considérez-vous la pauvreté comme une vertu ? C'est la manifestation de cette vertu qui importe et vous pouvez trouver des pauvres très mesquins et des multimillionnaires philanthropes et très généreux. Estimez-vous ne pas mériter d'être plus riche que vous ne l'êtes ? Quelle est cette valeur que vous vous attribuez et qui vous bloque ? Pensez-vous ne pas avoir le talent, le sens des affaires, la persévérance ou l'énergie pour rechercher une récompense fabuleuse ? Où est la preuve qui étaye votre croyance et quelle preuve du contraire existe-t-il ? D'où viennent vos croyances en matière d'argent ?

Posez-vous ces questions :

- Est-ce que je peux me permettre d'être riche ? (Observez vos croyances.)
- Est-ce que je peux être fortuné et conserver une certaine richesse dans tous les autres domaines de ma vie ? (Analysez les répercussions dans votre vie.)
- Est-ce que je peux être riche tout en conservant mon intégrité ? (Tenez compte de votre contribution à la marche du monde.)

Si vous répondez oui à ces trois questions, vous vous êtes autorisé à prendre les mesures nécessaires pour rechercher la richesse *si* c'est vraiment ce que vous voulez. Dans le cas des richesses, le vieil adage « Attention à ne pas souhaiter n'importe quoi, vous pourriez l'obtenir » est très pertinent. L'acquisition de richesses n'est en fait pas la partie la plus dure du processus. Le vrai travail de fond consiste à savoir pourquoi vous souhaitez de l'argent, ce que vous allez en faire, puis à débloquer les processus de pensée qui vous empêchent de l'intégrer dans votre vie. Une fois que vous êtes certain de ce que voulez et de vos motivations, vous êtes prêt à effectuer l'essentiel du travail et à faire les sacrifices nécessaires pour gagner de l'argent.

Ah si j'étais riche…

Si le fait de devenir riche est en adéquation avec vos principales valeurs, vous devez alors mettre en place une stratégie d'enrichissement. Il n'existe pas une recette unique pour bâtir une fortune personnelle ou professionnelle et quiconque essaie de vous convaincre du contraire… veut vous vendre quelque chose. Seul, *vous* pouvez trouver un assortiment unique de méthodes dont la magie fonctionne à merveille pour vous.

Vous devez d'abord décider du contexte dans lequel vous souhaitez gagner de l'argent : votre travail, une entreprise, des investissements boursiers, immobiliers. La liste est infinie. Pour orienter votre recherche, choisissez trois méthodes d'enrichissement potentielles qui vous conviennent. Imaginez-vous en passe d'écrire le récit de la mise en œuvre de chacune de ces méthodes. Lisez, cherchez sur Internet, parlez à des modèles et mentors, abonnez-vous à des lettres d'information et adhérez à des associations. Mais l'essentiel est de ne pas vous engager avant d'avoir appris plein de choses sur les trois approches. L'argent n'est pas une chose qui se gaspille, alors prenez tout le temps nécessaire pour faire le meilleur choix. Vous pouvez très bien finir avec un éventail d'options dont le potentiel de richesse fait plus que compenser le temps passé à effectuer vos recherches.

Entretenir un sentiment de richesse et d'abondance

Se sentir fortuné grâce au développement d'une palette de ressources (argent et autres) est un objectif fabuleux et, comme pour tous les objectifs d'envergure, vous devez conserver une ligne directrice. Quand vous commencez à vous sentir fortuné (et non simplement riche) dans votre vie en général, vous pouvez penser à l'étape suivante : exploiter l'abondance que vous pouvez créer pour vous-même et votre univers.

Voici certaines choses à propos desquelles vous devez vous sentir fortuné, au sens large du terme. Les énoncés suivants correspondent-ils à votre situation actuelle ?

- Vous avez suffisamment d'argent pour payer vos factures et vivre selon le mode de vie de votre choix. (Cela commence par la gestion de votre budget quotidien.)
- Vous vous sentez financièrement à l'abri pour l'avenir. (Grâce à des économies réalisées régulièrement.)
- Vous utilisez votre temps de manière judicieuse. (Le chapitre 16 vous dit comment équilibrer vos exigences au quotidien.)
- Les efforts consentis pour surveiller votre santé vous procurent de la vitalité (voir chapitre 14).
- Vous apportez et recevez de l'amitié, de la camaraderie et de l'amour dans votre entourage. (Le chapitre 13 explore les relations importantes créées dans la vie.)

L'importance de ces valeurs essentielles est plus ou moins marquée selon les individus. La priorité accordée aux éléments à l'origine de votre richesse change avec le temps. En vieillissant, les relations humaines et la santé peuvent être plus importantes pour vous que ce qui crée votre richesse matérielle.

Abondance signifie non seulement avoir toutes les choses souhaitées dans des proportions qui vous conviennent, mais également avoir le sentiment de disposer de tout dans la vie en quantité largement suffisante. Vous souhaitez donc partager l'argent, le temps et l'amour. L'ironie du sort, c'est que, parvenu à ce stade, votre philosophie de l'abondance vous apporte encore plus que vous ne donnez.

> ### Quand votre vie est une vraie danse de l'abondance
>
> Amener de l'abondance dans sa vie est un objectif de coaching extraordinaire. Voici les pas de cette danse de l'abondance, à exécuter le moment opportun :
>
> **Choisissez vos partenaires.** Vous pouvez créer un sentiment d'abondance avec votre conjoint, vos amis, votre famille ou même des inconnus, par exemple les personnes tirant parti de vos dons à une association caritative.
>
> **Dansez allégé.** Donnez ce dont vous n'avez pas besoin à des personnes qui en ont vraiment besoin. Profitez et appréciez ce qui vous reste, qu'il s'agisse d'argent ou de temps.
>
> **Soyez pris dans la danse.** L'abondance crée une dynamique. Donnez du temps et de l'argent fréquemment et sans vous sentir obligé. Au bout d'un certain temps, vous aurez la réputation d'être fiable, talentueux et généreux. Plus vous avez cette attitude, plus les gens vous donnent en retour car ils ont conscience de la valeur de ce que vous donnez.

Donnez, donnez et donnez

Dan Kennedy, spécialiste du marketing et multimillionnaire, a dit : « Tout le monde démarre la journée avec vingt-quatre heures à investir aussi judicieusement que possible pour faire des bénéfices, être heureux ou faire le bonheur des autres. » Vous pouvez choisir de donner de votre temps et/ou de donner de l'argent en exploitant la croyance selon laquelle plus vous donnez, plus cela vous apporte.

Donner de son temps ou de l'argent est lié à la combinaison de deux énoncés apparemment contradictoires : « spéculer pour accumuler » et « celui qui donne en tire profit ». Ces deux expressions ont des origines très différentes. L'expression « spéculer pour accumuler » est liée à un sens du commerce intraitable selon lequel l'argent appelle l'argent. Pour que vos investissements vous rapportent, vous devez utiliser l'argent que vous possédez et espérer que cela porte très bien ses fruits. Cependant, vous acceptez l'éventualité de perdre votre argent si la Bourse s'effondre, si l'entreprise fait faillite ou si la valeur de votre propriété chute.

L'énoncé « celui qui donne en tire profit » dit la même chose de façon plus altruiste. Offrir ses ressources (temps, talent et/ou argent) avec générosité et humanité peut porter considérablement ses fruits en termes de satisfaction personnelle et de motivation. Mais vous devez accepter l'éventualité que les autres se servent de vous et que vous vous retrouviez ruiné et blessé. À l'instar du boursicotage, si vous donnez pour avoir en retour une valeur égale, la déception peut être au rendez-vous et ceux à qui vous donnez peuvent se sentir mal à l'aise car ils ne savent pas comment s'acquitter de leur dette. Mais si vous accordez moins d'importance à ce que vous recevez en retour, la générosité et la bonne volonté à votre égard se manifesteront plus facilement, directement ou indirectement.

Le conseiller financier au grand cœur

La carrière de conseiller financier de Jack ressemblait aux montagnes russes. Il souhaitait, grâce au coaching, se débarrasser d'un esprit de compétition qui n'était plus en accord avec ses valeurs de bienveillance et d'attention à l'égard de ses clients. Mais il ne voulait pas non plus laisser passer des occasions de gagner de l'argent.

« Je me souviens de la funeste époque où nous étions formés pour vendre des produits et faire affaire en un éclair. À l'époque, j'étais très jeune et je considérais cela comme un jeu. Je ne réfléchissais pas en termes de morale. Les choses ont changé, notre secteur d'activité est bien réglementé et les clients bénéficient d'un arsenal de mesures qui les protègent. Malgré tout, on est dans le métier pour gagner de l'argent et ce conflit d'intérêt me perturbe par moments. »

Le coach de Jack lui a demandé ce qu'il attendait de son métier :

« Eh bien, je veux bien sûr atteindre certains objectifs, mais il est également très important pour moi d'avoir le sentiment de dispenser de bons conseils. Je tiens vraiment à me mettre à la place du client et répondre à ses besoins comme s'il s'agissait de mon meilleur ami ou de mon fils. Parfois, dès le début, il est évident qu'il n'est pas raisonnable pour le client d'acheter un produit. Je vois bien qu'il pourrait résoudre des problèmes plus importants avec son approche élémentaire des questions d'argent et je veux l'aider. Je ne perçois pas de commission pour cela et ma démarche peut prendre beaucoup de temps, mais sinon, j'ai l'impression de les escroquer. Mon associé dit que je suis commercialement naïf. »

Son coach lui a alors demandé de penser à la façon dont il pourrait mener son activité pour être en accord avec ce qu'il souhaitait pour lui-même et le monde en général. Cela prit quelques séances de coaching et Jack parvint ainsi à mettre en place une nouvelle grille de tarifs. Il a proposé une séance à prix réduit aux clients ayant besoin de traiter leur rapport à l'argent. Ce tarif couvrait à peu près le temps qu'il consacrait et générait des avantages plus substantiels car ces séances en appelaient d'autres, plus lucratives. Son associé l'a complètement soutenu et leurs différentes approches sont devenues bien plus complémentaires, le cabinet se faisant ainsi une excellente réputation. La richesse et le sens de l'abondance de Jack dans sa vie personnelle et professionnelle ont augmenté de manière significative.

Chapitre 12 : L'argent, la richesse et l'abondance

Il existe de nombreuses manières d'entretenir l'abondance :

- faire des dons à son association caritative préférée ;
- participer à des marches et à des courses pour la bonne cause ;
- donner à des collecteurs de fonds pour les écoles ;
- donner de son temps pour aider un ami dans le besoin ;
- être un bon voisin.

Ne sous-estimez pas le temps que vous consacrez, ni vous-même. La fausse modestie n'a pas sa place dans un mode de vie axé sur l'abondance et elle n'apporte rien. Si vous êtes travailleur indépendant, vous devez fixer un prix juste pour le travail que vous fournissez et avoir confiance dans la qualité de vos prestations. L'abondance vous autorise à être généreux une fois vos besoins financiers élémentaires satisfaits. C'est ensuite, si vous le souhaitez, que vous pouvez faire du bénévolat ou donner de votre temps pour une bonne cause.

Pour entretenir l'abondance, il faut avoir une conscience accrue de votre richesse. Les experts de la finance estiment que vous ne devez investir que le surplus d'argent que vous êtes prêt à perdre et non celui qui vous est nécessaire pour garantir votre sécurité et votre confort. N'offrez vos ressources précieuses que sont votre temps et votre talent qu'une fois vos propres besoins et ceux des êtres qui vous sont chers satisfaits. Attendez également d'avoir fait le plein d'énergie nécessaire pour faire le bien autour de vous. Être généreux sans prendre d'abord en compte ses besoins élémentaires peut rendre malheureux, voire plein de ressentiment.

Chapitre 13
Les relations humaines

Dans ce chapitre :
▶ Établir ses priorités en termes de relations humaines
▶ Instaurer un soutien mutuel via l'amitié
▶ Se créer un réseau afin d'élargir son cercle d'influence

Quand je travaillais dans le secteur du recrutement, nous avions l'habitude de plaisanter dans les moments difficiles en disant : « Ce boulot serait génial si nous n'avions pas de clients ou de candidats ni… de collègues ! » Vous connaissez probablement ce sentiment lors d'une journée particulièrement mauvaise au cours de laquelle vous avez l'impression que tout le monde vous agace, vous rejette ou vous complique la vie. Les journées vraiment désastreuses sont celles où les seules relations dignes de ce nom sont celles entretenues avec son lecteur de DVD ou sa chaîne hi-fi et qui permettent d'échapper au genre humain !

Heureusement, les moments où vous souhaitez fuir tout le monde sont rares. Après tout, nombre de vos instants les plus précieux et agréables surviennent lorsque vous êtes en compagnie de personnes que vous adorez, qui vous stimulent et avec qui vous vous amusez. En matière de relations, le juste milieu entre ce que vous donnez et ce que vous recevez est parfois difficile à trouver et les éventuels déséquilibres sont l'une des plus grandes causes de mécontentement dans la vie.

Il existe trois grandes catégories de relations : votre famille et votre conjoint si vous en avez un, vos amis et les cercles plus larges de votre entourage professionnel et social. Ce chapitre vous aide à savoir ce que vous attendez des relations avec les autres et vous encourage à définir le rôle de l'amour, de l'amitié et de la société dans votre vie.

Avoir de bonnes relations

Le psychanalyste Sigmund Freud a désigné le travail et l'amour comme étant les deux aspects les plus importants de l'expérience de la vie pour vivre heureux. Bien que la recherche d'un bon travail mobilise une grande partie de votre attention et de votre temps, vos relations avec votre entourage conditionnent la qualité de votre vie. Et, si le travail est parfois source d'angoisse, je parie que l'amour (le trouver, le partager et le cultiver) vous a déjà lancé des défis encore plus aigres-doux.

Créer une relation avec soi

En matière de relations, la seule constante qui existe est celle que vous créez avec vous-même. La famille et les amis ne sont pas toujours là pour vous aider. Il arrive de ne pas trouver « la bonne » personne ou de vous en trouver séparé au bout d'un moment. Vos enfants grandissent et votre relation avec eux peut changer. Les cercles de connaissances plus larges ne vous soutiennent pas toujours. Vous pouvez vivre avec tout ça et accepter que tout change avec le temps, tant que votre estime de soi perdure.

Si votre estime de soi est solide, vous êtes bien dans votre peau et vous ne ressentez pas le besoin d'occuper votre temps avec des distractions qui n'améliorent pas forcément la qualité générale de votre vie. Si vous ne parvenez pas à développer votre estime de soi, peu importe les efforts que vous consentez pour faire plaisir aux personnes qui comptent dans votre vie, vous avez souvent l'impression (et parfois à cause de ces efforts) de ne pas contrôler les vrais rapports que vous entretenez avec elles.

Nathaniel Branden, spécialiste de l'estime de soi, définit celle-ci ainsi : « le sentiment d'être en adéquation avec la vie et ses exigences ». Cela signifie que vous n'avez pas d'inquiétude quant à votre place dans le monde et concernant les défis à relever, même difficiles. L'estime de soi peut certainement être assimilée à la confiance en soi, bien que cette dernière soit changeante et souvent liée à des facteurs externes tels que l'assentiment d'un conjoint ou l'avis favorable d'un supérieur. Mais si votre estime de soi est élevée, vous pouvez avancer courageusement vers l'inconnu tout en tremblant comme une feuille. La construction d'une réserve d'estime de soi paisible est bien plus bénéfique qu'un accroissement à l'emporte-pièce de la confiance. La vraie estime de soi est un mélange de respect salutaire de soi-même et de compréhension profonde de son rôle dans le monde. Voici résumés les six piliers de l'estime de soi selon Branden :

Chapitre 13 : Les relations humaines

- **La vie consciente :** être conscient de la puissance de ses pensées et de la façon dont son comportement influe sur soi et les autres.
- **L'acceptation de soi :** savoir qu'on est lié à ses échecs et à ses succès dans la vie.
- **La responsabilité de soi :** admettre être responsable de tout ce que l'on fait, même quand les actions sont pénibles.
- **L'affirmation de soi :** connaître ses besoins et être capable de les exprimer clairement, directement et calmement aux autres.
- **Le sens donné à sa vie :** savoir que ce que l'on fait (et pas seulement au travail) en vaut la peine et a un sens pour soi.
- **L'intégrité personnelle :** connaître ses valeurs et toujours vivre en accord avec elles.

Vous pouvez voir que l'estime de soi peut provenir naturellement de la conscience de soi et du développement généralement vécu à travers le coaching. Quand vous vous attelez à travailler votre estime de soi, vous multipliez généralement aussi les succès dans de nombreux autres domaines de votre vie.

Pour cette activité, faites une pause au calme et inscrivez dans votre journal les réponses aux questions suivantes (que vous retrouvez dans les sections de la deuxième partie) afin de suivre votre progression :

- **Question ouverte pertinente :** Quel genre de relation est-ce que je souhaite avoir avec moi-même ?
- **Style personnel :** Quels facteurs constituent naturellement mon estime de soi ? Quels facteurs lui sont néfastes ?
- **Croyances :** Quelles croyances à propos de moi-même m'empêchent de bien m'aimer ?
- **Motivation :** Quand j'agis selon mes valeurs les plus importantes, quelles sont les répercussions sur mon estime de soi ?
- **Ce qui fonctionne :** En quoi mon estime de soi actuelle est-elle satisfaisante ? Qu'est-ce que je désire changer ?
- **Explorer les options :** Quels choix et actions m'aident à bâtir une solide estime de soi ? Quels sont ceux qui me plaisent le plus et correspondent le mieux à mes préférences naturelles ?
- **Passer à l'action :** Quelle est ma première mesure ? Comment puis-je savoir si je fais des progrès ? Que puis-je faire pour fêter mes succès ?

Trouver l'âme sœur

Si vous répondez à vos besoins et savez bâtir une solide estime de soi en tant que célibataire, trouver l'âme sœur vous inquiète beaucoup moins. Vous présentez déjà votre meilleur moi au monde, ce qui est naturellement séduisant et vous met dans les meilleures conditions pour trouver quelqu'un attiré par votre vraie personne. Quand vous affichez une estime de soi élevée, vous pouvez faire des choix amoureux salutaires et empreints de maturité. Vous ne vous laissez pas prendre au piège de la flatterie ou de l'hypocrisie qui alimente votre vanité, et vous pouvez mutuellement apprécier la compagnie de l'autre sans vous demander si c'est LA relation qui vous apportera le bonheur, parce que vous êtes déjà heureux.

Avez-vous un idéal d'amour utopique ? Avez-vous l'impression de rechercher en vain l'être idéal ? Si cette quête vous rend malheureux, réfléchissez en toute sincérité à la relation capable de vous donner ce que vous n'avez pas ou ne pouvez trouver ailleurs.

Si vous vous retrouvez seul après une séparation ou un deuil, vous ne savez peut-être pas combler ce grand vide dans votre vie. Il est certain que l'on a tous besoin de l'autre mais pas toujours de la façon que l'on croit. Plus vous saurez clairement pourquoi vous souhaitez rencontrer quelqu'un et connaîtrez les conséquences des choix que vous faites, plus vous serez en bonne position pour démarrer une relation adéquate avec la personne qu'il vous faut. Reprendre rapidement le jeu de la séduction peut être l'étape nécessaire pour retrouver la confiance qui vous fait défaut. Mais pensez également au fait que vous n'êtes peut-être pas encore prêt à entamer une relation sérieuse et qu'une période de célibat s'impose encore un peu pour savoir exactement ce que vous souhaitez dans votre nouveau mode de vie.

Voici des choses à savoir si l'un de vos objectifs de vie est de rencontrer une personne avec laquelle vous pourriez passer le restant de vos jours :

- **Passez attentivement en revue vos croyances.** Croyez-vous au prince charmant et êtes-vous persuadé que vous saurez reconnaître instantanément votre âme sœur quand elle se présentera ? Quelle pression cette croyance inflige-t-elle sur vous et sur les amitiés que vous nouez actuellement ? Changer cette croyance vous aiderait-il à identifier clairement l'âme sœur potentielle qui habite en face de chez vous ou travaille dans le bureau d'à côté ?

- **Réfléchissez aux endroits où vous recherchez l'âme sœur.** Par exemple, les rencontres sur Internet marchent à merveille pour certaines personnes mais sont un véritable désastre pour d'autres. Prêtez attention aux schémas que vous développez et voyez s'ils débouchent invariablement sur de mauvais résultats. Dites-vous que vous ne pêchez peut-être pas au bon endroit. Changez de coin pour voir.

- **Votre âme sœur va partager certaines de vos passions les plus importantes. Alors, faites en sorte qu'elle les remarque clairement.** Si vous adorez lire, vous pouvez vous inscrire dans un cercle de lecture. Vous n'y trouverez pas forcément l'âme sœur mais vous vous y ferez peut-être de très bons amis. Et qui sait à qui ils pourraient vous présenter ?
- **Ne pensez pas que tous vos amis déjà en couple connaissent le bonheur absolu alors que vous êtes encore célibataire.** Tout choix de vie a ses avantages et ses inconvénients, et vos couples d'amis envient peut-être la liberté et le plaisir liés au célibat. N'oubliez pas qu'une vraie soif de vivre est l'une des qualités les plus séduisantes, que vous recherchiez l'amour ou l'amitié.

La variété aussi au cœur des relations

Le traditionnel parcours amour puis mariage s'est élargi pour inclure de nombreuses tangentes, détours et autres chemins de substitution. Aujourd'hui, on se marie souvent plus tard ou on ne se marie pas du tout, ou on choisit un partenaire de même sexe ou on décide de ne pas avoir d'enfants. Dans le film *Pour un garçon*, le jeune fils d'une mère célibataire essaie de jouer les entremetteurs entre sa maman et un bon parti car il estime qu'une famille à trois éléments est plus forte qu'à deux. Son plan échoue. Maman et l'homme idéal ne sont pas le moins du monde attirés l'un par l'autre. Cependant, à la fin du film, grâce aux efforts du garçon pour entrer en contact avec les personnes qui croisent sa route, sa nouvelle famille élargie est un mélange délicieusement original de solides relations interdépendantes qui lui offre plus de sécurité et de bonheur que lui aurait peut-être apporté l'ancien modèle. Le film a une fin heureuse façon Hollywood mais reflète la complexité des interactions sociales. En matière de relations amoureuses, nous vivons dans un univers d'incertitudes sans précédent et seules quelques-unes des anciennes règles ont survécu. Cette réalité est aussi souvent déconcertante qu'exaltante.

Créer et faire durer une relation solide

Avez-vous vu l'épisode de la série *Friends* dans lequel Chandler et Janice rompent ? Chandler passe son temps à broyer du noir en écoutant des chansons d'amour tristes. Même si cela prête à rire, voyez si votre propre conception de l'amour présente des tendances similaires. L'amour peut vous donner le vertige et vous donner envie de supprimer la réalité quotidienne pour ne retenir que la scène où le héros et l'héroïne s'embrassent et partent à cheval en plein coucher de soleil.

Que se passe-t-il après le coucher de soleil ? Le héros et l'héroïne vivent-ils un mariage de rêve et font-ils des enfants parfaits qui sont mignons, amusants et intelligents ? Même si vous avez la chance de vivre une vie amoureuse comparable à ce scénario, je suis sûre que beaucoup de pagaille, confusion, inquiétude et angoisse n'ont pas été coupées au montage du film de votre vie.

Si la vie amoureuse est rarement un long fleuve tranquille, la faute en incombe peut-être en partie à la biologie. Les êtres humains peuvent être biologiquement attirés par des personnes aux qualités et styles opposés alors que la nature essaie d'accoupler deux moitiés d'un tout pour mieux protéger la future progéniture. Aux premières heures de l'idylle, cette dynamique est enthousiasmante et agréable mais, avec le temps, ces différences peuvent être à l'origine de tensions et de désaccords. Faites en sorte de mieux comprendre l'autre et d'avoir conscience de l'existence de différents styles. Pour découvrir comment identifier votre style préféré et celui des autres, reportez-vous au chapitre 4.

Si vous vivez une relation bien établie, vous demandez-vous comment vous allez maintenir votre engagement mutuel avec la tension, le stress et les tentations de la vie moderne ? L'activité suivante peut vous aider à identifier les points forts et la marge de progression de votre relation.

Posez-vous les questions suivantes (que vous retrouvez dans les sections de la deuxième partie) :

- **Question ouverte pertinente :** Quelle est ma contribution au maintien de l'amour et du respect mutuel dans notre relation ?

- **Style personnel :** Quels comportements avons-nous en commun ? Quels comportements chez moi et chez mon conjoint génèrent frictions ou tensions ?

- **Croyances :** Quelles croyances à propos de moi-même et de ce que « devrait » être ma relation me bloquent, me poussent à faire des reproches ou à me comporter égoïstement ?

- **Motivation :** Quels objectifs et valeurs avons-nous en commun ?

- **Ce qui fonctionne :** Quels sont les côtés géniaux de notre relation ? Qu'est-ce qui pourrait être mieux ? Qu'est-ce qui ne fonctionne pas très bien ? Qu'est-ce qui doit changer ?

- **Explorer les options :** Comment est-ce que je peux commencer à opérer des changements ? Quelles options sont les plus naturelles pour nous deux ?

- **Passer à l'action :** Quelle est notre première mesure ? Comment pouvons-nous savoir si nous faisons des progrès ? Que pouvons-nous faire pour fêter nos succès ?

Décider de mettre un terme à une relation

L'une des décisions les plus difficiles est de mettre un terme à une relation, surtout lorsque le couple a des enfants. Quelles que soient les bonnes raisons de la rupture, vous allez avoir de la peine. Vous devez veiller à ce que toutes les personnes concernées disposent d'une protection et d'un soutien lors de la séparation.

Le chapitre 17 vous suggère comment prendre cette décision difficile et trouver des stratégies basées sur l'adoption de solutions et non la focalisation sur les problèmes. Il vous aide également à gérer le sentiment de perte susceptible de naître lors de la fin d'une relation solide.

Le coaching ne suffit pas toujours pour reconstruire ou mettre un terme à une relation très tourmentée. Il faut parfois avoir recours à des consultations psychologiques ou à des thérapies.

Entretenir les liens familiaux

Vos proches sont peut-être les personnes qui tirent le meilleur et le pire de vous. Les frères et sœurs vous rendent parfois fou et les relations parents/enfants peuvent être tendues, mais en période de crise, les liens tissés avec les êtres chers s'avèrent souvent les plus solides.

Il est parfois difficile de gérer les émotions extrêmes générées dans les familles. Vous avez le sentiment d'avoir fait, grâce à l'autocoaching, des progrès fulgurants pour parvenir à un fabuleux état de calme intérieur et de bonté envers tout le genre humain, lorsque votre progéniture adolescente rentre pour la cinquième fois ce mois-ci avec ses chaussures de football pleines de boue et en met sur la nouvelle moquette crème du salon. Vous avez l'une de ces conversations avec un parent au cours de laquelle vous fondez en larmes puis sortez de la pièce complètement indigné, même si vous avez quitté l'enfance depuis plus de vingt ans. Les membres de la famille sont ceux qui vous poussent le plus à bout et contrôler ses émotions n'est pas toujours facile.

Pour gérer avec succès les querelles de famille, prenez du recul et étudiez en quoi les relations entre vous et les membres de votre famille ont changé. Il est très facile de retomber dans de vieux modèles de comportements néfastes. Le coaching peut vous aider à faire le point sur vos relations avec votre famille de façon à ce que vous vous perceviez comme un être humain évolué et changeant que vous êtes. (Et vous pouvez toujours avoir un mouvement d'humeur, mais peut-être dans l'intimité de votre domicile, sur votre propre scène de théâtre tragique !)

Quelle part prenez-vous dans la dynamique familiale ? Quel rôle devez-vous jouer pour veiller à ce que vos relations évoluent vers la maturité, avec des personnes admettant le caractère inévitable du changement ? Comment pouvez-vous mobiliser votre énergie pour que votre famille soit une source de soutien et d'inspiration et non de tension et de comédie ?

Vous pouvez décider d'utiliser vos techniques de coaching pour améliorer la communication au sein de votre famille (voir le chapitre 18 pour en savoir plus). Les informations sur les préférences en matière de comportement du chapitre 4 peuvent aider la famille à comprendre que les divergences d'opinion et les différences de style sont inévitables et parfois une source de créativité et de diversité et non de conflit.

Peter vivait assez loin de son père mais lui parlait régulièrement au téléphone et lui rendait visite aussi souvent que possible. La mère de Peter est décédée il y a très longtemps, quand il était adolescent, et son père s'est remarié quelques années plus tard. Cela fait trois ans que le père de Peter vit seul, depuis la fin de son second mariage.

Peter et son père avaient toujours eu de bonnes relations et partageaient une passion pour le golf, mais, depuis un an, Peter avait remarqué que son père n'était plus enthousiaste à l'idée de faire un parcours avec lui quand il lui rendait visite et qu'il préférait apparemment rester chez lui à regarder la télévision toute la journée. Peter était de plus en plus frustré par la léthargie de son père et il a essayé à plusieurs reprises de l'encourager à s'adonner à des activités plus dynamiques, mais en vain. Cela se terminait souvent en dispute.

Peter a mis du temps à se rendre compte pourquoi il était si déterminé à déloger son père de devant la télévision. Lors d'une séance d'autocoaching, il se demanda si sa détermination serait aussi grande s'il ne s'agissait pas de son père. La réponse fut un non catégorique. Au début, Peter pensait ses sentiments dus au fait qu'il se souciait du bien-être de son père, mais en approfondissant la chose, il se rendit compte qu'une partie de lui était gênée que son père, si plein d'entrain et qu'il avait toujours admiré, semble avoir arrêté d'apprécier la vie. Cette prise de conscience aida Peter à considérer la situation d'un autre œil et il décida d'aborder le sujet avec son père de manière plus neutre. Après tout, si son père prenait du plaisir à regarder la télévision, ce n'était pas à Peter de porter un jugement. Une fois que Peter eut abandonné sa stratégie autoritaire, son père fut en mesure de se confier un peu et il admit avoir perdu confiance depuis son divorce. Il trouvait désormais plus facile de rester chez lui plutôt que de sortir en société, même dans son club de golf où il était un membre très respecté et apprécié.

Plusieurs mois ont passé avant que le père de Peter ne se juge prêt à sortir ses clubs de golf du placard, et leur nouvelle entente a permis à Peter d'apporter à son père un soutien adéquat lorsque ce dernier commençait à retrouver un peu de sa confiance naturelle.

Fixer des règles de fonctionnement en famille

Si vous dirigez une entreprise ou travaillez au sein d'une équipe, vous êtes habitué à définir des limites favorables à une cohabitation harmonieuse. Pourquoi ne pas en faire autant en famille ?

Considérez les éléments suivants comme un point de départ pour votre manifeste familial :

- **Bannissez les reproches.** Se culpabiliser ou accuser les autres de gâcher sa journée est rarement la meilleure ou la plus agréable des options. Prêtez bien attention à ce qui se passe lorsqu'il y a de la tension dans l'air et soyez attentif aux émotions se cachant derrière les actes.

- **Surveillez votre langage.** Des déclarations telles que « Tu me fous en rogne » viennent peut-être du cœur mais elles ne sont pas toujours exactes. *Vous* choisissez votre émotion et *vous* contrôlez la façon de la modifier, parfois en un clin d'œil. Reconnaissez votre rôle primordial dans la production de vos propres émotions et laissez votre langage refléter cette réalité en ne condamnant pas les autres.

- **Mettez en place des stratégies de repli pour les fois où la situation échappe à tout contrôle.** Les désaccords et les conflits peuvent dégénérer uniquement parce que personne ne sait comment y mettre un terme. Disposez d'une stratégie que vous pouvez sortir de votre chapeau quand ce qui n'était au départ qu'un aimable désaccord risque de se transformer en larmes avant la fin de la journée. Cette stratégie peut consister à fixer des délais pour les discussions passionnées et à rechercher des périodes d'apaisement.

L'amitié : savoir donner et recevoir

Je me souviens de l'entretien à la radio d'une femme célèbre qui avait été mariée plusieurs fois et qui, désormais dans les 55 ans, avait fini par percevoir toute l'importance de l'amitié. « Vous savez, dit-elle, j'ai passé très longtemps à me désespérer des hommes dans ma vie et, quand je me retourne sur mon passé, je m'aperçois que les personnes qui m'ont apporté le plus de bonheur et avec lesquelles je me suis le plus amusée sont mes amis. Je suis plus heureuse aujourd'hui que je ne l'étais lorsque je courais après LA relation dont j'estimais qu'elle allait pouvoir me combler. »

Les amitiés vont et viennent. Vous avez probablement perdu le contact avec certains amis, vous vous êtes brouillé avec d'autres et êtes en train de tisser des liens avec de nouvelles personnes. Quelle que soit votre conception de l'amitié, elle joue un rôle prépondérant dans votre bonheur de vivre. Mais trouver les moyens de favoriser l'épanouissement et la pérennité des amitiés constitue souvent un véritable défi lorsque votre mode de vie est trépidant.

Des amis pour la vie

Vous choisissez peut-être des amis qui ont la même vision de la vie que vous. Vous êtes souvent attiré par des personnes aux qualités similaires aux vôtres. Gardez à l'esprit que si votre ami vous ressemble par certains côtés, il a à faire face aux mêmes difficultés. Si vous avez tous les deux tendance à courir à longueur de journée sans avoir de temps de vous consacrer à des choses importantes mais pas nécessairement urgentes de la vie, vous pouvez vous éloigner l'un de l'autre sans vous en apercevoir. Les amitiés perdurent lorsque les deux parties tirent de la relation ce dont elles ont besoin et ce qu'elles souhaitent. Parfois, le simple fait de savoir que les autres sont là en cas de besoin suffit. Mais il peut vous arriver que votre coach intérieur vous conseille de consacrer un peu plus de temps à votre meilleur ami si fidèle.

Les niveaux de communication

Que vous apportent vos amitiés ? Les moments de partage avec vos amis conditionnent souvent la qualité de l'amitié. Les trois niveaux de communication en termes d'amitié sont les suivants :

- **Niveau 1 :** Vous parlez du temps, des rumeurs qui courent sur les célébrités, de vos dernières vacances ou de la voiture que vous envisagez d'acheter. Vous pourriez peut-être aller plus loin avec cette personne mais la véritable confiance mutuelle n'est pas encore instaurée.
- **Niveau 2 :** Vous exprimez vos sentiments, émotions, inquiétudes et peurs. Vous êtes inquiet pour votre poste ou avez un passe-temps en commun. Vous trouvez cette personne d'un grand soutien et avez développé de bonnes relations avec elle.
- **Niveau 3 :** Vous partagez les choses les plus importantes pour vous : vos valeurs, croyances, espoirs pour l'avenir et le sens donné à vos vies respectives. Vous avez développé une véritable confiance mutuelle et, concernant les choses les plus importantes pour votre ami, vous êtes sur la même longueur d'onde.

Certains amis peuvent très bien rester au niveau 1 pendant toute votre vie, tandis qu'un nouvel ami passera très vite au niveau 3. Voyez à quel niveau se situent vos différentes amitiés. Y a-t-il des disparités de niveau avec certaines personnes ? Un ami communique-t-il avec vous au niveau 3 alors que vous demeurez personnellement au niveau 1, ou *vice versa* ? Quelle influence sur l'amitié cette divergence a-t-elle pour vous deux ?

Rester en contact

Pensez à la façon dont vous entretenez vos amitiés. Vous avez probablement oublié en route certaines personnes avec lesquelles vous avez perdu contact ou qui ont déménagé, ou vous avez peut-être coupé les ponts suite à une vive dispute ou à un désaccord profond qui s'était avéré pénible à l'époque. Bien entendu, les amitiés ne sont pas toutes éternelles, mais parfois, celles qui mériteraient de l'être pâtissent des circonstances de la vie ou de l'éloignement géographique. Pensez aux amis que vous côtoyez actuellement et voyez si vos relations sont saines et enrichissantes et non épuisantes.

Prenez garde lorsque vous vous entendez dire : « Il faut qu'on se voie bientôt ! » Fixez une date et un lieu pour éviter de laisser traîner les choses et de vous apercevoir soudain qu'un an a passé et que la rencontre n'a pas encore eu lieu.

Répondez à cette question pertinente : Si vous organisiez une fête la semaine prochaine en l'honneur de toutes les personnes qui ont apporté quelque chose à votre vie, qui serait sur la liste des invités ?

L'heure est peut-être venue de replacer l'amitié dans votre vie. Quels sont les éléments essentiels pour vous ? S'agit-il d'entretenir et de développer les amitiés qui vous enrichissent, de prendre un peu vos distances avec les personnes susceptibles de vous épuiser, ou de voir comment vous rapprocher de celles qui sont sorties de votre paysage ?

Pour cette activité, écrivez une lettre à quatre personnes appartenant à votre présent et à votre passé :

- une amitié qui s'est mal terminée à cause d'une confiance trahie ou d'une blessure ;
- quelqu'un avec qui vous avez simplement perdu le contact ;
- un bon ami dont vous êtes conscient de ne pas faire grand cas de tout ce qu'il fait pour vous ;
- une personne avec qui vous passez du temps mais qui a tendance à renforcer vos pensées négatives.

N'envoyez pas ces lettres ! Utilisez-les plutôt pour répondre aux questions suivantes :

- Que m'apporte/m'apportait cette amitié ?
- Pourrait-il en être autrement ? En quoi ?
- Comment puis-je me comporter aujourd'hui avec cette personne ?

Vous déciderez peut-être de faire part de certains éléments mentionnés dans ces lettres. Quelle est la première mesure idéale selon votre coach intérieur ?

Rester ouvert aux nouvelles amitiés

Certains préfèrent avoir quelques amis de longue date tandis que d'autres se sentent bien quand ils sont dans un cercle élargi. Quoi qu'il en soit, avec le temps, vous pouvez perdre l'habitude de vous faire des amis, surtout si votre vie est déjà bien remplie et si vous devez déjà faire des efforts pour entretenir les amitiés existantes. Mais il vous arrive peut-être parfois d'avoir beaucoup de mal à vous faire des amis en raison de votre timidité ou gêne lorsque vous rencontrez des gens pour la première fois. Vous estimez même peut-être qu'en favorisant les nouvelles amitiés, vous diminuez le temps que vous pouvez accorder aux autres personnes importantes dans votre vie. Et vous ne souhaitez probablement pas être le genre de personne qui se fait un « nouveau meilleur ami » au pied levé. Mais n'oubliez pas les avantages que présente l'arrivée de nouveaux amis :

- Toutes les relations s'installent et se stabilisent avec le temps, et les nouveaux venus dans votre cercle de relations peuvent redynamiser l'ensemble.
- L'autocoaching vous permet de disposer d'une plus grande satisfaction, d'un meilleur équilibre et d'un épanouissement plus important. Vous pouvez donc naturellement élargir la palette de personnalités vous attirant et susceptibles de déboucher sur une amitié.
- La confiance en soi aidant, vous pouvez vous réjouir des défis et de la stimulation apportés par des personnes radicalement différentes de vous.
- Si vous êtes timide, souvenez-vous que les gens s'attardent rarement sur vos états d'âme mais apprécient plutôt simplement votre écoute. Ne vous obligez donc pas à être fascinant. Vous l'êtes déjà mais l'exprimez juste différemment.

Comment intégrer de nouvelles amitiés dans son cercle ? Cloisonnez-vous les différents groupes de personnes à cause de leurs différences ? Pensez à mélanger les groupes et amusez-vous du résultat ! Vous remarquerez peut-être de nouvelles facettes chez de vieux amis à mesure qu'ils commencent eux aussi à apprécier de nouveaux côtés chez vous.

Bâtir des réseaux productifs

Vos réseaux de connaissances vous sont personnels, et prendre le temps de se constituer des relations productives en dehors du cercle immédiat d'amis et de proches peut vraiment porter ses fruits. Les simples connaissances, voisins et collègues de travail peuvent devenir de bons amis. Même si ce n'est pas le cas, consacrer un peu de temps aux personnes de votre entourage vous aide à mettre de l'huile dans les rouages de votre vie quotidienne.

Élargir son cercle d'influence

Plus vous développez de relations positives et mutuellement enrichissantes, plus vous bénéficiez de soutien le moment venu. Dans la vie, on ne peut pas tout accomplir tout seul, quelle que soit votre autonomie. Si être informé constitue un pouvoir, d'autres personnes détiennent les informations dont vous avez besoin.

Votre *cercle d'influence* renferme toutes les personnes avec lesquelles vous êtes en contact dans votre vie, des proches aux simples connaissances. Vous influez sur la vie de ces personnes d'une manière ou d'une autre et il en va de même pour eux à votre égard. Voyez les zones de votre cercle d'influence déjà bien fournies. Au travail, vous faites peut-être déjà l'effort d'apprendre à connaître les employés des autres départements ou divisions ou vous excellez dans l'art de nouer des relations avec les clients et fournisseurs. Gardez-vous des contacts avec ces personnes si vous changez de poste ou mettez-vous toute votre énergie dans un nouveau cercle de personnes ? Votre temps et votre énergie ne sont pas infinis et il est peut-être impossible et irréaliste de rester en contact avec tout le monde. Mais vous parvenez peut-être à rester en relation avec quelques personnes clés avec qui vous avez établi un bon rapport empreint de respect mutuel. Comment continuer à tirer parti de leur influence et de leur soutien au fil des ans ?

Et vos voisins ? Une communication interrompue entre voisins peut conduire à des désaccords pénibles et générer des tensions difficiles à effacer. Êtes-vous satisfait des relations avec vos voisins ? Avez-vous des occasions de jouer un plus grand rôle au niveau local, par exemple dans une école du quartier, un groupe de voisinage ou un club ?

Cette activité va vous permettre de définir les caractéristiques de votre cercle d'influence. Prenez une grande feuille de papier, de type A3 par exemple, et dessinez votre cercle d'influence (voir figure 13.1). Mettez-y des noms précis. Prenez du recul et observez votre univers de connaissances. Sur quelles zones devez-vous vous pencher ? Comment pouvez-vous éventuellement élargir votre cercle d'influence ?

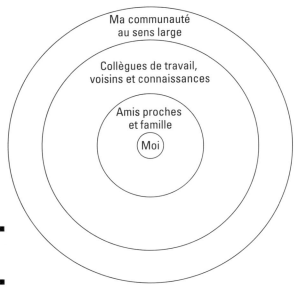

Figure 13.1 : Votre cercle d'influence.

Entrer dans la danse des réseaux

Se constituer un réseau, à savoir rencontrer de nouvelles personnes et les ajouter à son cercle de connaissances pour en tirer mutuellement des avantages, ne s'applique pas seulement au monde professionnel. Vous pouvez exploiter vos capacités en la matière dans n'importe quelle situation sociale : une fête, une collecte de fonds ou une discussion avec d'autres parents en emmenant les enfants à l'école. Suivez ces conseils pour vous constituer un bon réseau :

- **Intéressez-vous au lieu d'être intéressant.** Exploitez vos connaissances en matière de coaching pour poser des questions ouvertes et écoutez attentivement les réponses. Ne soyez pas tenté de couper trop rapidement la parole pour faire part de votre expérience sur le sujet abordé. Les autres vous trouvent fascinant si vous montrez qu'ils vous fascinent.

- **Trouvez des moyens de vous entraider.** Il peut s'agir de petites choses insignifiantes, telles que se passer un article intéressant sur un domaine d'intérêt mutuel, mais aussi d'éléments très importants tels qu'une habileté, une ressource ou une recommandation pour un emploi.

- **Jouez le rôle de l'hôte.** Si vous êtes dans un groupe d'inconnus et souhaitez briser la glace, trouvez des moyens d'exécuter des tâches simples qui rendent les gens chaleureux avec vous. Vous pouvez, par exemple, leur proposer de leur ramener un café ou de remplir leur verre.

Jouer un rôle dans son univers

À mesure que vos relations avec votre entourage s'améliorent, vous commencez à remarquer des thèmes communs qui mettent en lumière vos qualités uniques. Demandez-vous quelles sont les qualités que les gens perçoivent chez vous ? Vous considèrent-ils comme la personne qui connaît toujours les meilleurs restaurants ou peuvent-ils compter sur vous pour une partie de franche rigolade quand quelqu'un a besoin d'un peu de réconfort ? Les petits cadeaux que vous faites à votre entourage sont parfois plus précieux que vous ne le pensez. Vous pouvez développer une qualité que vous considérez comme allant de soi pour en faire une chose qui vous aide à définir une partie de votre rôle au sein de votre univers. Parfois, cela peut même aboutir à une opportunité professionnelle : vous faites une simple tarte et vous découvrez que les gens seraient prêts à payer pour l'avoir. Mais il peut s'agir aussi très simplement d'exploiter vos talents naturels pour votre plaisir personnel et la joie de votre entourage.

Chapitre 14

Le bien-être physique, mental et émotionnel

Dans ce chapitre :
▶ Œuvrer pour sa santé
▶ S'occuper de son physique
▶ Garantir une santé mentale optimale

Être en excellente santé ne se limite pas à la santé physique ou à l'absence de maladie. Pour être au top de votre forme, il vous faut également disposer d'une bonne santé mentale, pour gérer le stress et la pression subis au quotidien. En matière de coaching personnel, le bien-être signifie surveiller sa santé émotionnelle et garder le contrôle de ses émotions au lieu de les laisser vous submerger ou vous handicaper. Être en bonne santé implique de prendre soin de son corps et de bâtir une résistance mentale et émotionnelle. Dans ce chapitre vous allez découvrir que les petites mesures que vous prenez pour utiliser une approche holistique en matière de santé peuvent jouer un rôle prépondérant dans votre apparence et votre état au quotidien.

La santé et le bien-être sont un domaine essentiel pour le coaching car les changements radicaux opérés dans d'autres pans de votre existence sont souvent plus facilement réalisables quand vous êtes en bonne santé.

Si la spiritualité fait partie intégrante de votre bien-être, lisez le chapitre 15.

Sélectionner ses objectifs en matière de santé

Comment vos sentiments à propos de votre santé ont-ils évolué avec les années ? Cela dépend beaucoup de votre état de santé à la base et de celui que vous avez maintenant. Si vous étiez un enfant robuste et en bonne santé, vous estimez peut-être avoir toujours été fort. Mais si vous avez échappé à la mort ou eu une maladie handicapante étant petit, être en bonne santé ne va peut-être pas de soi pour vous. Quand vous pensez aux membres de votre famille, le fait que des êtres chers vivent vieux et demeurent en bonne santé peut vous réconforter. Vous pouvez avoir aussi toujours à l'esprit la perte d'êtres chers à cause d'une maladie cardiaque, d'un cancer ou d'autres maladies mortelles. Vos expériences influent sur votre attitude face à votre santé et vous devez tenir compte de ce paramètre lorsque vous fixez vos objectifs de santé et vous penchez sur votre motivation.

Définir ses objectifs de santé

Quand vous choisissez vos objectifs de santé et de bien-être, vous pouvez réfléchir à ceci :

- **Qu'y a-t-il de vraiment important pour moi actuellement du point de vue de ma santé ?** En termes de santé, quels ont été les domaines prioritaires pour moi jusqu'à présent ? Il peut s'agir par exemple de l'énergie. Vous pouvez rechercher un mode de vie vous apportant toute l'énergie nécessaire plutôt que de viser une perte de poids rapide pour les vacances à venir.

- **Que doit-il se passer pour que je me sente en bonne santé ?** En quoi ma définition d'une santé satisfaisante a-t-elle changé avec le temps ? À un moment de votre vie, il s'agissait peut-être de la résistance nécessaire pour brûler la chandelle par les deux bouts. Aujourd'hui, il s'agit peut-être d'offrir du repos à votre corps et de prendre soin de votre bien-être mental et émotionnel en faisant de l'exercice modérément et de la méditation.

- **Combien de temps est-ce que je souhaite consacrer à ma santé et à mon bien-être ?** Avoir la forme et la conserver prend du temps et demande des efforts. Voyez si vous souhaitez fixer un créneau journalier pour vos objectifs de santé ou si un engagement sur la semaine est préférable. Planifier son objectif et préparer le terrain prend également du temps. Choisissez donc un mode de programmation.

- **Quelles anciennes croyances pourraient constituer un obstacle à mes objectifs de santé actuels ?** Vous pensez peut-être qu'il vous est impossible d'arrêter de fumer car il n'y a que des fumeurs dans votre famille. Remettez en cause cette croyance et cherchez de nouveaux moyens de vous forger des croyances plus salutaires (voir chapitre 5).

- **Quel déni est-ce que j'ai tendance à cultiver concernant ma santé ?** Vous vous habillez peut-être toujours de façon à dissimuler votre surpoids et vous évitez d'être sur des photos pour ne pas affronter la réalité.

✔ **Quels sentiments recherchez-vous quand vous pensez à votre santé ?** Vous pouvez transformer ce désir en affirmation positive telle que : « Chaque jour, je me sens fort, énergique et plein de vitalité. »

✔ **Comment est-ce que j'imagine mon avenir en termes de santé et de bien-être ?** Vous souhaitez peut-être être capable d'aller nager et jouer au football avec vos enfants ou simplement ne pas être malade et apprécier la vie.

Plonger au cœur de sa motivation

Si votre motivation est adéquate, vous pouvez atteindre des objectifs de santé vraiment élevés. Le moment est venu de savoir exactement pourquoi vous souhaitez être en bonne santé.

Pensez d'abord à vos valeurs essentielles (voir chapitre 6). Il est fort possible que le fait de lier votre objectif de santé à vos autres valeurs vous aide à puiser la motivation nécessaire à votre accomplissement. En quoi une santé satisfaisante vous rapproche de votre vie idéale ? Si votre vie de famille est une de vos valeurs fondamentales, en quoi le fait d'être en mauvaise santé va à son encontre ? Êtes-vous dans la position idéale pour soutenir votre famille et apprécier votre mode de vie si vous n'êtes pas en bonne santé ?

Étudiez la part de votre motivation qui s'éloigne de la douleur et celle qui est orientée vers le plaisir. Par exemple, la cigarette peut désormais vous causer plus de douleur que de plaisir. Elle accroît peut-être votre tendance à faire de l'asthme. Par conséquent, outre les conséquences à long terme, votre habitude vous cause maintenant une douleur immédiate. Vous concentrer sur les avantages à être en meilleure santé est la stratégie de motivation la plus efficace, mais vous pouvez atteindre cet objectif plus rapidement si vous ouvrez les yeux sur les conséquences néfastes de toute habitude inadaptée en matière de santé.

Mettez de côté les facteurs externes susceptibles de vous pousser à être en bonne santé et veillez à ce qu'ils ne constituent pas le fondement de votre motivation. Pensez-vous « devoir » faire une certaine taille de vêtement ? Arrêtez-vous de fumer uniquement parce que vous culpabilisez ? La volonté de choisir doit venir de vous et, bien que l'opinion d'autrui puisse constituer un bon catalyseur pour passer à l'action, ce n'est pas elle qui va relever les défis à venir. Vous atteindrez plus facilement vos objectifs de santé si vous êtes en phase avec vos choix. Alors, poussez-vous à prendre des initiatives au lieu d'y être incité par les autres.

Un déclic pour perdre du poids

Maria avait dans les 45 ans quand elle a décidé d'essayer le coaching pour relever ses défis en matière de santé. Elle avait toujours lutté contre ses problèmes de poids et ne s'était jamais sentie « assez mince », même étant adolescente et surtout par rapport à sa meilleure amie, très populaire, qui semblait toujours avoir tous les rendez-vous qu'elle souhaitait. La vie de Maria avait aujourd'hui beaucoup changé. Elle avait vécu une relation de quinze ans qui avait récemment pris fin dans un bon esprit. Elle adorait cuisiner et passer du bon temps avec sa famille et ses amis. Elle avait également un bon poste de consultante en marketing qui lui faisait fréquenter très souvent les restaurants. Avec les années, Maria avait beaucoup grossi et, au vu des antécédents de maladies cardiaques dans sa famille, son médecin lui indiqua que son surpoids pourrait bientôt devenir dangereux pour sa santé.

Dans les quelques mois qui suivirent, Maria expérimenta de nouveaux programmes d'exercice physique et de régime alimentaire qui devaient lui permettre de perdre le poids qu'elle souhaitait. Mais les résultats ne furent pas à la hauteur car elle conserva ses vieilles habitudes alimentaires.

Son coach lui demanda quelle était sa motivation principale pour perdre du poids.

« Franchement ? Eh bien, depuis ma rupture, je suis un peu une recluse sur le plan des rencontres. Atteindre mon poids idéal me donnerait peut-être la confiance nécessaire pour sortir de nouveau. Bien sûr, je veux également être en bonne santé et en forme de façon générale. »

L'objectif lié aux rencontres ressortait. Son coach lui demanda si son surpoids était le seul élément l'empêchant de faire des rencontres. Maria réfléchit un long moment puis fit non de la tête.

« Peut-être pas... Je suppose que je m'apprécie comme ça et j'aime passer du temps avec mes amis. Mais, si j'étais mince, je pourrais sortir si j'avais envie de faire de nouveau des rencontres ! » Maria rit de ce qu'elle venait de dire. Elle se rendit compte qu'elle s'appuyait sur un élément de motivation dépassé (provoquer des rencontres) pour la faire aller de l'avant. Le véritable déclic était la mise en garde de son médecin contre l'impact du surpoids sur sa santé. Ses croyances à propos d'elle-même et de ses valeurs de femme de 43 ans avaient évolué. Il était important pour elle de bien manger et d'apprécier la compagnie des amis, tout comme de retrouver la vitalité, l'énergie et la force dont elle avait besoin pour apprécier pleinement son mode de vie.

Pour équilibrer les deux croyances, Maria et une amie de même sensibilité organisèrent à tour de rôle des dîners diététiques le week-end et se sont inscrites à une marche au profit d'une association pour la lutte contre les maladies cardiaques. Un an plus tard, Maria avait atteint son objectif de perte de poids sans renier son mode de vie axé sur le plaisir et était devenue un membre actif de l'association, ce qui l'aidait à bien garder à l'esprit l'importance de préserver sa santé. Bien qu'elle n'ait pas encore trouvé le temps de faire des rencontres, une ou deux idées l'avaient poussée à écrire un livre sur l'alimentation équilibrée et la gastronomie.

S'occuper de son corps

Tant qu'ils sont en bonne santé, la plupart des gens ont tendance à sous-estimer les attributs positifs dont ils disposent pour ne se concentrer que sur les zones corporelles qui leur déplaisent. À moins que vous ne décidiez d'inclure une opération esthétique radicale dans votre stratégie (et ce n'est pas pour rien que j'ai utilisé l'adjectif « radicale »), il est tout simplement impossible de changer des parties de votre corps. Le corps qui est le vôtre depuis la naissance fait suffisamment de miracles fonctionnels sans l'intervention excessive de son propriétaire. Votre corps mérite que vous le respectiez et en preniez le plus grand soin. Par conséquent, un bon point de départ pour une approche holistique de la santé (la santé holistique part du principe que la santé physique, la santé mentale et la santé émotionnelle sont autant d'éléments interconnectés et qui influent les uns sur les autres) est de prendre l'habitude d'être bien dans votre peau et de changer votre façon de considérer votre corps pour votre bien. Remplacez les pensées négatives à propos de votre corps qui surgissent dans votre esprit par des pensées positives. Que pouvez-vous déjà faire, avoir et qui pouvez-vous être avec le corps que vous avez ?

Pour résoudre les problèmes de santé et de bien-être, le coaching s'avère le plus efficace quand vous vous concentrez sur ce qui fonctionne déjà et quand vous cherchez à mieux l'exploiter ou à l'améliorer. Se focaliser sur la taille de son nez par rapport à celui des autres ne fait que vous rendre plus conscient de votre nez. Plein de gens dotés d'un tout petit nez aimeraient avoir des traits marqués tels que les vôtres !

Éviter les maladies

Être enrhumé l'hiver ou attraper le rhume des foins l'été est certes embêtant, mais c'est quand vous devez faire face à des maladies handicapantes que vous appréciez vraiment ce qu'être en bonne santé veut dire.

Le coaching fonctionne de manière optimale si vous vous concentrez sur des objectifs positifs, mais en matière de maladie, il faut parfois en imaginer les conséquences tant que vous êtes en bonne santé. Lorsque le problème est grave au point de vous pousser à opérer des changements, le chemin vers la guérison peut s'avérer tortueux (au sens propre comme au sens figuré).

Vous ne pouvez contrôler totalement l'influence de l'hérédité et des facteurs environnementaux sur votre santé. Mais, quels que soient votre patrimoine héréditaire et l'air que vous respirez, vous pouvez prendre une part active dans l'amélioration de votre alimentation et de l'exercice pratiqué. Ces deux éléments peuvent avoir des répercussions significatives sur votre santé actuelle et future.

Le meilleur carburant pour votre corps

Que faut-il manger pour être en bonne santé ? L'État et les médias proposent un tel éventail déconcertant de conseils (souvent contradictoires) en matière de choix alimentaires que vous pouvez être tenté de les ignorer et d'apprécier la bonne chère en fonction de vos préférences. Sinon, vous pouvez devenir un accro des régimes et passer très rapidement d'un programme miracle à l'autre.

La perte de poids n'est qu'un aspect de la prévention des maladies, mais il est particulièrement important si vous êtes très loin du poids raisonnable. Mais voici d'autres considérations à prendre en compte. Les aliments que vous mangez peuvent influer sur votre humeur et votre énergie, être à l'origine d'allergies ou avoir un impact sur l'asthme par exemple. L'alimentation peut être un produit nourrissant ou un poison en fonction de sa nature et de la façon dont vous en usez ou abusez. Si vous planifiez tout, pourquoi ne pas prendre également le temps de mettre en place une approche concernant l'utilisation du carburant qui vous permet de vivre pleinement votre vie ? Vous n'envisageriez pas de mettre de l'essence de mauvaise qualité dans votre voiture ? Sélectionnez avec autant de soin votre alimentation pour demeurer en bonne santé, votre corps a bien plus de valeur que votre voiture.

La plupart des nutritionnistes s'accordent à dire qu'il faut éviter les aliments traités, boire beaucoup d'eau, manger équilibré et avec modération. (Jetez un œil à *Bien s'alimenter pour les Nuls* aux Éditions First. Vous y découvrirez plein de conseils avisés pour avoir une alimentation saine.) Faites le bon choix de carburant pour votre corps en fonction du mode de vie souhaité :

- **Pourquoi êtes-vous poussé à manger certains aliments dont vous savez pourtant qu'ils ne sont pas bons pour votre santé ?** Mangez-vous plein de chocolat quand vous n'avez pas le moral ? L'alcool vous permet-il de vous mettre dans l'ambiance de la fête ? Quels autres éléments peuvent vous aider à vous sentir bien ?

- **Quelles sont vos habitudes alimentaires saines ?** Prenez-vous le temps d'apprécier vos repas sans être distrait par la télévision ? Prenez-vous le temps de cuisiner de bons repas ?

- **Manger et boire constituent-ils une récompense ?** C'est parfait tant que vous ne dépassez pas les bornes. Quelles autres récompenses peuvent vous satisfaire de meilleure façon ?

- **Êtes-vous obligé d'adopter un état d'esprit « régime » pour perdre du poids ?** Comment pouvez-vous changer votre attitude de façon à adapter en permanence vos habitudes alimentaires et à faire les bons choix dans votre vie ?

Chapitre 14 : Le bien-être physique, mental et émotionnel

Pour cette activité, faites les bons choix alimentaires en vous posant les questions suivantes et en inscrivant les réponses dans votre journal (voir les chapitres de la deuxième partie pour une explication détaillée de chaque thème) :

- **Question pertinente :** Quel genre de relation est-ce que je souhaite avoir avec l'alimentation ?

- **Style personnel :** En quoi mon mode de vie influe-t-il sur les aliments que je choisis ? (Est-ce que j'aime m'amuser, passer du temps tout seul, prendre les choses calmement ou vivre à cent à l'heure ?) En quoi mon environnement m'aide-t-il ou m'empêche-t-il de faire des choix judicieux ?

- **Croyances :** Quelles croyances à propos de l'alimentation m'empêchent d'avoir et de conserver une santé satisfaisante ? À quel point suis-je dépendant d'habitudes alimentaires qui ne sont pas bonnes pour ma santé ?

- **Motivation :** En quoi la planification d'une stratégie d'alimentation personnelle peut-elle me permettre de vivre en accord avec mes valeurs profondes ? Quelles sont les répercussions d'une attitude de respect envers mon corps ?

- **Ce qui fonctionne :** En quoi mes choix alimentaires actuels sont-ils satisfaisants ? Grâce à quels aliments je me sens en bonne santé ? Quels aspects de ma santé sont négligés à cause de mon alimentation actuelle ? Que dois-je changer pour aller de l'avant ?

- **Explorer les options :** Quels choix en matière de santé et options de mode de vie puis-je explorer ? Comment rester objectif ? Comment contrôler les conseils alimentaires reçus ? Parmi ces options, quelles sont celles qui me plaisent le plus et correspondent le mieux à mes préférences naturelles ?

- **Passer à l'action :** Quelle est ma première mesure pour manger sainement ? Quel temps puis-je consacrer à la planification de mon approche ? Comment puis-je savoir si je fais des progrès ? Que puis-je faire pour fêter mes succès ?

Trouver la forme d'exercice qui convient le mieux

La protection contre la maladie ne se fait pas uniquement via l'alimentation. Votre corps est fait pour être utilisé et l'exercice physique constitue l'huile qui permet à tous les rouages de la machine de bien fonctionner. La pratique régulière de l'exercice physique accroît votre résistance aux infections et augmente le niveau d'*endorphines* (substances chimiques produites par le corps et qui bloquent la douleur), vous faisant ainsi vous sentir mieux.

La pratique très légère et quotidienne de l'exercice physique vous protège tout autant de la maladie que les programmes sportifs intensifs.

Qu'est-ce qui vous empêche de vous engager à faire de l'exercice ? De bonnes raisons expliquent les difficultés à mettre en place un programme et à être assidu. Mais si vous êtes honnête avec vous-même, reconnaissez avoir des excuses que vous débitez de temps en temps. Le tableau 14.1 montre des excuses courantes ainsi que des questions et affirmations de coaching pour vous aider à rompre le cycle.

Tableau 14.1 : Aller au-delà de ses excuses pour ne pas faire d'exercice

Excuse	*Questions de coaching*
Je n'ai pas le temps de faire de l'exercice.	Qu'est-ce que je peux arrêter de faire trois fois par semaine pendant 30 minutes pour me dégager du temps ? (Par exemple, regarder la télévision ou veiller tard, ce qui vous empêche de mettre le réveil plus tôt le matin.)
Faire de l'exercice, c'est ennuyeux.	Quel type d'exercice m'amuserait ? (Par exemple, danser la salsa, faire de la corde à sauter dans le jardin, apprendre la boxe.)
L'inscription dans les clubs de sport coûte cher.	Comment puis-je me construire ma salle de sport chez moi et inviter mes amis pour accroître ma motivation ?
Je culpabilise de passer du temps à m'occuper de moi.	Quand je suis en bonne santé et en forme, je donne le meilleur moi aux personnes que j'aime.
Je suis gêné quand je fais de l'exercice.	Personne ne me regarde et, même, ils ne peuvent pas savoir ce que je ressens.

Le secret de la forme optimale réside dans la pratique quotidienne de l'exercice physique pendant 15 à 30 minutes et avec une intensité ou une vitesse légèrement supérieures à la moyenne. Pas besoin d'adhérer à un club de sport ou d'investir dans du matériel coûteux. Par exemple, vous pouvez marcher plus souvent, un peu plus vite et un peu plus longtemps pour être en forme. La marche est l'exercice idéal car elle est moins traumatisante pour les articulations que la course, ne nécessite aucun équipement spécial à part de bonnes chaussures confortables, et peut être associée à d'autres activités agréables en compagnie de la famille ou d'amis, ou simplement être intégrée à votre routine quotidienne. Un podomètre (gadget qui mesure le nombre de pas effectués) simple et bon marché vous permettra d'évaluer votre progression.

Quelle activité journalière très simple pouvez-vous intégrer à votre routine ? Qu'est-ce qui peut vous empêcher de la transformer en habitude ? Qu'est-ce qui peut contribuer à créer cette habitude ? Quand pouvez-vous démarrer ?

La section suivante vous donne d'autres conseils pour choisir un type d'exercice adapté à votre profil.

Chapitre 14 : Le bien-être physique, mental et émotionnel

Force, énergie et forme au rendez-vous

Si vous êtes déjà en assez bonne santé, vous souhaitez peut-être franchir un palier supplémentaire en matière de forme. S'il s'agit là de votre objectif de santé, il vous faut passer à la vitesse supérieure et vous engager à suivre un programme soutenu qui vous permettra de mener l'activité choisie cinq jours sur sept pendant 30 à 60 minutes à chaque fois et de voir votre état de forme réellement changer.

Pourquoi souhaitez-vous être plus en forme ? Pour avoir plus de vitalité au quotidien, pour renforcer votre ossature et vos articulations, pour améliorer votre tonicité, pour paraître et vous sentir plus jeune, pour diminuer votre niveau de stress, pour être capable de jouer avec vos enfants, pour avoir fière allure ? Tous ces objectifs et bien d'autres encore sont à votre portée si vous choisissez la bonne stratégie. Pour profiter de tous ces bienfaits, gardez à l'esprit ceci :

- choisissez différentes formes d'activité physique ;
- fixez-vous des objectifs à long terme réalistes ;
- acceptez la nécessité de passer beaucoup de temps à poursuivre vos objectifs de santé, parfois au détriment d'autres priorités ;
- choisissez la forme d'activité qui vous convient, vous inspire et vous incite à être assidu.

Comme pour l'alimentation, l'approche du coaching est destinée à vous faire faire le bon choix par rapport à votre situation actuelle. Pour des résultats sur le plan cardio-vasculaire, vous pouvez choisir la marche, la course à pied, des sports tels que le tennis et le squash, le football, la danse du ventre, la natation, etc. Pour la force et la tonicité, optez pour le yoga, le Pilates, la musculation ou les arts martiaux. Pratiquées à un niveau élevé, bon nombre de ces activités allient les bienfaits du travail cardio-vasculaire et de celui axé sur la tonicité et la force.

Cette activité va vous aider à choisir le type d'exercice qui vous convient le mieux. Identifiez jusqu'à six activités dont vous estimez qu'elles vont vous aider à atteindre votre objectif. Étudiez-les toutes un peu pour voir si elles sont adaptées à votre niveau actuel. Choisissez des activités qui vous attirent. Si, à l'école, vous n'étiez vraiment pas prédisposé pour les sports demandant une bonne coordination œil/main tels que le tennis, vous feriez preuve d'un peu de masochisme si vous décidiez d'emprunter cette voie. Soyez plutôt créatif et associez les options existantes :

1. **Inscrivez chacun de vos six choix sur un bout de papier séparé.**

2. **Notez sur d'autres morceaux de papier chacune des personnes qui pourraient vous accompagner dans votre activité.**

3. Notez sur six autres bouts de papier les horaires et les contextes dans lesquels vous pourriez vous adonner à ces activités.

4. **Mélangez chaque tas séparément et prenez le premier bout de papier de chaque tas.** Qu'obtenez-vous ? S'agit-il d'une option séduisante et facile à mettre en place ? Prenez les trois papiers suivants et voyez si l'association vous convient. Allez jusqu'au bout puis mélangez de nouveau jusqu'à ce que le tirage corresponde à ce que vous voulez vraiment faire. Vous verrez ainsi votre projet d'un nouvel œil et vous vous jetterez peut-être sur le téléphone afin de planifier l'activité le plus rapidement possible.

S'impliquer vraiment dans l'activité physique choisie

Les recherches montrent que les meilleurs résultats s'obtiennent lorsque vous êtes totalement concentré sur l'activité choisie et pendant toute sa durée. Par conséquent, les personnes que vous voyez à la salle de sport en train de lire un magazine tout en pédalant, ou de discuter pendant qu'elles courent sur un tapis, tirent probablement plus de plaisir qu'elles n'obtiennent de résultats en matière de forme physique. (Et tant mieux si leur objectif est de passer un bon moment. Les salles de sport peuvent s'avérer excellentes pour se bâtir une vie sociale !) Pour bien focaliser votre attention sur l'activité physique ou le sport, choisissez-en un qui vous intéresse.

Vos choix initiaux peuvent ressembler à ceux du tableau 14.2 :

Tableau 14.2 : Vos choix pour acquérir une bonne forme physique

QUOI	QUI	COMMENT
Danse du ventre	Amis	Matin
Course à pied	Famille	Heure du déjeuner
Marche	Seul	Soir
Tai-chi	Voisins	Cours hebdomadaire
Natation	Collègues de travail	Cours intensif
Tennis	S'inscrire dans un club	Week-end

Prendre soin de son bien-être mental et émotionnel

Des études récentes sur le bonheur montrent que 20 % de ce qui nous rend heureux dans la vie proviennent de caractéristiques personnelles telles que notre conception de la vie, notre souplesse d'esprit, notre ouverture d'esprit vis-à-vis du changement et notre résistance. Une personnalité intrépide rebondit rapidement après des échecs et généralement de manière positive. Vous devez une partie de votre attitude face à la vie à votre patrimoine héréditaire, mais vous pouvez prendre une part active au développement de votre santé mentale et émotionnelle. Le coaching est un excellent outil de base pour améliorer votre bien-être émotionnel car vous remettez en cause des modèles de pensée et comportements néfastes et vous vous fixez des objectifs stimulants qui contribuent au maintien d'une motivation élevée et à votre épanouissement.

Gérer ses émotions

Exprimez-vous vos émotions facilement ou les enfouissez-vous profondément jusqu'à ce que cela explose au pire des moments ? Êtes-vous en permanence conscient de vos émotions ou vous arrive-t-il d'être parfois contrarié sans parvenir à savoir pourquoi ? Il faut de l'entraînement pour connaître son éventail d'émotions et il peut être difficile de décrire ses sentiments aux autres tant que l'on ne sait pas exactement à quoi ils correspondent.

Marshall Rosenberg, spécialiste de la résolution des conflits, a inventé une approche appelée *communication non violente* qui prône la parole avec le cœur dans toutes les formes d'interactions. Cette méthode vous aide à avoir plus d'assurance, à dire ce que vous pensez et ce dont vous avez besoin d'une façon non menaçante pour l'autre. La communication non violente commence par l'écoute de ses sentiments. Pensez à ce que vous ressentez lorsque vos besoins sont satisfaits : vous êtes content, joyeux, fier, inspiré, motivé, surpris, enthousiaste, reconnaissant. Chacun ressent ces émotions à sa façon, mais vous avez peut-être l'habitude de coller une seule étiquette à nombre d'entre elles ; par exemple : « Je suis heureux aujourd'hui. » Maintenant, pensez à ce que vous ressentez lorsque vos besoins ne sont pas satisfaits : vous êtes en colère, frustré, perplexe, énervé, isolé, amer, déçu.

Plus vous identifiez avec précision vos sentiments, plus vous pouvez exprimer avec clarté ce dont vous avez besoin dans une situation pour aller vers une émotion plus positive. L'activité suivante va vous aider à identifier certaines émotions :

1. **Inscrivez sur un papier un maximum d'émotions positives.** Rappelez-vous de situations au cours desquelles vous avez ressenti ces émotions et décrivez les symptômes physiques associés. Pour vous, la « joie » est peut-être comme la « fierté », avec une sensation de chaleur au niveau de la gorge. Quand vous êtes « motivé », vous ressentez une tension agréable au niveau de l'abdomen. Notez les similitudes et différences entre chaque émotion positive.

2. **Faites la même chose avec les émotions négatives.** La « colère » vous provoque peut-être une tension au niveau des épaules tandis que la « solitude » vous procure une sensation de vide dans l'estomac.

3. **Revivez certaines émotions agréables déjà identifiées en vous concentrant sur les pensées et les souvenirs qui déclenchent les sensations physiques associées.** En vous remémorant le moment où vous avez ressenti de la « fierté », essayez de reproduire la même sensation de chaleur au niveau de la gorge même si vous venez d'avoir une réaction désagréable juste auparavant. Remarquez comme vous pouvez rapidement opérer des changements corporels qui influent directement sur votre humeur. Continuez de vous entraîner. Il faut parfois un peu de temps pour bien parvenir à modifier son état de la sorte.

4. **Armé de cette conscience, surprenez-vous à repérer vos sentiments tout au long de la journée.** Quand quelqu'un vous coupe la route à un rond-point que ressentez-vous ? De la colère ? De la frustration ? Un certain rejet ? Vous pourriez bien être surpris de la véritable émotion se cachant derrière l'élément déclencheur et découvrir qu'elle peut varier en fonction de votre humeur du moment.

Il est déjà bien de reconnaître ses émotions. Les exprimer de façon à faire passer clairement le message et à faire progresser la situation vers un bien-être émotionnel salutaire constitue l'étape suivante. Pensez à votre dernière vive dispute avec un proche. Avez-vous dit et entendu des paroles blessantes et difficilement pardonnables ? Une fois la tension retombée, vous vous rendez compte que vous ne pensiez pas vraiment certains de vos propos. Bien qu'il soit bon de vider son sac, laisser une situation atteindre des proportions exagérées à cause de la libération d'une émotion forte est rarement utile.

Désamorcez un peu les crises en gardant à l'esprit la nature de vos besoins. Vous vous sentez par exemple frustré ou négligé dans votre couple. Exprimez-vous en décrivant les raisons derrière ce sentiment, sans avoir recours à une condamnation en bloc du style : « Tu n'as jamais de temps pour moi. » Aidez l'autre en expliquant les mesures à prendre pour résoudre le problème.

N'oubliez pas de fêter vos émotions heureuses et positives. Vous pouvez amplifier votre bien-être émotionnel en prenant simplement note des choses contribuant à votre bonheur et en prenant la peine de vérifier que ces éléments sont bien présents dans votre vie. Il y a bien une raison pour que vous soyez plein d'enthousiasme certains matins. Certains éléments déclencheurs contribuent à l'apparition de ce sentiment, peut-être le sourire d'un inconnu ou un courriel de soutien que vous n'aviez pas vraiment remarqué à l'époque. Identifier ces éléments déclencheurs revient à trouver sa formule magique personnelle du bonheur pour une utilisation ultérieure.

Jouer sur les sensations physiques pour modifier ses émotions

Les émotions libèrent dans votre organisme des substances chimiques qui affectent directement votre état physique. L'inquiétude et l'anxiété peuvent provoquer les symptômes suivants : gorge sèche, mains moites, nausées. Souvent, ces symptômes ne servent qu'à aggraver la situation, surtout si vous êtes sur le point de faire une présentation importante ou de prendre la parole en réunion. Au même titre que vous pouvez influer sur votre corps en modifiant vos pensées (voir section précédente), vous avez la possibilité de changer votre état émotionnel en jouant sur votre état physique. Voici quelques suggestions :

- **Ne vous contentez pas de penser à vos affirmations positives (voir chapitre 5). Isolez-vous et criez-les sur tous les toits.** Lâchez-vous complètement. Vous vous sentirez peut-être idiot sur le coup mais bien mieux après. Si cela vous refroidit, vous pouvez également mettre vos affirmations par écrit et les afficher là où vous pourrez les voir régulièrement.

- **Faites « comme si ».** Quand vous vous sentez tendu, votre corps se contracte également. Respirez profondément et lentement, gonflez la poitrine, marchez la tête haute comme si vous étiez la personne la plus confiante du monde. En ressentant l'oxygène affluer dans vos veines, vous commencez à sentir également la tension quitter votre corps.

- **Marchez d'un bon pas ou trottinez si vous pouvez.** Cinq minutes peuvent suffire à modifier votre état physique. Encore mieux, écoutez une musique enlevée et dansez.

- **Riez de bon cœur à une blague ou devant une comédie.** Non seulement le rire modifie votre état physique, mais l'humour agit directement sur votre cerveau et votre état mental. La comédie fonctionne car elle vous surprend en vous montrant quelque chose de bizarre, d'outrageux ou de fou. La comédie est un élément clé de la créativité, laquelle contribue grandement à modifier les modèles de pensée et sentiments néfastes (voir chapitre 15).

Développer une résistance mentale

Votre santé émotionnelle de tous les jours est liée à votre résistance mentale et à votre faculté de rebondir suite à un échec. Si vous avez l'impression d'être sur le point de craquer à cause de pressions externes et de perdre le contrôle, vous n'êtes pas le seul. De nombreuses personnes qui semblent parfaitement faire face aux épreuves ont à un moment de leur existence souffert de stress et de dépression.

L'être humain est bien moins ouvert à l'instabilité émotionnelle et mentale qu'à la maladie physique. Déceler les signes du stress susceptible d'entraîner une dépression ou une maladie physique est la première mesure à prendre pour traiter le problème. Le chapitre 16 vous en dit plus sur la façon de trouver le juste milieu entre le stress salutaire qui permet d'avancer et les symptômes néfastes et handicapants.

Qu'est-ce qui vous donne de la force mentale ? Si vous avez la vie que vous souhaitez et contrôlez ce que vous faites, vous vous sentez probablement fort et résistant. Qu'est-ce qui vous épuise mentalement et comment diminuer son impact ?

Le bonheur via la danse

Une équipe de six sociologues a mené une expérience fascinante pour un documentaire de la BBC intitulé *Making Slough Happy*. Cinquante volontaires se sont vu remettre un manifeste du bonheur à appliquer dans leur vie. Il est ressorti de cette expérience des conseils pratiques très simples : apprécier la nature, se réserver du temps pour bavarder avec un ami ou son conjoint, s'accorder chaque jour 30 minutes pour prendre soin de soi ou s'acheter une « bricole ».

Chose intéressante, le premier facteur nuisant au bonheur était de regarder trop longtemps la télévision. Bien que considérée comme une activité agréable pour de nombreuses personnes, elle n'en est pas moins passive et rend léthargique et nous lasse.

Conclusion surprenante de l'expérience, la danse paysanne procure beaucoup de bonheur. Cela est peut-être dû au fait que c'est une danse très physique, pour tous, et qu'il est pratiquement impossible de passer une soirée à danser sans rire. Alors, prenez votre partenaire par la main et en avant la musique !

Quatre stratégies de base peuvent vous aider à développer de la résistance mentale :

- **Obtenir du soutien.** Parlez aux personnes susceptibles de vous aider en cas de problème. Il s'agit parfois simplement d'un ami à votre écoute. Vous débrouiller seul ne vous rapportera pas la médaille du courage. Si votre baisse de moral persiste et vous submerge, consultez un médecin ou un psychologue.

- **Concentrez-vous sur votre priorité.** Vous avez peut-être besoin de prendre l'habitude de dire non de temps en temps. Quand vous vous sentez moins fort mentalement, vous avez parfois tendance à essayer de faire plus plaisir aux autres ou, à l'inverse, à vous mettre en colère dès qu'ils vous demandent quelque chose. Connaître ses objectifs et se les remémorer souvent peut constituer le contrôle de santé mentale nécessaire pour affirmer ses besoins.

- **Programmez-vous une activité régulière qui fait travailler les muscles émotionnels et mentaux.** Repérez les activités qui vous apaisent et vous font prendre du recul et faites en sorte qu'elles occupent une place importante dans votre vie. Il peut s'agir de la méditation ou d'un sport dynamique.

- **Ôtez-vous toute pression concernant vos performances.** Vous êtes la personne la plus importante de votre univers, mais votre entourage est bien trop occupé à gérer sa propre anxiété de la performance pour prêter attention à la vôtre. N'oubliez pas que vous n'avez pas besoin d'atteindre la perfection. Contentez-vous d'être suffisamment bon.

Chapitre 15
Se développer et grandir

Dans ce chapitre :
▶ Se développer à travers le changement
▶ Comprendre la puissance de son cerveau
▶ Donner un but et apporter une dimension ludique à sa vie

Les changements apportés grâce au coaching améliorent non seulement votre vie, mais vous aident également à grandir en tant que personne. En réalité, même sans l'objectif d'améliorer votre vie, vous trouvez en permanence de nouveaux moyens de grandir, de vous adapter et de changer, sous peine de voir votre joie de vivre diminuer à cause d'une certaine accoutumance au *statu quo*. Le coaching est une technique formidable pour le développement personnel car il vous permet d'acquérir plus vite et plus efficacement de nouvelles habiletés. Accroître sa compréhension des choses et sa conscience de soi devient ainsi un objectif de vie.

La façon dont vous assimilez de nouvelles informations et idées, votre recherche du plaisir et des loisirs et l'importance que vous accordez au bien-être spirituel sont autant d'aspects du développement personnel. Ce chapitre se penche sur les moyens d'accélérer l'obtention de résultats dans tous les domaines de votre vie, en exploitant vos talents naturels afin d'absorber les nouvelles expériences et de les intégrer à votre univers. Vous allez également découvrir les choses ayant vraiment un sens pour vous.

L'apprentissage est excellent pour vous

Pour commencer, au sens de la vie en général, l'apprentissage n'a pas grand-chose à voir avec ce que vous avez connu à l'école. Il s'agit simplement d'un cycle : évaluation des informations vous parvenant, prise de décisions, action et analyse des résultats pour mieux s'y prendre la prochaine fois.

Ces vingt dernières années, la recherche sur l'apprentissage accéléré ou intelligent a permis de trouver des choses fascinantes qui pourraient expliquer pourquoi tant de personnes « déconnectent » et ne tirent apparemment pas autant parti de leur scolarité que d'autres. L'*apprentissage accéléré* consiste à employer la puissance des hémisphères gauche et droit de votre cerveau (voir la section « Exploiter la puissance de son cerveau », plus loin dans ce chapitre). Des moments passionnants se profilent, car les écoles, les organismes de formation pour adultes et le monde du travail commencent à intégrer ces nouvelles théories. L'apprentissage accéléré a le potentiel nécessaire pour améliorer la qualité de vie et l'efficacité des entreprises.

Être à son meilleur niveau

Est-il capital à vos yeux d'avoir pour objectif de devenir compétent dans tout ce que vous faites, de maintenir ce niveau et d'apprécier les fruits de votre travail ? Eh bien, devenir compétent dans un domaine est un excellent objectif, mais il existe toujours un niveau au-dessus du sien. Tôt ou tard, si vous souhaitez progresser pour afficher votre meilleur moi, vous devrez consentir à pouvoir être incompétent régulièrement afin de vous battre pour reprendre votre progression vers le niveau supérieur. Ce processus ressemble à une spirale qui vous amène vers les niveaux supérieurs, comme le montre la figure 15.1.

Figure 15.1 : La spirale de la connaissance.

Essayez d'appliquer la spirale de la connaissance aux leçons de conduite :

- **Stade 1 :** vous êtes enthousiaste, prêt à apprendre et vous ignorez complètement l'étendue des difficultés qui vous attendent. Qu'importe, ça a l'air si facile pour les autres. Vous ne savez pas encore ce que vous ignorez !

✔ **Stade 2** : vous commencez à être un peu paniqué et déconcerté et vous prenez soudain conscience à quel point vous êtes maladroit ou ignorant. Vous avez beaucoup de choses théoriques et pratiques à apprendre et à retenir et vous vous demandez pourquoi vous pensiez que conduire ne posait aucune difficulté. Vous êtes désormais parfaitement conscient des choses que vous ne savez pas et que vous pouvez faire correctement.

✔ **Stade 3** : vous avez désormais plus confiance et vous êtes fier des progrès accomplis, bien que vous fassiez encore craquer la boîte de vitesses ou oubliez encore parfois certains panneaux de signalisation.

✔ **Stade 4** : cela fait maintenant assez longtemps que vous avez réussi l'examen. Vous ne réfléchissez plus à la façon de conduire mais le faites spontanément. Vous vous sentez parfaitement bien la plupart du temps, mais il vous arrive de vous demander si vous êtes aussi bon conducteur que le jour de l'examen. Le moment est peut-être venu de prendre quelques leçons de conduite sur circuit pour affiner votre technique ?

Parvenir au stade 4 a souvent du bon et du mauvais. Vous êtes à l'aise parce que vous maîtrisez parfaitement ce que vous faites, mais si vous demeurez trop longtemps à ce stade, vous pouvez prendre de mauvaises habitudes et sentir l'ennui et la suffisance s'installer. Pensez maintenant aux différents domaines de votre vie. À quel stade en êtes-vous ? Si vous venez de prendre vos fonctions à un nouveau poste, vous vivez peut-être l'optimisme enivrant du stade 1, mais comment vous préparez-vous à l'éventuelle frustration du stade 2 ? Vivez-vous en couple depuis longtemps, en pensant tout connaître de l'autre ? La suffisance du stade 4 est peut-être apparue. Comment faire entrer votre relation dans une autre dimension et découvrir des choses nouvelles chez l'autre ? Ou alors, vous travaillez d'arrache-pied à la réalisation de vos objectifs de forme physique et vous affinez votre technique dans un nouveau sport. Comment vous propulser au stade 4 afin de ressentir le bien-être provenant de la compétence inconsciente ?

Exploiter la puissance de son cerveau

Les choix que vous faites et les actions que vous entreprenez conditionnent les résultats que vous obtenez dans votre vie et découlent de votre façon de penser et d'utiliser la puissance de votre cerveau. Vous développez naturellement des préférences en termes de pensée qui fonctionnent bien la plupart du temps. Vous ne voyez donc peut-être pas la nécessité de vous dépasser. À moins que vous ne changiez votre façon de penser, vous obtenez toujours les mêmes résultats car vous optez probablement pour les mêmes actions et comportements. Mais vous pouvez développer d'autres modes de raisonnement et obtenir des résultats différents si vous mobilisez d'autres parties de votre cerveau.

Très schématiquement, votre cerveau comprend deux parties qui œuvrent de concert pour produire les meilleurs résultats. Le tableau 15.1 résume les différences entre votre cerveau gauche et votre cerveau droit.

Tableau 15.1 : Les différences entre les hémisphères gauche et droit de votre cerveau

Votre cerveau gauche se concentre sur :	*Votre cerveau droit se concentre sur :*
D'abord les détails puis la vision d'ensemble	D'abord la vision d'ensemble puis les détails
Les faits	L'intuition
La logique	L'imagination
Les théories	Les expériences
Les structures	Les modèles
L'organisation	La spontanéité
Ce qui est tangible	Ce qui est possible

L'hémisphère gauche de votre cerveau excelle dans le traitement de petites fractions de données, l'analyse des séquences et structures, la production de théories, et la logique et l'analyse des problèmes. Il est très utile lors de l'élaboration d'une stratégie afin de reconstituer un puzzle de 5 000 pièces. Vous triez les pièces, recherchez d'abord les coins, assemblez le pourtour puis commencez à réunir les petites pièces. Puis (cinq mois plus tard), vous réussissez enfin à reconstituer la vision d'ensemble. Votre cerveau gauche rassemble les informations avec logique en partant des parties pour aller vers l'ensemble. Le cerveau gauche est surtout sollicité à l'école, en partie parce que son activité est plus facile à évaluer que celle du cerveau droit.

L'hémisphère droit de votre cerveau n'a pas son pareil pour percevoir la vision d'ensemble et produire ces bonds intuitifs qui semblent venir de nulle part. Il vous aide à prendre du recul, à observer pendant une ou deux secondes le puzzle à moitié terminé, choisit une pièce apparemment de manière aléatoire et sait exactement où elle va. Votre cerveau droit décompose intuitivement les informations en partant du tout pour aller vers les parties. Si vous préférez solliciter votre cerveau droit, à l'école, vous étiez peut-être du genre à mieux retenir des choses dans les activités non structurées faisant la part belle à l'imagination que dans celles où la logique et l'ordre prédominaient, plutôt conçues pour le cerveau gauche.

Si vous utilisez uniquement votre intuition (cerveau droit), vous ne terminerez pas plus vite votre puzzle que si vous n'employez que les procédures réservées à votre cerveau gauche. En réalité, les deux hémisphères collaborent. Vous alliez donc la logique et les intuitions brillantes.

Il vous suffit probablement de comparer les deux listes du tableau 15.1 pour voir quel hémisphère cérébral vous avez tendance à solliciter le plus et sur quels domaines vous devez maintenant vous concentrer pour améliorer vos résultats. Souhaitez-vous disposer de tous les faits avant de prendre une décision ? Vous pouvez peut-être apprendre à écouter votre intuition de temps en temps afin de voir en quoi cela influe sur les résultats obtenus, à moins que vous ne préfériez vous lancer dans une tâche et suivre le mouvement. Alors essayez d'être plus structuré pour améliorer vos résultats.

La faculté de gérer les faits, les données, la logique et de réussir un examen n'est qu'un aspect du succès. L'apprentissage accéléré conduit à des comportements équilibrés qui débouchent sur des résultats bien meilleurs dans l'ensemble.

Utiliser le coaching signifie se laisser des choix, innover et explorer divers itinéraires. Ce faisant, vous découvrez de meilleures méthodes d'obtenir ce que vous voulez et ce dont vous avez besoin dans la vie. Exploiter la partie en sommeil de son cerveau et la faire fonctionner au rythme de celle qui vrombit joyeusement permet d'en faire deux fois plus qu'auparavant.

Comment développer vos capacités cérébrales générales pour obtenir de meilleurs résultats, en matière de coaching et dans votre vie ? Voici quelques suggestions :

- **Quand vous fixez vos objectifs, prenez le temps de les mettre par écrit (activité du cerveau gauche) et visualisez-les ou dessinez-les (activité du cerveau droit).** Votre cerveau dans son ensemble va ainsi identifier l'instruction que vous lui donnez.

- **Faites des mots croisés ou des sudokus pour faire travailler l'ensemble de votre cerveau.** Les mots croisés sont excellents pour les deux hémisphères car ils vous font utiliser la logique et le langage ainsi que la pensée intuitive. Le sudoku n'est pas qu'une question de chiffres (cerveau gauche), mais fait aussi entrer en jeu la reconnaissance des modèles (cerveau droit).

- **Réservez-vous des plages de repos.** Pour une efficacité maximale, le délai de concentration sur une tâche ne doit pas excéder 90 minutes. Passé ce délai, votre cerveau a besoin de se reposer pendant 20 minutes. (Changer de tâche fait aussi l'affaire, alors pas question de piquer un roupillon sur votre bureau !)

> ### Le jeu peut vous redonner goût à la vie
>
> Une étude passionnante sur un groupe d'orphelins indique que le jeu, loin d'être une activité futile, est essentiel au développement voire à la survie de l'être humain. En 1999, l'hôpital pédiatrique de Sighisoara, en Roumanie, a créé le premier poste d'animateur spécialisé dans l'apprentissage par le jeu du pays, avec un animateur qui enseignait un programme d'apprentissage par le jeu à l'université de Leeds. Les enfants de l'hôpital avaient tous subi de tels traumatismes et négligences qu'ils passaient leur temps assis à se balancer, emmurés dans leur univers. On avait diagnostiqué chez eux de graves retards sur le plan mental et ils étaient voués à aller dans un hôpital psychiatrique pour enfants.
>
> Au bout de quelques mois d'activités par le jeu dirigées par l'animateur, tous les enfants avaient réalisé des progrès jugés auparavant impossibles par de nombreux experts à cause de la gravité de leurs troubles. Un grand pourcentage de ces enfants ont ensuite été adoptés ou placés en famille d'accueil et il semble évident que leur transformation rapide était surtout due à l'introduction d'activités axées sur le jeu.
>
> Si le jeu est si important pour le développement d'un enfant, imaginez quel rôle il peut jouer dans votre évolution en tant qu'adulte.

Jouer au jeu de la vie

Vous souvenez-vous comment vous jouiez étant enfant ? Vous étiez totalement absorbé par ce que vous faisiez, communiquiez avec les autres, passiez librement d'une activité à l'autre, trouviez toutes sortes d'approches inventives qui défiaient toute logique. Le jeu vous a permis de fréquenter et d'interagir avec les autres et vous a également aidé à acquérir de nouvelles habiletés sans vous sentir anxieux ou sous pression.

Le niveau d'apprentissage le plus élevé de l'être humain se situe dans les sept premières années de sa vie. Lorsque la scolarité débute, vous commencez à apprendre d'autres habiletés, comment raisonner et faire preuve de logique. Le jeu et la logique sont tous deux très utiles dans la vie, mais le développement par le jeu est bien plus orienté vers le cerveau droit et donc difficile à évaluer. Voilà pourquoi le système éducatif favorise les activités sollicitant le cerveau gauche, plus facilement mesurables. En grandissant, vous abandonnez des choses de l'enfance et vous vous sentez un peu ridicule si vous y revenez. Même si, secrètement, vous adorez toujours prendre des crayons de couleur et jouer avec votre nièce ou neveu, vous avez peut-être le sentiment de ne pouvoir raisonnablement sortir votre cahier de coloriages quand il n'y a pas d'enfants dans les parages !

Qu'aimiez-vous faire étant enfant qui vous est « passé avec le temps » ? Qu'y avez-vous perdu ? Comment pourriez-vous l'intégrer de nouveau dans votre vie ? Vous avez peut-être remplacé des activités très simples telles que faire du vélo avec vos amis par d'autres ayant un côté plus « adulte » telles que fréquenter les salles de sport. Elles sont tout aussi louables, mais retrouver le sentiment de plaisir et d'amusement que vous aviez en pratiquant des activités d'enfant peut présenter des avantages inattendus.

Tirer parti d'une approche basée sur le jeu

Voici les avantages que présente l'adoption d'une approche de la vie plus ludique :

- **Vous appréciez les solutions créatives pour votre vie.** Ayez un peu d'imagination enfantine et posez-vous de temps en temps une question non axée sur la logique. Par exemple, « Si ce problème était une couleur, un animal, une ville, quel serait-il ? »

- **Vous commencez à voir les choses plus clairement.** Les enfants voient les choses de leur univers avec une honnêteté brutale. Mais ils apprennent vite à ne pas montrer du doigt la grand-tante Marguerite en disant qu'elle a un gros derrière. Ils découvrent donc la diplomatie et apprennent à rester silencieux. Cela passe ensuite au stade des pieux mensonges pour éviter de blesser l'autre. Vous êtes peut-être tellement habitué à ce que la vérité soit travestie qu'il vous est parfois difficile de voir les choses de manière claire. Les jeunes enfants sont généralement honnêtes avec eux-mêmes jusqu'à ce qu'ils apprennent à agir autrement. Ce talent inné peut vous aider à éliminer l'anxiété des mésaventures et autres problèmes quotidiens. Demandez-vous « Qu'est-ce qui est réellement vrai pour moi ? En quoi est-ce que je dissimule la vérité afin d'éviter d'affronter quelque chose ? »

- **Vous appréciez plus votre voyage.** Demandez-vous de temps en temps « Est-ce que je m'amuse encore ? » pour vous éviter de prendre votre activité ou vous-même trop au sérieux. Cherchez des moyens de mettre un peu de gaieté dans tout ce que vous faites.

- **Vous commencez à sonder plus souvent sous la surface.** Jouez seul de temps en temps au jeu des pourquoi. Pour aller au cœur d'un problème, posez-vous une première question commençant par pourquoi, puis enchaînez avec quatre « pourquoi » de suite par rapport à la réponse précédente. Voici un exemple. *Pourquoi* est-ce je fais encore ce boulot que je déteste ? Pour gagner de l'argent. *Pourquoi* ? Pour me payer plus de vacances. *Pourquoi* ? Pour m'amuser plus. *Pourquoi* ? Parce que je me sens malheureux la plupart du temps. *Pourquoi* ? Parce que j'en reviens toujours à ce boulot que je déteste !

Tirer le meilleur parti de son temps libre

Les habitudes prises pendant votre temps libre influent beaucoup sur votre bonheur de vivre. Les week-ends et vacances sont peut-être le principal moyen pour vous de faire retomber le rythme effréné de votre vie. Il se peut que vous n'ayez vraiment pas envie de vous lancer des défis supplémentaires. Vos vacances idéales consistent peut-être à lézarder au bord de la piscine, afin de reprendre ensuite votre routine quotidienne, détendu et les accus rechargés.

Mais vérifiez de temps en temps vos hypothèses. Quelles ont été vos plus belles vacances et pourquoi ? Pourquoi retournez-vous toujours au même endroit ou prenez-vous chaque année le même type de vacances, parce que cela vous fait du bien ou parce que c'est devenu une habitude ? Trouvez-vous que vous avez besoin ou envie de plus en plus de temps pour recharger vos accus ? Vous jugez-vous moins en forme après une semaine d'inactivité ? Vous en êtes peut-être au stade où le degré de stress subi dans certains domaines de votre vie est supérieur à celui qui est salutaire pour votre équilibre (si c'est le cas, lisez le chapitre 16, qui traite la gestion du stress et les méthodes pour retrouver son équilibre).

Votre manque d'énergie s'explique peut-être autrement. Connaissez-vous des gens qui ne semblent jamais arrêter de faire des choses ? Ils s'occupent de plusieurs projets au travail et, à la maison, passent leurs vacances à apprendre la chute libre ou à faire de l'alpinisme. Parfois, plus vous en faites, plus vous avez d'énergie.

Analysez bien vos loisirs et voyez comment allier au mieux la détente *et* l'action. Vous vous êtes promis d'apprendre une langue ? Plutôt que de vous inscrire à un cours du soir difficile à « caser » dans votre semaine déjà bien chargée, vous pouvez chercher à faire un stage à l'étranger pendant vos vacances, au cours duquel vous vous amuserez « en cours » le matin et vous vous détendrez ou ferez du tourisme l'après-midi. Pour varier les plaisirs, par exemple, si vous passez habituellement vos vacances en famille, prévoyez une brève escapade en solo afin de vous retrouver avec vous-même.

Les loisirs sont un moyen de développement personnel et un espace merveilleux qui permet tout simplement de « vivre » pendant un moment, avant de vous replonger dans le cœur de l'action.

Trouvez un endroit calme et posez-vous les questions suivantes afin de rendre vos loisirs plus agréables :

- **Question ouverte pertinente :** Quel rôle est-ce que je souhaite attribuer aux loisirs dans ma vie ?
- **Style personnel :** Est-ce que j'ai un naturel actif ou réfléchi ? Est-ce que je privilégie les activités orientées vers le cerveau gauche ou vers le cerveau droit ? Qu'est-ce qui me donne de l'énergie ?
- **Croyances :** Quelles croyances à propos du « repos » pourraient limiter mon plaisir ? Quelles contraintes est-ce que j'associe aux loisirs ? En quoi est-ce que j'accorde une priorité moindre aux loisirs ?
- **Motivation :** Qu'est-ce que je peux réaliser pendant mon temps libre qui irait dans le sens de mes valeurs fondamentales ? Quel objectif attirant augmenterait le plaisir éprouvé à m'adonner à mes centres d'intérêt préférés ?
- **Ce qui fonctionne :** En quoi mes choix en matière de loisirs sont-ils satisfaisants ? Parmi les compromis que je fais, lesquels me déplaisent ?
- **Explorer les options :** Comment pourrais-je essayer différentes approches en matière de loisirs ? Comment tester les choix qui me conviennent ?
- **Passer à l'action :** Quelle est ma première mesure ? Quel temps puis-je consacrer à la planification de mon approche ? Comment puis-je savoir si je fais des progrès ? Que puis-je faire pour fêter mes succès ?

Entrer en contact avec sa spiritualité

L'acquisition des connaissances et l'évolution personnelle passent en partie par la relation à sa spiritualité et le développement de celle-ci. L'un des plus grands bienfaits du coaching est une plus grande conscience de soi. Vous commencez à vous accepter comme un être humain unique, capable, parfois imparfait mais aux ressources illimitées. Vous êtes bien dans votre peau, vous vous acceptez et vous commencez à percevoir ce qui est vraiment important à vos yeux. (La deuxième partie de ce livre vous en dit plus sur ce processus d'autodécouverte.)

Qu'est-ce que la spiritualité pour vous ?

Voici certaines choses que vous associez peut-être à la spiritualité :

- être touché par une chose que vous voyez ou vivez (un superbe coucher de soleil, l'envergure d'un oiseau en plein ciel ou le sourire d'un bébé) ;
- sentir que vous contribuez à une entreprise plus importante que votre personne ;
- vouloir des relations franches avec les autres pour la simple raison qu'ils partagent le même air que vous ;
- vous sentir en harmonie avec ce que vous faites sur l'instant et être parfaitement concentré ;
- vous émerveiller du mystère du monde qui vous entoure ;
- noter à quelle fréquence il vous arrive, de manière inattendue et sans le rechercher activement, ce que vous souhaitez le plus.

Quelles sont les caractéristiques de la spiritualité pour vous ? Elle peut être liée à la religion ou à la foi. Les deux notions sont différentes, bien que pour de nombreuses personnes, la religion soit un puissant moyen d'accès à la spiritualité.

Accéder à sa spiritualité

Le coaching vous aide à vous rendre compte que vous pouvez supporter n'importe quoi. Une conscience de soi profonde vous permet de gérer les pires événements et de commencer à percevoir la vérité se cachant derrière l'expression « ce qui ne vous tue pas vous rend plus fort ». Vous créez votre propre univers à travers les choses sur lesquelles vous choisissez de vous concentrer et les actions que vous menez. Le coaching peut susciter des changements en termes de pensées, de comportements et d'actions et être à l'origine d'une vie en harmonie avec votre véritable moi (voir chapitre 4). Vous pouvez ainsi partir à la recherche de votre vrai rôle dans le monde, à plus ou moins grande échelle. Pour bon nombre d'individus, toute cette autodécouverte peut devenir un périple spirituel.

Même si vous ne ressentez pas ce côté spirituel, l'autocoaching peut être une immense source de joie, de stimulation et d'accomplissement. Quel que soit votre stade d'avancement dans le voyage, vous communiquez avec des éléments indéfinissables situés en vous et que de nombreuses personnes appellent esprit ou essence.

Comment accéder à votre spiritualité ? Voici des pistes :

- La méditation vous détend, vous aide à vous sentir ancré dans la réalité et constitue un excellent moyen de vous vider l'esprit de tous les tracas quotidiens. Vous devenez ainsi plus ouvert aux grandes questions qui forment la base de la spiritualité. Être assis confortablement et fixer une bougie est une forme très simple de méditation.

- Parcourez la nature et observez. Pensez à l'âge d'un chêne, à l'époque où se sont formées les collines et au nombre de fois où les vagues s'échouent sur la côte. Vous allez bientôt avoir la tête qui tourne, tout en ayant une image des difficultés de la vie.

- Faites une activité physique telle que le yoga, le Pilates ou le tai-chi, ou associez votre quête spirituelle à un objectif de santé via la course à pied, par exemple, si c'est plus votre tasse de thé. En faisant fonctionner votre corps, vous vous libérez l'esprit.

- Lisez le plus possible (fiction, poésie, humour, philosophie), tout ce qui vous fait envie et tant que cela vous interpelle et vous fait voir d'autres horizons.

- Faites-vous plaisir par le biais de l'art, de la musique et de la danse dès que vous le pouvez. Tous les grands artistes expriment le sens qu'ils donnent à leur vie à travers leur art et vous pouvez récolter un peu de leur magie en appréciant la beauté de leur œuvre.

Pour en savoir plus sur ce thème fascinant, lisez *Sagesse et Spiritualité pour les Nuls* de Sharon Janis (Éditions First).

Explorer la spiritualité via le coaching

Le coaching consiste à trouver des moyens d'apprécier ce que vous avez et d'avoir ce que vous voulez. C'est l'un des mécanismes les plus puissants pour explorer ce qui donne un sens à votre vie. Dans tout ce livre, et plus particulièrement au chapitre 20, vous trouverez des questions pertinentes qui vous aideront à faire la lumière sur vous-même.

Réfléchissez aux choses les plus précieuses pour vous. Vos valeurs sont indubitablement la clé en la matière (voir chapitre 6). Pourquoi votre vie vaut-elle la peine d'être vécue ? Qu'est-ce qui vous donne de l'allant ? Qu'est-ce qui vous fait vous sentir bien ? Quand est-ce que « tout roule » pour vous ? Que se passe-t-il dans ces moments où vous êtes dans votre élément et vous rayonnez ?

N'ayez pas peur de vous poser les vraies grandes questions : Qu'est-ce que la vie ? Qui suis-je ici-bas ? Qu'est-ce que j'apporte vraiment au monde ? Si je le pouvais, quelle est la première chose que je changerais dans le monde ? Les philosophes de toutes les époques ont posé les mêmes questions. Vous avez autant de possibilités qu'eux d'y répondre, mais bien plus de chances de trouver des réponses qui vous conviennent.

Rester fidèle à sa vision des choses

Tim a trouvé sa voie en tant que coach. Il aide les individus et les entreprises à mettre en place leur vision du succès. L'histoire de son périple a tout du réveil spirituel : une vision claire et soudaine du sens de sa vie, une détermination à faire les bons choix quels que soient le sacrifice à consentir et la beauté du *synchronisme* (des événements similaires intervenant au même moment bien qu'apparemment sans lien entre eux). Voici la question pertinente qui a déclenché l'autotransformation de Tim :

Quel grand rêve aurais-tu si tu étais certain qu'il puisse devenir réalité ?

Tim s'est immédiatement imaginé au centre d'un carrefour, avec des panneaux indicateurs pointant vers quatre directions et des empreintes de pied sur chaque chemin. Il s'est vu en train d'orienter les gens, et de cette image est venue l'affirmation suivante : « J'aide les gens à avancer sur le chemin de la vie. »

À la fin des années 90, Tim est devenu l'un des tout premiers coachs à exercer à plein-temps dans le bâtiment et l'industrie, tournant ainsi le dos, en raison de la force de sa nouvelle conviction, à l'espoir longtemps entretenu de devenir directeur d'exploitation. Une fois sa décision prise, toute une série d'événements et de signes sont venus le conforter et l'aider à façonner ce qui allait devenir sa propre entreprise florissante spécialisée dans le coaching.

Quatrième partie
Se construire une vie harmonieuse

« Je pense que mes centres énergétiques sont bien équilibrés. J'ai mon bipeur à la ceinture, mon téléphone mobile dans ma poche de droite et mon agenda électronique dans la poche poitrine. »

Dans cette partie...

Vous découvrirez comment trouver l'équilibre idéal pour suivre le rythme infernal de votre vie. Vous explorerez, sans vous faire écraser, les carrefours effrayants menant vers des changements irréversibles. Enfin, vous verrez comment utiliser vos connaissances du coaching pour aider les autres.

Chapitre 16
Trouver son équilibre

Dans ce chapitre :
▶ Trouver son point d'équilibre
▶ Retrouver son équilibre grâce à des stratégies à utiliser au quotidien
▶ Élaborer une stratégie à long terme de lutte contre le stress

En matière de coaching personnel, l'*équilibre* correspond au sentiment que tous les aspects de votre vie forment un tout harmonieux. Cet équilibre varie d'une personne à l'autre et même selon les périodes de votre vie. Vous travaillez peut-être beaucoup, mais si cela vous apporte les avantages souhaités et vous laisse suffisamment de temps pour vous adonner avec plaisir à certaines activités pendant votre temps libre, vous ressentez probablement un certain équilibre et de la stabilité. En revanche, quand cet équilibre est absent, la moindre petite chose, telle qu'un délai inattendu, peut vous submerger.

L'équilibre peut s'avérer difficile à trouver et à conserver. Essayer simplement de tenir bon et espérer conserver toute sa pile d'assiettes intacte ne marche qu'un temps, car il est certain que quelque chose va se produire, vous allez être percuté et toutes les assiettes vont s'écraser au sol et être réduites en miettes. La clé de l'équilibre est de se contrôler, ainsi que ses objectifs, de continuer d'avancer, mais d'accepter de devoir parfois faire marche arrière ou des détours afin de conserver sa dynamique.

Ce chapitre va vous aider à trouver ce que le terme équilibre représente pour vous, où se situe votre point d'équilibre, quels sont les éléments déclencheurs du stress chez vous et comment choisir les mesures les plus appropriées afin de retrouver votre équilibre.

Trouver son équilibre

Votre sens de l'équilibre varie en fonction de vos priorités, quand l'enthousiasme initial vis-à-vis de nouveaux rôles commence à s'estomper un peu et quand vous êtes mieux dans votre peau. À l'entrée dans l'âge adulte, vous êtes disposé à mettre beaucoup d'énergie dans le travail et la vie sociale car il est très important de faire vos preuves, de gagner de l'argent et de vous amuser. À partir de la quarantaine, vous avez peut-être atteint nombre de vos buts matériels et découvrez que vous souhaitez passer plus de temps à vous redécouvrir et à essayer de nouvelles choses. Vous portez peut-être un autre jugement sur l'argent et vous vous amusez différemment. Utiliser régulièrement le coaching pour identifier l'impact général de vos choix quotidiens sur votre vie va vous aider à trouver votre point d'équilibre, quelle que soit la période.

Intégrer dans sa vie la théorie de l'équilibre de Boucle d'or

Boucle d'or, l'héroïne du conte de fées *Boucle d'or et les trois ours* applique naturellement et merveilleusement les principes du coaching concernant l'équilibre. Elle remarqua et observa les trois bols de soupe des ours sur la table, les goûta tous consciencieusement jusqu'à ce qu'elle trouve celui qui était à son goût. Elle savait instinctivement que procéder par tâtonnements était la meilleure méthode pour être certaine de manger la meilleure soupe et la quantité qu'il lui fallait. Il n'était pas question de s'en remettre au hasard.

Vous arrive-t-il de faire des hypothèses sur l'équilibre de votre vie ? Voici des pensées que vous avez peut-être :

- pas assez d'argent ;
- trop de stress ;
- pas assez de temps ;
- trop de sollicitations ;
- pas assez de moments de détente.

Nombre de ces hypothèses sont peut-être vraies pour vous à certains moments de votre vie et vous savez souvent d'instinct les changements susceptibles de rétablir votre équilibre. Mais vous pouvez vous apercevoir que, même en procédant à des modifications (en vous dégageant du temps ou en abandonnant un passe-temps trop prenant), les choses ne s'arrangent pas. Il se peut également que vous découvriez une conséquence négative inattendue de votre ajustement qui annihile complètement le précédent bienfait. En fait, toute l'adrénaline et ce sens de l'accomplissement que vous ressentiez lorsqu'il vous fallait gérer toutes ces demandes au travail vous manquent peut-être. L'équilibrage ne se met pas forcément en place d'emblée. Il faut souvent procéder à des ajustements pour savoir

Chapitre 16 : Trouver son équilibre

précisément les choses dont vous avez besoin dans la vie et connaître le dosage idéal.

Réfléchissez bien à ce qui vous manque ou à ce que vous avez en trop dans votre vie. En fait, l'orientation de votre point d'équilibre s'explique peut-être fort bien. L'adrénaline générée dans l'exercice de vos fonctions exigeantes vous réussit peut-être très bien et vous fait penser que vous « devriez » souhaiter passer plus de temps avec votre famille. Mais, si la qualité des moments que vous consacrez à votre famille satisfait tout le monde, cela vous tire peut-être une épine du pied. Par exemple, dans votre groupe social, vous adorez être celui qui donne toujours de son temps pour aider les autres à résoudre leurs problèmes, mais vous sentez que vous « devriez » avoir plus d'assurance et moins souhaiter laisser tomber ce que vous êtes en train de faire pour venir au secours d'un ami dans le besoin. Considérez honnêtement ce que vous voulez et ce que vous ne voulez pas dans la vie.

Cette activité vous offre une méthode visuelle pour contrôler votre équilibre du moment :

1. **Prenez une feuille de papier et dessinez un cercle, centré en bas de la page.** Mettez comme légende du cercle « Mon centre d'équilibre ».

2. **Dessinez deux branches qui partent du cercle, l'une vers la gauche et l'autre vers la droite.** Mettez comme légende de la branche de gauche « Pas assez » et comme légende de la branche de droite « Trop ».

3. **Mettez sur la branche « Trop » des choses excessives pour vous et sur la branche « Pas assez » des choses que vous n'avez pas en quantité suffisante dans votre vie.** Chargez vos branches comme s'il s'agissait d'une boîte en empilant les éléments. Manquer de quelque chose a le même poids qu'avoir trop d'une autre.

4. **Maintenant, dessinez un triangle, centré en haut de la page, au-dessus de votre Centre d'équilibre.** Appelez ce triangle « Ma vie idéale ». Imaginez que ce triangle contient tous vos objectifs de vie. Vous pouvez faire preuve de créativité en inventant un symbole pour représenter cette dimension, un cœur, une étoile, un arbre ou une maison, ce qui représente le mieux votre vie au meilleur de son équilibre. Imaginez-vous debout dans votre Centre d'équilibre, les deux bras écartés et votre esprit tourné vers votre Vie idéale.

5. **Inscrivez « Zone idéale » sous votre triangle Vie idéale.** L'espace entre votre Centre d'équilibre et votre Vie idéale est votre Zone idéale. Les choses qui vous conviennent parfaitement vous semblent légères comme les petits nuages à travers lesquels vous pouvez voir et vous offrent une vision très claire de votre vie idéale. Dessinez des nuages dans votre Zone idéale et inscrivez à l'intérieur de ceux-ci les choses qui vous conviennent tout à fait actuellement.

Quatrième partie : Se construire une vie harmonieuse

6. **Regardez le rapport d'équilibre existant entre la partie Trop et la partie Pas assez.** Si vous avez beaucoup de choses dans la partie Trop ou Pas assez, vous vous focalisez probablement sur l'équilibrage proprement dit. Vous bloquez votre énergie, ce qui vous empêche de vous concentrer sur votre vie idéale.

7. **Pensez aux actions qui vous permettraient de déplacer des éléments de chaque branche vers la Zone idéale et d'alléger ainsi une des branches surchargées ou les deux.** Vous consacrez peut-être trop de temps aux tâches ménagères et pas assez aux divertissements.

8. **Notez les actions dans votre journal et redessinez votre vie avec son nouvel équilibre.**

La figure 16.1 vous montre un dessin achevé de l'activité précédente.

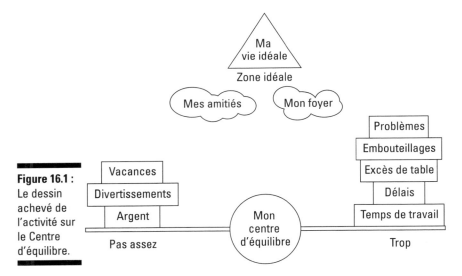

Figure 16.1 : Le dessin achevé de l'activité sur le Centre d'équilibre.

Vérifier son équilibre énergétique quotidien

Un vieux dicton anglais dit « Il vaut mieux s'user que rouiller ». Vous préféreriez sans doute être actif et vous investir totalement dans tout ce que vous faites que d'être léthargique et vous ennuyer. D'instinct, vous vous poussez peut-être régulièrement afin d'éviter de vous sentir rouillé. Mais à l'opposé de la rouille figure l'épuisement, alors ne poussez pas le bouchon trop loin.

Regardez la courbe d'équilibre de la figure 16.2. Généralement, vous avez beaucoup d'énergie lorsque vous êtes totalement impliqué dans ce que vous faites. Cette énergie est parfois générée par du « bon » stress : enthousiasme, adrénaline qui coule à flots pour vous aider à tenir un délai, à atteindre un objectif, plus particulièrement lorsqu'il s'agit d'un but pour lequel le facteur temps est essentiel. Ce « bon » stress se transforme uniquement en « mauvais » stress lorsque la pression atteint son point culminant. Vous estimez ne plus faire face avec efficacité et commencez à douter de votre jugement. Le point culminant peut correspondre à un événement ou simplement à votre état d'esprit. Au-delà de ce point culminant, vous vous sentez stressé, souvent, vous avez moins d'énergie, ce qui accentue votre stress.

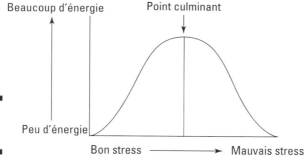

Figure 16.2 : La courbe de l'équilibre.

Imaginez une journée de travail « type ». Vous la démarrez très calme après une bonne nuit de sommeil. Vous vous affairez dans la maison en vue des tâches qui vous attendent dans la journée, votre dynamisme s'accroît et le « bon » stress apparaît. Vous venez à bout de la circulation, parvenez à destination et commencez à vous atteler à votre liste de tâches. Vous relevez les défis, avez des délais à respecter et résolvez des problèmes. Votre niveau d'énergie est au diapason du bon stress que vous ressentez et vous voyez donc de bons résultats arriver.

Puis une véritable énigme entrave votre progression. Votre projet vit par exemple une véritable crise, vous percevez un obstacle comme insurmontable, vous avez des réactions désagréables ou vous recevez un appel de la maison qui vous signale que la chaudière a explosé. Quel que soit l'élément déclencheur, il suffit à vous propulser au-delà du point culminant de votre courbe. Vous ressentez désormais un « mauvais » stress, vous avez perdu le contrôle des choses, vous n'êtes pas sûr de ce qu'il faut faire et vous commencez à douter de votre opinion et du caractère fondé de vos actions. La situation vous paralyse et vous commencez donc à avoir moins d'énergie. En fait, l'événement déclencheur n'est peut-être pas différent de toutes les choses que vous avez bien gérées jusqu'ici, mais c'est la goutte d'eau qui fait déborder le vase et vous fait dépasser le point culminant de votre courbe.

Bien sûr, ce genre de chose ne se produit pas tous les jours. Vous restez souvent du bon côté de la courbe et fonctionnez ainsi à plein régime. Votre adrénaline contribue à maintenir votre niveau d'énergie et à faire beaucoup de choses. Mais parfois, à cause du « mauvais » stress, vous vous focalisez suffisamment longtemps sur une chose très importante pour ne pas réussir votre coup.

Avez-vous réexaminé une chose que vous avez faite lorsque vous étiez du mauvais côté de la courbe ? Votre travail est peut-être au-dessous de la moyenne parce que votre niveau d'énergie n'était pas optimal. Toute l'anxiété ressentie a altéré votre créativité et votre vision. Pensez également aux effets néfastes du stress sur votre santé physique et mentale. (Voir la section intitulée « Repérer ses signaux d'alarme », plus loin dans ce chapitre.)

Où se situe votre point culminant ? Repensez aux moments où vous avez perdu l'équilibre et identifiez vos éléments déclencheurs externes et internes, qui peuvent être les suivants :

- une demande inattendue au facteur temps essentiel ;
- une crise que vous n'aviez pas prévue ;
- une chose dite par quelqu'un qui vous a fait dévier de votre cap ;
- commencer à douter de soi ;
- une chose prenant trop de temps.

L'ajustement de votre équilibre quotidien commence souvent par la modification de votre attitude vis-à-vis de l'élément déclencheur du stress avant l'accomplissement d'actions qui s'avèrent nécessaires. Quand vous vous sentez submergé ou déphasé pendant la journée, essayez ces sept mesures très simples :

1. **Demandez-vous *exactement* ce que vous ressentez et quel est précisément l'élément déclencheur.**

2. **Situez-vous sur votre courbe d'équilibre.** Il est parfois possible de relativiser l'anxiété passagère en vous focalisant sur l'énergie positive que vous ressentez.

3. **Modifiez rapidement votre état physique en respirant profondément à plusieurs reprises, en faisant le tour de la pièce d'un pas rapide ou en vous étirant longuement.**

4. **Imaginez-vous en train de prendre du recul par rapport à l'anxiété que vous éprouvez maintenant.** Demandez-vous ce que vous ressentiriez si c'était de la curiosité et non de l'anxiété. Le fait de

Chapitre 16 : Trouver son équilibre

passer de l'anxiété à la curiosité va vous aider à vous mettre dans des dispositions d'esprit propices à la résolution de problèmes et à diminuer la tension corporelle.

5. **Pensez à ce que vous devez faire maintenant.** Devez-vous agir, étudier en détail ou réfléchir au défi ?

6. **Prenez la première petite mesure qui va vous conduire à relever le défi.**

7. **Revoyez vos sentiments et votre position sur la courbe de l'équilibre et reprenez les étapes 1 à 6 si vous en avez besoin.**

Se centrer

Pour trouver son équilibre, il faut faire des choses qui donnent le sentiment d'agir à l'encontre de la restauration de l'ordre. Vous avez à faire face à un délai crucial, vous êtes fatigué, irritable et pris de panique car il ne vous reste que trois heures pour finir une tâche qui en prendrait normalement six. La dernière chose que vous pouvez vous permettre est de faire une pause et pourtant, selon une approche équilibrée, un bref repos est vital si vous souhaitez réunir les meilleures conditions pour fournir un travail de qualité.

Savez-vous ce que cela fait d'être centré ? Imaginez un arbre bien enraciné doté de branches souples qui ploient au gré du vent. L'immobilité et l'ancrage physiques vous donnent des indices pour comprendre votre équilibre émotionnel et mental. Prêtez attention à ce que votre corps fait instinctivement quand vous n'êtes pas en mouvement. Vous tenez-vous mal, en appui sur une jambe, les bras croisés ou même adoptez-vous une posture qui allie ces trois attitudes ? Vous tenir droit et garder la tête haute peut vous sembler bizarre si vous avez l'habitude de vous tenir mal. Le fait de vous tenir comme un arbre aide non seulement votre corps, mais peut également constituer un moyen simple de méditation et vous rappeler l'importance de rester centré.

L'activité suivante de recherche d'équilibre dure 5 minutes et peut être effectuée à tout moment.

1. **Tenez-vous debout, les pieds bien parallèles avec un écartement correspondant à votre largeur d'épaules.**

2. **Ayez les bras ballants le long du corps, légèrement décollés.** Mettez les épaules en arrière en vous sentant à l'aise.

3. **Respirez profondément à plusieurs reprises de façon à ce que votre cage thoracique se soulève.**

4. **Regardez droit devant vous, tête haute.**

5. **Portez votre attention sur votre centre de gravité, juste sous votre nombril.** Vous pouvez vous répéter une affirmation ou un mantra tel que « Je suis fort, centré et équilibré ». Imaginez la force des racines et les ressources qui vous soutiennent.

6. **Continuez à rester centré pendant quelques instants et à respirer profondément, tout en contrôle, jusqu'à ce que vous soyez prêt à relever votre défi suivant.**

Retrouver son équilibre

Dans cette section, j'explore les trois principales méthodes pour retrouver son équilibre : gérer son temps, choisir les éléments à abandonner et exprimer précisément ses besoins.

Se prendre en main et gérer son temps

Le temps semble très rigide et bien limité et pourtant, je suis certaine que vous avez déjà eu cette étrange impression qu'il accélère ou ralentit contrairement à ce qu'indique votre montre ! Vous ne pouvez « contrôler » le temps, mais vous pouvez bien gérer votre emploi du temps. Vous disposez chaque jour de vingt-quatre heures et libre à vous de les utiliser comme vous l'entendez. Posez-vous régulièrement la question suivante au cours de chaque journée afin de vous remettre sur les bons rails :

« *Que puis-je cesser de faire sur-le-champ pour retrouver mon équilibre ?* »

Vos réponses vous surprendront peut-être. Vous pouvez parfois abandonner un élément tangible et facile à déléguer de votre liste de choses à faire. Mais, souvent, vous pouvez tout simplement vous débarrasser d'une tension et d'une anxiété que vous avez créées sans vous en apercevoir. Le fait de réfléchir à ce que vous perdrez peut vous aider à vous débarrasser de ce sentiment, en sachant que vous êtes capable de relever tous les défis susceptibles de se présenter.

Ne vous inquiétiez pas, vous n'avez pas besoin de fonctionner en permanence à plein régime sans vous offrir de pause. Vous souhaitez parfois aller de l'avant, prendre des mesures pour atteindre vos objectifs alors qu'à d'autres moments, vous recherchez le calme ou vous avez envie de vous amuser lors d'une soirée.

Chapitre 16 : Trouver son équilibre   251

Il existe des tas d'outils pour vous prendre en main et gérer votre temps avec plus d'efficacité, mais avant de foncer vous inscrire à un cours de gestion du temps ou d'acheter un tas d'ouvrages, voyez un peu quel est votre caractère :

- Aimez-vous utiliser les mêmes systèmes ou procédures ou vous passionnez-vous tout de suite pour les nouveaux outils de gestion du temps (un nouveau type d'agenda, un ordinateur de poche dernier cri, une liste de tâches avec un code couleur) avant de les laisser rapidement de côté ? Vous êtes peut-être de ceux qui ont besoin de changer de systèmes pour optimiser leur gestion du temps.

- À quels moments de la journée êtes-vous le plus productif ? Vous êtes peut-être un lève-tôt ou un couche-tard, alors suivez votre horloge biologique et adoptez un système vous permettant d'être le plus actif quand votre réserve d'énergie est au plus haut.

- Préférez-vous exécuter une tâche imposante d'un seul trait ou la diviser en morceaux plus digestes ? Lancez-vous dans la réalisation d'un projet d'envergure et notez quand votre attention et productivité commencent à décliner. Il faut généralement une pause toutes les 45 minutes. Passer quelques instants à regarder dans le vide peut suffire, mais votre horloge personnelle fonctionne peut-être à un rythme différent.

- Êtes-vous toujours motivé et plein d'initiative ou avez-vous besoin d'être poussé. Répondez-vous mieux à la carotte ou au bâton ? Certaines personnes sont aiguillonnées par les récompenses tandis que d'autres ont besoin d'être secouées pour avancer. On admet généralement (mais rappelez-vous que c'est vous qui fixez les principes) que l'idéal est 70 à 80 % de « carotte » et à 20 à 30 % de « bâton ». Pour certaines tâches, il faut se pousser, surtout s'il est difficile de trouver la motivation pour les mener à bien. Optez alors pour vos périodes les plus favorables et faites-vous aider.

- Êtes-vous du genre optimiste ou pessimiste quant au temps dont vous disposez pour accomplir une tâche ? Sous-estimez-vous ou surestimez-vous le temps nécessaire, ce qui vous inflige une pression trop grande dans un cas ou pas suffisante dans l'autre ? Certaines personnes pensent qu'il vaut mieux moins en promettre pour que le résultat dépasse les espérances, ce qui peut vous permettre d'obtenir quelques bons points au travail (jusqu'à ce que votre patron se rende compte de votre tactique). Cependant, l'approche la plus respectée et saine pour votre équilibre est de savoir estimer de manière précise le temps nécessaire pour venir à bout d'une tâche. Il faut pour cela de l'entraînement et un bon sens de l'observation, alors persévérez.

Dans vos tâches au quotidien, êtes-vous *réactif* (vous répondez aux événements et aux personnes) ou *proactif* (vous prenez des initiatives et vous anticipez). Généralement, quand vous poursuivez vos objectifs, vous travaillez de manière proactive. Mais combien de temps passez-vous à réagir aux tâches qui vous sont confiées ? Il est parfois impossible d'éviter d'être réactif car il vous faut simplement faire certaines choses en raison des responsabilités qui sont les vôtres. Mais cette démarche réactive fait tellement partie de votre vie quotidienne qu'il vous est peut-être difficile de vous passer de son mode automatique. Demandez-vous si vous pouvez ajouter des éléments plus proactifs au processus de réalisation de vos objectifs.

Khan était chargé d'amener ses deux jeunes enfants à l'école le matin. Il aimait ce moment passé dans la voiture avec eux, mais toute l'énergie dont ils faisaient preuve à cette heure matinale était source de distraction. En outre, lors des séances de coaching, il s'était dit préoccupé de n'avoir que rarement le temps, dans sa vie trépidante, de réfléchir à ses objectifs et de les exploiter. Sur le trajet du matin, Khan réfléchissait à tout ce qu'il devait faire dans la journée, ce qui, ajouté aux deux petits êtres turbulents qui sautaient dans tous les sens à l'arrière, ne contribuait pas à ce qu'il arrive au travail calme et serein. Il décida de dresser sa liste de tâches du lendemain juste avant de se coucher au lieu de le faire en arrivant au bureau.

Cette petite modification proactive eut un effet remarquable sur Khan. Au lieu d'avoir la tête farcie de tous les problèmes à résoudre dans la journée, des solutions lui venaient à l'esprit pendant le trajet. C'était comme si son cerveau avait analysé tous les problèmes pendant la nuit et faisait un rapport très clair le matin. Ce résultat agréable se mariait presque à l'énergie de ses enfants car il avait un état d'esprit positif et affichait un bel optimisme.

Apprendre à aimer déléguer

Déléguer, à savoir faire exécuter certaines de ses tâches par d'autres personnes, n'est pas une habileté réservée au monde du travail. L'un des meilleurs moyens de redonner un équilibre à sa vie est de déléguer. Pour ce faire, vous pouvez analyser, via le coaching, les choix qui s'offrent à vous. Vous demandez à votre coach intérieur de vous aider à résoudre vos problèmes, c'est donc comme si vous aviez deux têtes pour rechercher la solution. Discuter de ses problèmes avec un ami en qui on a confiance peut produire des choses analogues au fait de déléguer, car vous exploitez son énergie afin de pouvoir considérer les choses sous un angle différent. La délégation peut également être employée de façon très pratique dans la vie en général.

Voici quelques conseils en matière de délégation :

- **Déléguer à des personnes capables d'exécuter mieux que vous les tâches en question.** Vous avez peut-être l'habitude d'être, à la maison ou au travail, celui qui « sait », mais sachez qu'il est valorisant, et non l'inverse, d'aider les autres à montrer de quoi ils sont capables. Votre fils peut, par exemple, se découvrir des talents cachés de jardinier après que vous l'avez chargé de tondre la pelouse. Lorsqu'un collègue parvient à boucler le rapport de fin de mois, son succès rejaillit sur vous.

- **Sachez précisément ce dont vous avez besoin et ce que vous pouvez apporter.** Vous devez toujours veiller à ce que la personne à laquelle vous avez délégué la tâche dispose des ressources nécessaires pour l'exécuter. Vous pouvez aider votre fils à comprendre comment utiliser la tondeuse en toute sécurité et vous devez faire part à votre collègue des protocoles servant à diffuser le rapport de fin de mois.

- **Décidez de la façon dont vous allez contrôler l'avancement des travaux.** Adressez vos félicitations si la pelouse est bien tondue ou si le rapport est bien rédigé. Vous pouvez donner un avis constructif pour l'avenir en apportant votre contribution mais tout en continuant à déléguer !

Choisir d'abandonner certaines choses

L'autocoaching mené pour rééquilibrer votre vie peut vous amener à conclure qu'il est nécessaire d'abandonner une chose afin de reprendre le contrôle de votre existence ou de retrouver le plaisir. Si cette chose est une décision importante à prendre, telle qu'abandonner votre travail, vendre votre maison et partir à l'étranger ou mettre un terme à une relation, le chapitre 17 vous fournit des idées pour vivre ce genre de changement essentiel le moins péniblement possible et qu'il vous apporte tout compte fait un certain bienfait. Mais vous vous êtes peut-être aperçu qu'il vous suffisait d'abandonner des choses relativement modestes pour améliorer sensiblement votre équilibre. Et, bien que cela puisse tomber sous le sens, vous vous êtes vraiment rendu compte que vous pouviez vous passer de rester tard le soir au bureau, mais il vous arrive parfois d'éprouver une certaine résistance au changement parce que vous êtes habitué à une façon de faire.

Qui a édicté cette règle selon laquelle vous étiez la seule personne capable de remplir et de vider le lave-vaisselle ? Où est-il écrit que vous étiez le plus apte à synthétiser les propos tenus en réunion et à diffuser le compte-rendu ? Demandez-vous si vous ne vous accrochez pas à des tâches qu'une autre personne pourrait exécuter mieux que vous, attitude que vous adoptez par peur de perdre vos prérogatives !

Reformulez certaines croyances sur l'abandon de certaines choses :

- « Si je veux qu'une chose soit faite correctement, je dois le faire moi-même » devient « Je suis convaincu que d'autres personnes peuvent aborder cette tâche avec des critères de qualité aussi élevés que les miens ».
- « Si je cède cette tâche, je perds le contrôle » devient « Si je cède cette tâche, j'aurai plus de temps pour faire ce que j'aime et je contrôlerai mieux ma vie ».
- « Si je ne peux tout gérer, cela prouvera que je suis un raté » devient « Mon succès tient dans ma faculté de canaliser mes ressources et de savoir quand solliciter de l'aide ».

Quelles croyances à propos de la délégation pouvez-vous reformuler pour vous accorder un moment de répit ?

Dire ce que l'on pense

Avoir une vie la plus équilibrée possible n'est réalisable que si vous apprenez à identifier vos besoins et à les formuler clairement et avec assurance. Sinon, vous courez le risque d'être submergé par les demandes, les questions et les défis.

Quel équilibre existe-t-il entre ce que vous donnez et ce que vous recevez des autres ? Si vous donnez à ce point de votre temps et de vos ressources qu'il ne vous reste plus rien pour vos priorités de premier plan ou que vous avez le sentiment d'être utilisé et abusé, comment affirmer en douceur vos besoins ? Dire ce que vous pensez ne consiste pas à exprimer l'émotion négative que vous contenez de toutes vos forces. Vous devez aller au-delà de l'émotion, voir la véritable signification et l'exprimer aussi positivement et clairement que possible. Mettez cela en pratique à l'aide des énoncés suivants :

- **Au travail :** au lieu de « Je suis bien trop pris par le rapport de fin de mois pour t'aider sur ce projet, je ne comprends même pas que tu puisses me le demander ! », dites « Je serais ravi de t'aider à mener ce projet et, en échange, tu pourrais me donner un coup de main à la rédaction du rapport de fin de mois. Il me donne du fil à retordre et j'apprécierais volontiers un regard neuf ».
- **À la maison :** au lieu de « C'est fou ce que tu peux faire preuve d'égoïsme à mettre une telle pagaille dans ta chambre ! Tu ne crois pas que je mériterais de me réserver un peu de temps pour moi au lieu de passer derrière toi pour tout ranger ? », dites « Quand tu ne ranges pas ta chambre, je dois passer du temps à faire le ménage et je t'en veux parce que, du coup, j'ai moins de temps pour moi. Je n'aime pas avoir

ce sentiment. Alors que pouvons-nous faire pour que ta chambre soit rangée et que je puisse de nouveau avoir un peu de temps pour moi ? »

✔ **Avec les amis :** au lieu de « Je déteste aller en boîte toutes les semaines, il y a trop de boucan, je finis bourré et je me couche tard », dites « J'adore passer du temps avec vous, mais je pense qu'en allant en boîte, on ne peut pas vraiment se parler et, le lendemain, je me sens crevé et j'ai la gueule de bois. J'aimerais bien changer un peu et aller au restaurant une fois sur deux. »

Gérer le stress à long terme

Le bon stress est le carburant qui vous aide à obtenir vos meilleurs résultats. C'est plus un sentiment d'excitation, un sens de l'urgence et une volonté de vous extraire de votre zone de confort, malgré le trac ou votre peur de l'échec. Le type de stress qu'il vous faut gérer est plutôt la *détresse*, ce sentiment d'être submergé par l'énormité de la tâche et de voir son énergie baisser. Vous devez souvent faire face à la détresse dans votre vie quotidienne, mais à d'autres moments, quoi que vous fassiez, vous semblez être en permanence sous pression, ce qui nuit à votre joie de vivre pendant un moment. Ne laissez pas le point d'ébullition arriver lentement, sans même vous rendre compte de l'effet cumulatif de la pression qui pèse régulièrement de tout son poids. Apprenez à déceler vos signaux d'alarme et disposez d'un plan d'action prêt à être mis en œuvre.

Repérer ses signaux d'alarme

Vous disposez peut-être de vos propres signaux d'alarme qui vous avertissent d'un niveau de pression trop élevé sous votre boîte crânienne. Pour votre bien-être physique, mental et émotionnel, il est vital de les déceler très tôt.

Il peut s'agir des signaux d'alarme suivants :

✔ mal dormir ;

✔ être anxieux ;

✔ être en permanence fatigué ;

✔ avoir des sautes de concentration ;

✔ subir des variations extrêmes de l'humeur ;

✔ ne pas avoir le moral ;

✔ avoir des troubles de la mémoire ;

✔ manger pour se rassurer, ou trop boire ;

✔ remarquer des symptômes physiques désagréables (maux de tête, maux d'estomac, sueurs froides).

Nombre de ces symptômes peuvent avoir des causes profondes, mais si vous en éprouvez plusieurs simultanément, vous êtes probablement du mauvais côté de votre courbe d'équilibre.

Vous pouvez commencer à retrouver un peu d'équilibre en modifiant votre attitude face au stress éprouvé dans votre vie, mais cela n'aura pas forcément un impact significatif. À ce stade, la seule solution efficace à long terme est de modifier la situation stressante. L'un des signes qu'il est vraiment nécessaire de modifier la situation stressante est une propension à maintenir catégoriquement que vous ne pouvez rien changer ou à nier que ce changement s'impose. Soyez donc honnête avec vous-même. Le stress extrême, celui qui aboutit à la dépression et à d'autres maladies, s'accompagne souvent du sentiment d'être prisonnier de la situation désagréable et privé de solutions.

Appliquez le plan à trois étapes suivant pour passer à l'action :

1. **Demandez-vous quelles sont les options s'offrant à vous pour diminuer le stress ressenti sans accroître le niveau de stress négatif dans d'autres domaines.** Imaginez une solution idéale, même si à ce stade, vous n'y croyez pas. Si votre travail vous stresse, ces solutions idéales peuvent être les suivantes : travailler à temps partiel, prendre un congé sabbatique, trouver un nouveau poste, arrêter de travailler ou vous faire aider pour accomplir votre mission. Pour chaque solution, posez-vous les questions suivantes : « Que va-t-il se passer si j'opte pour cette solution ? » et « Que va-t-il se passer si je n'opte pas pour cette solution ? »

2. **Demandez-vous quelles sont les informations supplémentaires dont vous avez besoin pour aller de l'avant.** Il se peut que vous estimiez avoir besoin d'être mieux informé par votre chef ou le service des ressources humaines. Vous pouvez peut-être obtenir des informations sur votre contrat de travail sur un site Web ou vous avez besoin de rencontrer le directeur de votre banque pour voir s'il pourrait vous consentir un prêt afin de financer un congé sabbatique.

3. **Demandez-vous quels sont les ressources et le soutien dont vous avez besoin et ce qui vous empêche de solliciter cette aide.** À part les personnes devant vous apporter les informations dont vous avez besoin, vous avez peut-être envie de voir qui pourrait vous prêter une oreille attentive et vous aider à étudier les options qui s'offrent à vous. Si vous consultez un coach professionnel, sollicitez-le, tout comme vos proches. Vous devez peut-être commencer par en parler à votre chef, mais vous craignez de passer pour une personne professionnellement indécise.

Vous pouvez présenter les choses en mettant l'accent sur les avantages pour l'entreprise de vous faire bénéficier de meilleures conditions de travail.

N'hésitez pas à vous faire aider dans les situations stressantes. Ce n'est pas le moment de vous isoler, et vous exploiterez au mieux votre énergie si vous sollicitez des ressources et obtenez des points de vue extérieurs.

Utiliser les techniques du coaching dans des situations stressantes

Les situations stressantes ont tendance à chasser tout raisonnement logique et à créer de la panique. L'utilisation du coaching pour les gérer porte ses fruits car à la prochaine vague de stress, il vous semblera plus facile de faire les bons choix. Les conseils suivants s'attardent sur l'utilisation de questions pertinentes pour vous aider à prendre du recul par rapport à la panique éprouvée. (Le chapitre 7 vous en dit plus sur la création de questions pertinentes.)

Voici certaines règles d'engagement lorsque vous êtes attaqué par le stress :

- **Ayez bien à l'esprit vos valeurs, votre vision et vos objectifs.** Prenez le temps de voir clairement votre vie et évaluez chacun de vos choix par rapport à cette vision.
- Question pertinente : Qu'est-ce que je veux réellement dans la vie à l'heure actuelle ?
- **Considérez vos objectifs avec délicatesse et soyez attentif au fait que la modification des circonstances peut influer sur ces objectifs et sur les étapes à franchir pour les atteindre.** Acceptez l'éventualité de périodes de stress et permettez-vous de procéder aux ajustements nécessaires sur vos objectifs.
- Question pertinente : Dans quel domaine puis-je faire preuve de plus de souplesse ?
- **Demandez-vous régulièrement ce que vous pouvez abandonner et ce dont vous n'avez plus besoin.**
- Question pertinente : Qu'est-ce qui va à l'encontre de mes intérêts ?
- **Menez seulement les actions qui améliorent votre estime de soi et votre intégrité.**
- Question pertinente : En quoi cette action ou décision me rend-elle plus fort ?

- **Ayez conscience que vous ne pourrez changer certaines situations, aider certaines personnes et obtenir certains résultats.** Mais vous pourrez gagner d'autres batailles.
- Question pertinente : Que puis-je accepter avec élégance et humilité ?
- **Exploitez la bonne volonté des autres.** Ne laissez pas votre ego vous empêcher d'unir vos forces à vos meilleurs alliés.
- Question pertinente : Qui peut m'aider, m'encourager ou m'inspirer ?
- **Disposez d'un, de deux ou de trois plans d'urgence.** Prenez l'habitude de réfléchir à vos plans d'urgence pour les domaines réellement clés de votre vie ou les situations vraiment stressantes.
- Questions pertinentes : Quelles options s'offrent à moi ? Que puis-je faire d'autre ? Quelle option ne suis-je pas encore en mesure de percevoir ?

Chapitre 17
Prendre une décision qui change la vie

Dans ce chapitre :
- Bâtir les étapes de sa vie
- Identifier les signes de la nécessité de changer de vie
- Prendre sa décision
- Profiter des changements

Vous prenez chaque jour des décisions qui changent votre vie, à plus ou moins grande échelle. Même la décision de ne prendre aucune décision vous change la vie. Dans le film *Pile & Face* de Peter Howitt, le personnage principal joue deux versions contrastées de sa vie qui reposent sur la différence entre le fait de prendre un métro et celui de le louper de quelques secondes. Vous avez probablement vous aussi des anecdotes qui font basculer les choses. Par exemple, vous devez la relation amoureuse que vous vivez actuellement à une rencontre fortuite suite à la décision anodine de vous rendre dans un café donné, un jour donné, alors que vous auriez très bien pu facilement rester chez vous à vous faire un café instantané.

Mais certaines décisions, par exemple avoir un enfant, changer de carrière ou partir vivre à l'étranger, sont d'évidence *importantes*. Ces décisions *sentent* le changement de vie et mobilisent énormément votre énergie à tous les stades de leur mise en place. Vous pouvez résister, lutter contre elles et vous tourmenter à propos de vos sentiments contradictoires pendant une période qui vous semble une éternité. Puis, vous finissez par vous dire « Ça suffit, le moment est venu maintenant ! » Vous faites alors un bond dans un univers plus ou moins inconnu, pour le meilleur ou pour le pire.

Ce chapitre vous aide à faire le grand saut en prenant moins de risques et en contrôlant mieux les choses. Vous trouverez des moyens de prendre ces décisions capitales tout en obtenant un maximum de bienfaits et en minimisant la douleur liée aux pertes inévitables en cours de processus.

Savoir en quoi le stade de la vie influe sur l'attitude face au changement

Saviez-vous que la « crise de la quarantaine » peut survenir à tout âge ? On croit souvent à tort que le seul bouleversement provoqué par une transition importante intervient autour du quarantième anniversaire.

Vous connaîtrez probablement trois ou quatre périodes de transition pendant votre vie (voir le tableau 17.1, tiré des travaux du psychologue Daniel Levinson, qui a étudié, dans les années 80, les « saisons » de la vie de deux groupes d'hommes et de femmes). Bien entendu, vos périodes de transition se produisent à des âges et à des stades qui vous sont propres, mais de grandes tendances se dégagent. La connaissance du principe caractérisant le passage des périodes de transition aux phases de stabilité peut aider à comprendre les raisons pour lesquelles certains passages de la vie sont chaotiques et perturbants tandis que d'autres sont harmonieux.

Tableau 17.1 : Les principales périodes de transition et de stabilité de la vie

Âge	Période
De la fin de l'adolescence au début dela vingtaine	**Découverte du moi adulte**
(Transition)	Votre voix devient celle d'un adulte, les amitiés et les relations amoureuses se créent, vous cherchez votre voie professionnelle.
De 25 à 29 ans environ	**Choix de sa voie**
(Stabilité)	Vous prenez des engagements sur le plan professionnel, de l'amitié et de la vie amoureuse.
De 29 ans au début de la trentaine	**Étude des choix existants**
(Transition)	Vous clarifiez ou corrigez vos décisions antérieures, par exemple en changeant d'orientation professionnelle ou en vous lançant dans de nouvelles relations. Vous envisagez parfois le mariage et/ou l'arrivée d'un enfant.
De 35 à 40 ans	**Installation dans la vie**
(Stabilité)	Vous vous engagez de nouveau ou vous choisissez de nouvelles options et vous abordez une nouvelle période trépidante de votre vie.

Âge	Période
Du début de la quarantaine à 45 ans	**Remise en question de la quarantaine**
(Transition)	Vous voyez peut-être des similitudes avec le passage à l'âge adulte et vous vous demandez de nouveau qui vous êtes devenu et ce que vous attendez de la prochaine phase de votre vie.
De 49 ans au début de la cinquantaine	**Renouveau**
(Stabilité)	Vous avez peut-être opéré des changements significatifs et vous commencez à ressentir une évolution en vous. Vous voyez probablement évoluer la priorité de certaines de vos valeurs à mesure que vous vous rendez compte de ce qui est vraiment important pour vous.
Du début de la cinquantaine à 55 ans	**Étude des choix existants**
(Transition)	Vous parvenez peut-être à ce stade de votre vie avec une conscience de soi plus évoluée et vous pensez aux domaines sur lesquels vous mettrez l'accent pendant le restant de votre vie. Vous pensez peut-être à une seconde carrière ou à un projet de retraite.
À 55 ans et plus	**Accent mis sur le sens de la vie et sur ce que vous laisserez**
(Stabilité)	Vous donnez un sens à la vie, vous avez une nouvelle vocation ou envie de faire passer certains de vos talents.

Ces périodes n'ont rien d'immuable et diffèrent d'un individu à l'autre. Vous passerez peut-être toutes ces étapes en l'espace de vingt ans ou rechercherez encore la stabilité à l'âge de 50 ans. Cela dépend beaucoup des choix effectués et des expériences qui vous façonnent et vous font progresser. Par exemple, Levinson a montré que pour les femmes, ces phases étaient beaucoup plus liées au cycle de la vie familiale. Une personne pourra voir ses périodes de transition et de stabilité durer très longtemps. Si vous vous êtes « posé » en vous mariant et en fondant une famille très jeune, autour de 20 ans, vous resterez peut-être dans un état de stabilité pendant des années, la première transition majeure n'intervenant que lorsque les enfants auront grandi, quitteront la maison et vous laisseront le temps de vous demander : « Et maintenant ? » Cette période de transition peut vous paraître très importante, chaotique et perturbante par rapport à une personne ayant déjà vécu de nombreuses phases d'évolution et qui est donc déjà habituée aux « montagnes russes ». En revanche, si vous avez la quarantaine et que vous vous sentez en période de transition depuis quinze ans, vous êtes peut-être paniqué à l'idée de ne jamais trouver la vie que vous souhaitez.

Accepter sa situation, les raisons qui l'expliquent et l'état d'esprit associé constitue un excellent point de départ pour prendre la grande décision qui débouchera sur la prochaine phase.

Quatrième partie : Se construire une vie harmonieuse

L'activité suivante peut vous aider à bien situer le stade actuel de votre vie.

1. **Prenez une feuille de papier, de préférence d'un format supérieur au A4.**

2. **Dessinez un trait horizontal au milieu de la feuille.** Il s'agit de votre ligne de vie personnelle.

3. **Pensez aux événements importants de votre vie et dessinez une ligne qui monte pour illustrer les périodes de transition et qui descend pour matérialiser les périodes plus stables.** Si vous le souhaitez, vous pouvez indiquer l'âge que vous aviez lors des événements transitoires (agréables ou traumatisants).

4. **Pensez aux principaux sentiments et émotions associés à ces pics et à ces creux.** Vous pouvez décorer votre courbe de vie à l'aide d'images ou de binettes souriantes ou renfrognées pour signaler votre perception de ces périodes de votre vie. Mais vous pouvez aussi noter quelques mots pour décrire chaque phase, comme le montre la figure 17.1.

5. **Posez-vous quelques questions pertinentes.** Quelles tendances se démarquent des différents stades de votre vie ? Ces stades présentent-ils plus de similitudes que de différences ? Jusqu'à présent, votre vie a-t-elle été plutôt stable ou agitée ? Qu'avez-vous appris de votre gestion du changement ? Que vous reste-t-il à apprendre ? Attendez-vous avec impatience les transitions ou préférez-vous les périodes de stabilité ? Que prédisez-vous comme prochaine grande transition ? Comment allez-vous vous y préparer ?

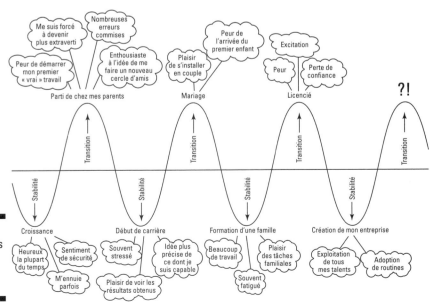

Figure 17.1 : L'activité des stades de la vie, une fois terminée.

Admettre le besoin de procéder à un changement radical

Certains changements radicaux sont entrepris grâce à une prise de conscience brutale faisant suite à une réaction émotionnelle à une situation, à des événements ou à des choix. On a souvent l'impression qu'il s'agit de vie ou de mort. Pensez à la différence entre faire un régime à court terme parce que vous ne rentrez plus dans votre jean préféré et changer complètement de mode de vie (alimentation, boisson, tabac) en raison d'une crise cardiaque qui a failli vous coûter la vie et vous oblige à opérer des changements radicaux dans les meilleurs délais.

Changer de poste pour respecter votre plan de carrière n'a rien à voir avec un changement répondant à la prise de conscience que vous avez fait une erreur de parcours et que votre poste actuel sape votre énergie et nuit à votre santé. Les grands changements répondent souvent à l'impression de n'avoir pas de meilleur choix devant soi. Il vous faut peut-être mettre de côté toutes vos règles en matière d'équilibre et de modération afin de vous concentrer uniquement sur la survie. Il peut s'agir de survie physique, mentale ou émotionnelle. Mais vous pouvez aussi estimer que vos valeurs fondamentales ou les personnes ou choses les plus importantes à vos yeux sont menacées.

Tous les changements radicaux ne sont pas dictés par des facteurs négatifs. Vous pouvez fort bien être satisfait de votre sort tout en ayant conscience qu'un changement d'envergure s'impose pour passer au niveau supérieur : décider d'avoir des enfants ou de se marier à une personne ayant déjà des enfants, partir vivre à l'étranger, prendre un congé sabbatique pour vous rallier à une cause chère à votre cœur. Derrière tous ces exemples de plongée dans l'inconnu figurent des motivations positives.

Vous éprouvez peut-être le besoin impérieux d'aller de l'avant de manière positive, à travers un changement de carrière total ou l'accomplissement d'un but avec une détermination très forte. Bien que votre motivation soit positive, vous avez toujours le sentiment de *devoir* prendre la décision de changer, car le fait de vous en tenir à votre situation actuelle vous est pénible, en raison d'un avenir que vous percevez dénué de plaisir.

Les sections suivantes vont vous aider à mettre en œuvre des moyens d'intégrer l'équilibre et la modération dans votre processus de changement.

Passer de la douleur au plaisir

Les gens tolèrent souvent des choses (une relation de couple insatisfaisante ou des habitudes néfastes) dans leur vie jusqu'à ce que la douleur continuelle devienne plus importante que le plaisir éprouvé. Penser que toute situation source d'une angoisse existentielle importante puisse également être source de plaisir peut paraître étrange. Après tout, il n'y a rien de particulièrement plaisant à vivre une relation de couple qui a mal tourné ou à avoir des dépendances qui minent la santé. Mais choisir de tourner le dos à des situations pénibles peut s'avérer difficile pour diverses raisons. Votre relation ou votre travail représentent peut-être de nombreuses années de votre vie et vous répugnez à tirer un trait sur ces responsabilités. Trop manger, trop boire ou trop fumer vous apporte peut-être un confort immédiat. Une partie de vous préfère peut-être avoir chaque mois du mal à payer les factures plutôt que de prendre son courage à deux mains et se battre pour se construire une vie meilleure et plus riche. Venir à bout de ces situations pénibles peut alimenter une partie de votre moi qui ne veut pas disparaître ou souhaite vous réconforter ou vous protéger.

Pensez un instant aux sources de douleur que vous rencontrez dans votre vie. Qu'est-ce qu'elles vous apportent, en bien et en mal ? Qu'est-ce qui vous manquerait si vous abandonniez ces sources de douleur ?

Les changements majeurs se produisent quand la douleur est si grande ou le plaisir et la motivation si importants que vous devez passer à l'action, prêt à affronter toutes les conséquences des mesures prises.

Déceler des indices dans ses émotions

Souvent, vous savez qu'il est temps de procéder à un changement radical car ce sont vos émotions qui vous le « disent ». Lorsque le changement est provoqué par la douleur, vous pouvez éprouver le ou les sentiments suivants :

- l'irritation ;
- le ressentiment ;
- la colère ;
- l'indifférence ou le désengagement.

Notez la fréquence et l'intensité de ces sentiments et à quel point ils vous empêchent de vivre en harmonie avec votre travail, vos relations essentielles ou d'autres aspects de votre vie. Prenez garde à l'irritation qui se transforme en ressentiment. Cela peut se produire au travail, lorsque vous acceptez de moins en moins d'être mis de côté lors des réunions. Il devient alors plus difficile de faire disparaître ces sentiments et d'apprécier les aspects positifs de votre relation avec votre patron et vos collègues. Dès que vous ressentez de la colère, vous trouvez des moyens de pester contre l'injustice de n'importe quelle situation à laquelle vous êtes confronté. Mais, en fait, l'état le plus néfaste est souvent l'indifférence ou un blocage des sentiments. Si vous en arrivez à penser que toutes vos actions sont inutiles et ne changeront rien à la situation, vous abandonnez peut-être tout espoir d'atteindre l'harmonie et avez du mal à percevoir les aspects positifs des choses.

Tout le monde éprouve de temps en temps des émotions négatives extrêmes, mais demandez-vous si cela vous arrive souvent et dure longtemps par rapport aux bons moments que vous vivez.

Pour prendre sans danger une décision qui change votre vie, commencez à vous en occuper avant d'en arriver aux stades de la colère et de l'indifférence et que ces sentiments deviennent une norme pour vous. Aucun de ceux-ci n'est propice à une prise de décision très satisfaisante. Notez la nature, la fréquence et l'intensité de vos émotions pour vous aider à retrouver une situation harmonieuse via le coaching ou à prendre la décision, en toute connaissance de cause, d'aller de l'avant.

Lorsque le changement est orienté vers la recherche du plaisir ou d'un but, vos émotions vous fournissent différents indices. Un départ pour l'étranger, vers une culture et un mode de vie nouveaux, peut déclencher tout un éventail de sentiments tels que les suivants :

- l'enthousiasme ;
- l'attente ;
- l'espoir ;
- la passion.

Bien qu'il s'agisse d'émotions positives, elles s'accompagnent souvent d'appréhension et de peur en période de transition. Même si les émotions positives fortes vous permettent souvent de mener à bien un changement, prenez garde à votre critique intérieur qui risque de murmurer des pensées négatives afin d'ancrer en vous insidieusement la peur et le doute. Reportez-vous au chapitre 5 pour renforcer vos croyances positives et au chapitre 13 pour vous rappeler comment soutenir votre estime de soi dans ces moments-là.

> ### Souhaiter être une meilleure personne
>
> Melvin, le personnage principal du film *Pour le pire et pour le meilleur* de James L. Brooks semble définitivement perdu. En public, c'est un romancier sensible et sentimental mais en privé, il évite tout contact avec autrui, est atteint de troubles obsessionnels compulsifs en matière de routines et de propreté, est vindicatif à l'égard de ses voisins et tente même de se débarrasser du chien de son voisin de palier en le mettant dans le vide-ordures de son immeuble luxueux. Le chien est secouru et, cerise sur le gâteau, Melvin est obligé de s'en occuper quand son maître se retrouve à l'hôpital suite à une violente agression. Cet événement ainsi que la relation qu'il commence à bâtir avec une serveuse du restaurant où il prend ses repas et son fils malade, sont un tournant car il commence à entrevoir la possibilité de vivre sa vie différemment. Pour Melvin, un changement radical est aussi simple que de se décider à s'aventurer en dehors de ses rituels, ce qui symbolise sa nouvelle approche en matière d'amour, de confiance et de relations avec autrui.

Décider d'afficher son véritable moi

Vous jouez différents rôles tout au long de votre vie : employé, parent, enfant, ami et voisin. Les autres voient peut-être différentes qualités en vous selon le type de personne que vous vous efforcez d'être en leur compagnie. Vous avez peut-être même l'impression de devoir vous comporter d'une certaine manière dans certains de vos rôles. Il arrive que le changement le plus radical que vous puissiez opérer est d'afficher votre véritable moi (le chapitre 4 vous en dit plus sur le développement de vos qualités uniques). Il va sans dire que certaines personnes et situations peuvent faire ressortir différents aspects de votre véritable moi, sans pour autant déformer vos valeurs.

Êtes-vous loin de votre véritable moi et respectez-vous vos valeurs essentielles ? Pour trouver un certain équilibre dans votre vie, il faut parfois faire des compromis : votre travail est très abrutissant mais l'argent qu'il vous permet de gagner vous apporte la sécurité, une valeur qui peut être prioritaire à certains moments de votre vie. À d'autres moments, vous pouvez être conscient que la qualité de votre vie n'est pas celle souhaitée. Parfois, selon vous, la fin justifie les moyens et vous coupez au plus court pour parvenir à destination. Par exemple, vous fournissez un travail de qualité inférieure pour être dans les délais au lieu d'admettre qu'il faut plus de temps pour obtenir un résultat satisfaisant. À quoi croyez-vous vraiment et quel est votre but dans la vie ? Vos valeurs sont-elles parfaitement visibles dans tout ce que vous faites ? Quels désagréments et douleurs êtes-vous prêt à endurer pour faire les choses bien ? Seriez-vous disposé à vous impliquer totalement pour une chose à laquelle vous croyez ? De quoi s'agirait-il ? Quel en serait l'impact sur votre vie ?

Prendre la meilleure décision

Vous êtes enfin persuadé qu'une décision radicale doit être prise. Vous avez peut-être décidé de mettre fin à une relation pénible ou malsaine ou de changer de travail car il vous empêche d'exprimer tout votre potentiel. Vous êtes conscient de la nécessité d'agir vite et de façon spectaculaire. Quelles options s'offrent à vous ? Pesez le pour et le contre de votre décision en considérant d'abord le problème.

Se sortir d'une situation

Se sortir d'une mauvaise situation présente d'énormes avantages pour vous. Tout d'abord, bien évidemment, cela vous permet de résoudre votre problème. Ensuite, et c'est probablement le point le plus important, c'est très salutaire pour l'estime de soi. Vous devenez le héros de votre propre vie, capable de puiser dans vos réserves de forces et de talents pour disposer d'options ingénieuses qui vous permettront de sauver votre univers. Les bienfaits vont perdurer car vous découvrez tant de choses pendant la mise en œuvre du changement que vous pourrez exploiter vos talents pour résoudre des problèmes dans d'autres domaines. Mais vous êtes peut-être arrivé à un stade où vos tentatives de résolution traduisent un certain entêtement, voire une faible estime de soi plutôt que la pertinence. Ne pas mettre fin à une liaison empreinte de violence sans aucun espoir d'évolution positive malgré tous vos efforts en est l'illustration extrême.

Posez-vous les questions pertinentes et positives suivantes quand il s'agit de vous sortir d'une mauvaise situation :

- À quoi ressemblerait ma vie ? Si un miracle se produisait dans la nuit, que deviendrait la situation ?
- Qu'est-ce que j'y gagnerais et quels sacrifices devrais-je faire ?
- Quel impact sur ma vie en général cette issue heureuse aurait-elle ?
- De quel soutien aurais-je besoin ?
- Quel serait mon engagement et comment pourrais-je le pérenniser ?

Fuir vers la Floride

Tina en avait marre de son boulot, certes bien payé mais ennuyeux au possible, et des rencontres qui n'aboutissaient à rien. Elle pensait qu'il lui fallait changer de mode de vie pour se donner un coup de fouet et décida donc de démissionner et de déménager pour passer un bon bout de temps en Floride, où elle avait passé à plusieurs reprises des vacances merveilleuses. Tina comptait tellement que son sort s'améliore du jour au lendemain qu'elle fut amèrement déçue de ne pas sentir, à la descente de l'avion, un regain de vitalité qui lui permettrait d'embrasser une nouvelle carrière et de trouver le prince charmant.

Quand elle s'aperçut que son voyage en Floride était une façon de fuir sa situation, Tina commença à se sentir bien mieux. Elle écourta son séjour, trouva un coach et commença à rechercher les choses qui la passionnaient vraiment. (Pour plus d'informations sur la recherche d'un coach, rendez-vous aux chapitres 2 et 3.)

En fait, la Floride revint sur le devant de la scène lorsque Tina décrocha un CDD comme agent de voyages. Elle était toujours en période de transition, à prendre des décisions à propos de sa vie, mais cette fois, elle se lança vraiment dans de nouvelles expériences en sachant qu'il ne s'agissait pas d'une fuite.

Fuir une situation

La fuite semble parfois la seule option envisageable pour échapper à une situation désagréable et c'est souvent une décision déchirante à prendre. Si votre couple bat de l'aile, vous avez essayé en vain d'arranger les choses mais ne supportez pas l'idée d'une rupture, vous pouvez être tenté de rechercher le catalyseur du changement sous la forme d'une autre personne. Vous pouvez penser à entamer une nouvelle liaison ou même passer à l'acte, ce qui vous donne alors une excuse pour mettre fin à votre relation insatisfaisante sans pour autant résoudre les problèmes sous-jacents. Bien entendu, on peut tomber amoureux et donc choisir d'en finir avec une relation existante, ce sont des événements aigres-doux de la vie. Mais il est plus facile de tomber amoureux de la bonne personne si vous êtes parvenu à découvrir les raisons de l'échec de la relation précédente.

Posez-vous les questions pertinentes et positives suivantes sur la fuite d'une mauvaise situation :

- Qu'est-ce que je fuis ?
- Qu'est-ce que j'utilise pour m'éviter d'affronter le vrai problème ?
- Quel impact ce choix a-t-il sur mon estime de soi ?

✔ Qu'est-ce que cela m'apporterait de me sortir de cette situation ?

✔ Quelles croyances me poussent maintenant à moins résister ?

✔ Que puis-je apprendre de cette situation pénible ?

✔ Quel environnement me permet le mieux de tirer des enseignements de mon expérience ?

Partir sur des bases solides

Souvent, l'approche la plus constructive pour prendre la meilleure décision est d'arrêter de vous focaliser sur le problème et de commencer à faire sortir les éléments qui fonctionnent dans la situation actuelle pour en faire la base préalable d'un changement majeur. Vous ne voulez pas jeter le bébé avec l'eau du bain et cela constitue un vrai danger lorsque vous envisagez d'embrasser de nouveaux horizons, que le motif soit positif ou négatif. Prenez un changement important (se mettre à son compte) et étudiez l'exemple de conversation suivant que vous pourriez avoir avec vous-même :

Q : Quels aspects très positifs de mon poste actuel est-ce que je désire retenir ?

R : J'ai une sécurité financière, d'excellentes relations au sein de l'équipe et des horaires fixes.

Q : Quel est mon rêve professionnel ?

R : Avoir plus de liberté et d'autonomie. Je veux prendre moi-même les décisions, dépenser mon budget comme je l'entends et développer ma créativité sur de nouveaux marchés.

Q : Comment bâtir une nouvelle vie professionnelle qui me permettrait également d'avoir une vie personnelle épanouie ?

R : Si je trouve maintenant des partenaires potentiels, je serai en mesure de faire des bénéfices en l'espace d'un an à compter du moment où je quitterai mon poste actuel. Je peux déjà commencer à développer des idées de produits et de services pendant mon temps libre, ce qui me permettra d'identifier les choses qu'il me faudra apprendre à maîtriser sur le nouveau marché. Si j'essaie de faire moins d'heures sur les six mois qui viennent, j'aurai plus de temps à consacrer à mes débuts dans ma nouvelle activité et disposerai ainsi d'une solide base sur le plan financier et personnel.

Cette approche positive, basée sur une technique de coaching appelée *méthode de l'analyse positive*, peut vous aider à vous éloigner des problèmes et à explorer un univers d'éventualités plus fertile.

Lorsqu'un changement majeur vous semble énorme et lointain, vous pouvez mesurer votre progression à l'aide des questions suivantes :

- Sur une échelle de 1 à 10, où est-ce que je me situe par rapport à mon objectif ?
- Qu'est-ce qui me rapprocherait plus du 10 ?
- Quels attributs positifs m'ont aidé à atteindre mon niveau actuel ?
- Comment renforcer ces attributs positifs ?

Changer et assimiler une nouvelle situation

Les changements importants interviennent à tous les stades de la vie, qu'ils répondent à une motivation intrinsèque profonde ou soient dus à des facteurs externes largement incontrôlables tels qu'un licenciement ou un deuil. Vous pouvez être impliqué dans le changement d'envergure d'autrui et si vous n'en êtes pas au même stade, il peut en résulter une séparation ou un divorce, lequel, bien entendu, vous propulse à votre tour dans une situation de changement radical.

Que votre changement soit volontaire ou imposé, vous devez en comprendre les mécanismes.

Assumer le changement

Même si votre changement radical est positif et recherché, vous vivez néanmoins un processus qui ressemble à un travail de deuil. Vous tournez le dos à une partie de votre vie et, même si vous éprouvez un certain soulagement et de la joie, vous pouvez également vous sentir profondément mal à l'aise et triste.

Étudiez les scénarios suivants :

- Vimla a entendu dire que l'entreprise dans laquelle elle travaille a été rachetée par un concurrent à la stratégie commerciale très féroce.
- Le conjoint de longue date de Peter avoue être tombée amoureuse d'un autre homme et demande le divorce.
- Maria se décide à quitter son métier d'avocat d'entreprise et de suivre une formation pour enseigner l'anglais comme langue étrangère afin de réaliser son rêve : vivre au Portugal.
- Jonathan est sur le point de démissionner de son poste d'encadrement très lucratif au sein d'une grande entreprise afin de monter sa propre entreprise.

Voyons maintenant comment chaque personne gère le déni, la colère, la négociation des émotions, la tristesse et l'acceptation :

1. **Le déni :** Vimla est horrifiée en apprenant la nouvelle du rachat et, dans un premier temps, elle ne parvient pas y croire. Elle pense à toutes les raisons pour lesquelles la nouvelle du rachat est invraisemblable et ne peut accepter que le conseil d'administration ait pu vendre ainsi l'entreprise.

2. **La colère :** après le choc initial et sa phase de déni, Peter éprouve une immense colère envers son conjoint parce qu'elle a abusé de sa confiance. Il est furieux qu'elle ait une liaison cachée et a du mal à passer outre afin d'envisager les options existantes avec calme et clarté.

3. **La négociation :** au début, Maria a lutté à la fois contre son besoin de garder son statut et sa forte envie d'embrasser une nouvelle carrière. Elle était en colère de « ne pas tout avoir » puis en est arrivée au stade des négociations qui l'a vue s'adapter mentalement aux deux options. Elle a changé d'avis et fini par estimer qu'à long terme, il serait mieux pour elle de s'éloigner de l'univers judiciaire afin de bien mettre son énergie au service de ses nouveaux objectifs.

4. **La tristesse :** Jonathan est passé par une période de déni quant à la possibilité de monter son entreprise, et de colère, sous la forme d'une frustration extrême face à sa tristesse. Il a eu également sa période de négociation lorsqu'il tenta d'étudier objectivement les options existantes. Il éprouve maintenant de la tristesse face à la nécessité de dire adieu à un sentiment de sécurité qui lui a si longtemps rendu service. La remise de sa démission représente pour lui une étape gigantesque et il n'est pas encore prêt à penser à la suivante.

5. **L'acceptation :** ces quatre personnes parviennent finalement toutes à la phase d'acceptation et sont prêtes à abandonner leur ancienne situation et à envisager de prendre un nouveau virage. Même les résultats négatifs (Vimla perd son emploi et Peter divorce) sont plus faciles à encaisser car les individus concernés les ont acceptés et analysés lorsqu'ils ont admis les changements en cours.

Passer à l'étape suivante

Une fois accepté le caractère inévitable du changement majeur et digéré la perte pour parvenir à l'acceptation, vous démarrez alors un autre voyage. Les mesures suivantes vous rapprochent de l'étape de transition.

1. **Tirez un trait sur le passé.** Acceptez qu'une page de votre vie se tourne. Vous pouvez choisir de symboliser cet état d'esprit d'une certaine manière, soit visuellement, soit en vous débarrassant ou en brûlant

les documents ou objets dont vous n'avez plus besoin et associés à la phase qui se termine. Vous prenez maintenant vos distances avec le passé afin d'embrasser l'avenir. Vous êtes probablement soulagé d'être libre d'avancer tout en ayant peur de ce qui vous attend.

Vimla, qui a perdu son emploi suite au rachat de son entreprise, a fini par accepter la situation grâce au soutien de ses amis et de sa famille. Elle s'est rendu compte qu'elle était restée très fidèle à son ancienne entreprise, bien qu'elle s'aperçoive aujourd'hui que son travail routinier l'avait particulièrement ennuyée. Elle est enthousiaste à l'idée de découvrir de nouveaux horizons bien qu'elle n'ait aucune idée de la façon dont elle va pouvoir trouver la confiance pour revenir sur le circuit de la recherche d'emploi.

2. **Progressez dans votre processus de transition.** La transition de votre ancienne à votre nouvelle vie peut s'avérer chaotique à mesure que vous découvrez les conséquences de votre choix et procédez aux ajustements nécessaires. Votre niveau d'énergie augmente lorsque votre assurance d'être sur la bonne voie se fait plus grande, même si vous ne disposez pas encore de toutes les réponses. Vous pouvez être tenté de demeurer longtemps à ce stade sans vous engager définitivement à prendre le nouveau départ prévu. Vous explorez les options au lieu de vous engager à passer à l'action.

Pendant sa période de transition, Vimla a travaillé avec un coach spécialisé dans les parcours professionnels. Au début, elle fut surprise de constater que les séances de coaching abordaient moins les techniques d'entretien et la rédaction d'un CV de qualité et s'attardaient plus sur les aspects agréables de son travail et sur ce qui l'aidait à renforcer sa confiance dans tous les domaines. Vimla s'impliqua activement dans son processus de transition et prit très vite son téléphone pour partir à la recherche de nouveaux employeurs potentiels.

3. **Démarrez votre nouvelle vie.** Vous disposez maintenant d'une bonne dose de certitude et vous vous mettez en phase avec vos nouveaux objectifs. Vous êtes alors plein d'énergie, de détermination et très actif. Vous vous sentez fort et acceptez votre ancien moi, vos luttes et vos défis.

Très vite, Vimla a décroché plusieurs entretiens et on lui a même proposé deux postes le même jour ! Le jour où elle a démarré sa nouvelle fonction, elle a envoyé un mot au chef de son ancienne entreprise, le remerciant de l'avoir licenciée et de lui avoir donné l'occasion d'élargir ses horizons.

Chapitre 18

Utiliser plus souvent les principes du coaching

Dans ce chapitre :
- Découvrir son talent naturel pour le coaching
- Se concentrer sur l'écoute et l'établissement du rapport
- Coacher les autres de manière responsable
- Intégrer le coaching dans ses relations personnelles et professionnelles

Bien que l'exercice du coaching demande une qualification, les habiletés essentielles associées font appel à certaines qualités humaines élémentaires que tout le monde possède. Vous pouvez améliorer votre pratique de l'autocoaching, voire développer l'envie et la faculté d'exploiter ces habiletés au profit des autres, en mettant en pratique les idées présentées dans cet ouvrage. Coacher les autres demande un certain courage, ainsi que de l'intégrité, du dévouement et de l'humilité. Mais, si votre début d'expérience de transformation de votre vie via le coaching vous inspire, c'est en lisant ce chapitre que vous allez peut-être pouvoir commencer à enrichir la vie des autres de manière similaire, qu'il s'agisse de vos amis, de votre famille ou de vos collègues.

Ce chapitre vous apprend d'abord à bâtir un arsenal d'habiletés en matière de coaching puis vous montre comment les utiliser. Pour que votre savoir-faire prenne une autre dimension, l'annexe de ce livre vous dit comment devenir coach professionnel.

Aller au-delà de l'autocoaching

Repensez à un film qui vous a vraiment marqué ou à un livre passionnant que vous avez lu. Vous mouriez probablement d'envie d'en parler à vos amis et leur avez peut-être dit qu'il fallait absolument le voir ou le lire. Si la magie du coaching a opéré sur vous, vous envisagez peut-être déjà d'en informer le monde entier, voire d'en faire votre profession. Nombre de coachs professionnels trouvent leur vocation après avoir d'abord appliqué les préceptes du coaching sur eux-mêmes. C'est à partir de là qu'ils changent d'orientation professionnelle et en viennent à enseigner à plein-temps.

Il existe une différence de taille entre accomplir son voyage personnel et mener celui d'une autre personne, surtout si vous espérez vivre de cette activité. Pour commencer, il faut savoir si vous avez les qualités naturelles du coach ou si vous pouvez les acquérir, à savoir avoir la passion d'aider les autres à atteindre leurs objectifs en utilisant un haut niveau d'expertise et en faisant preuve d'un certain dévouement.

Avez-vous les qualités naturelles du coach ?

Le coach « naturel » vit au rythme de ses valeurs et les insuffle dans tout ce qu'il fait. Vous affichez peut-être déjà les comportements susceptibles de vous donner la compétence nécessaire pour exercer le coaching, de manière informelle ou professionnelle. Voici dix traits caractéristiques du coach « naturel » :

- **Vous êtes orienté vers le développement personnel.** Un coach « naturel » recherche la discussion et veut en permanence développer sa conscience de soi et ses talents. Vous faites de l'autocoaching et êtes également coaché régulièrement, à la fois sur le plan personnel et professionnel, car vous connaissez l'importance du coaching dans le processus de transformation. Les chapitres de la deuxième partie vous en disent plus sur le développement personnel.

- **Vous communiquez habilement.** Vous posez des questions pertinentes et approfondissez les thèmes pour veiller à bien comprendre. Vous écoutez attentivement les autres. Votre communication est claire, directe et positive et votre avis est honnête et constructif. Le chapitre 7 explique l'art de poser des questions pertinentes. La section « L'art de l'écoute », plus loin dans ce chapitre, passe en revue des écoutes efficaces.

Chapitre 18 : Utiliser plus souvent les principes du coaching

- ✔ **Vous faites preuve d'empathie envers les autres.** Vous vous mettez facilement à la place des autres et êtes capable de voir les choses sous différents angles. Vous ne laissez jamais votre vision du monde entraver la progression des autres. La connaissance de vos comportements de prédilection (chapitre 4) est un excellent point de départ à la compréhension des autres.

- ✔ **Vous établissez facilement le rapport.** Vous vous adaptez avec sensibilité au style de votre interlocuteur afin de veiller à ce qu'il soit à l'aise. Vous encouragez le respect mutuel et la confiance. (Je développe la notion de rapport dans la section « Établir le rapport », plus loin dans ce chapitre.)

- ✔ **Vous luttez contre le *statu quo*.** Un coach naturel aide les autres à adopter de nouveaux points de vue, à envisager de nouvelles éventualités et s'attaque aux hypothèses et raisonnements dépassés ou néfastes. Vos talents d'interrogateur sont inestimables, tout comme votre faculté de mettre en lumière une croyance nuisible (voir chapitre 5).

- ✔ **Vous favorisez la compréhension d'autrui.** Vous ne vous affichez pas en expert, mais aidez les autres à comprendre des situations et à tirer des conclusions novatrices et plus salutaires pour leur bien-être. Le chapitre 1 vous donne certaines définitions sur le rôle d'un bon coach dans la découverte de solutions adéquates.

- ✔ **Vous fournissez la motivation et l'inspiration pour passer à l'action.** Un coach naturel incite toujours les actions positives et croit fermement que l'autre est capable de mettre en œuvre des changements efficaces. Votre connaissance des valeurs capables de motiver autrui vous est très utile (le chapitre 6 vous en dit plus sur les valeurs).

- ✔ **Vous voyez les situations avec objectivité.** Vous ne vous impliquez jamais personnellement ou émotionnellement lorsque vous soutenez les autres. Vous êtes capable de vous placer au calme dans une bulle pour prendre du recul et analyser clairement les situations. Le chapitre 14 vous donne des idées sur la gestion des émotions.

- ✔ **Vous comprenez et prenez vos responsabilités.** Vous aidez les autres à bien définir les résultats qu'ils souhaitent et à assumer la responsabilité de leurs actes et des conséquences associées.

- ✔ **Vous prônez les solutions à long terme.** Vous n'êtes jamais un adepte des solutions de fortune, mais recherchez plutôt la solution la plus équilibrée et holistique.

Utilisez le tableau 18.1 pour évaluer vos habiletés actuelles sur une échelle de 1 (pas du tout compétent) à 10 (extrêmement compétent). Placez votre propre perception dans la colonne A et demandez à une personne qui vous connaît bien de renseigner la colonne B. Quelles sont les différences entre les deux points de vue ?

Tableau 18.1 : Les qualités naturelles du coach

	A	B
Est orienté vers le développement personnel		
Communique habilement		
Fait preuve d'empathie envers les autres		
Établit facilement le rapport		
Lutte contre le *statu quo*		
Favorise la compréhension d'autrui		
Fournit la motivation et l'inspiration pour passer à l'action		
Voit les situations avec objectivité		
Comprend et prend ses responsabilités		
Prône les solutions à long terme		

Développer les habiletés essentielles pour coacher les autres

Vous vous êtes déjà constitué un impressionnant arsenal d'habiletés grâce à l'autocoaching. Vous êtes en phase avec la voix de votre coach intérieur (voir chapitre 1), vous vous posez des questions pertinentes pour contester vos propres hypothèses (voir chapitre 7) et vous avez bien conscience de ce qui est important à vos yeux et êtes capable de créer les conditions favorables aux changements que vous souhaitez opérer (voir chapitre 6). Toutes ces habiletés sont mobilisées pour coacher les autres, mais il vous faudra en exploiter deux autres, l'écoute et l'établissement du rapport avec autrui, si vous souhaitez que le coaching joue un plus grand rôle dans votre vie. L'excellente nouvelle c'est qu'elles sont primordiales au développement de relations humaines productives. Vous ne fournirez donc pas en vain des efforts pour améliorer votre écoute et votre mode d'établissement du rapport, même s'il advient que vous n'utilisiez jamais ces deux habiletés pour coacher les autres.

L'art de l'écoute

Observez votre capacité d'écoute et voyez la fréquence à laquelle vous passez d'un niveau d'écoute à l'autre, parmi les trois présentés ci-dessous.

Écoute de niveau 1

Au niveau 1, vous n'êtes pas vraiment concentré sur votre interlocuteur, mais plutôt sur les éléments de son discours qui vous renvoient à votre expérience. Par exemple, on vous présente une personne qui commence à vous parler de sa dernière plongée sous-marine. Votre volonté d'établir le rapport avec elle vous incite notamment à répondre en exprimant votre propre opinion sur le sujet et à raconter vos histoires d'eau. Vous avez entendu l'information transmise et suffisamment compris l'essentiel de la conversation pour dialoguer avec votre interlocuteur, mais des détails ont pu vous échapper car votre attention était déjà tournée vers vos propres expériences et ce que vous allez dire.

L'écoute de niveau 1 convient pour la plupart des échanges quotidiens mais, comme lors d'une séance d'autocoaching, certaines situations demandent une écoute plus attentive afin de les comprendre dans leur ensemble et d'en capter la signification pour les personnes concernées. Vous êtes trop occupé à appliquer votre propre filtre comme le dit la plaisanterie « Mais, assez parlé de moi… qu'est-ce que tu penses de moi ? » Quand vous commencez le coaching, vous pouvez être tellement désireux de « bien faire » et de poser les bonnes questions que vous recherchez vraiment l'assentiment dans la réponse de votre interlocuteur au lieu de réellement l'écouter.

Écoute de niveau 2

L'écoute de niveau 2 est l'écoute attentive. Votre attention est totalement tournée vers la personne qui parle, vous ne l'interrompez pas, bien que vous puissiez lui poser des questions pour approfondir ou clarifier son propos. Si vous êtes face à elle, vous la regardez souvent dans les yeux et votre langage corporel montre que vous êtes attentif à l'autre. L'écoute attentive est un véritable cadeau fait à votre interlocuteur, qui se sent « entendu ». À l'instar des moments où vous laissez véritablement votre coach intérieur écouter votre dialogue intérieur, sans émettre de jugement, l'écoute attentive permet à l'autre d'ordonner ses pensées et de se détendre dans l'espace que vous lui donnez. (Cerise sur le gâteau, les personnes qui savent écouter ont la réputation d'être fascinantes car elles permettent aux autres d'être fascinants !)

Écoute de niveau 3

Plus votre écoute se situe au niveau 2, plus vous avez des flashs d'inspiration susceptibles d'aider votre interlocuteur. Au niveau 3, votre intuition se met en branle quand vous percevez la signification de la conversation, et même de ce que votre interlocuteur ne dit pas et des sentiments et émotions qu'il projette inconsciemment. Cette écoute, associée à des talents d'interrogateur respectueux et efficace, peut vous permettre de faire des suggestions qui aideront votre interlocuteur à clarifier sa pensée et à trouver les solutions à mettre en œuvre.

Établir le rapport

Le *rapport* se produit quand vous faites preuve de respect pour une personne et que vous vous mettez en phase d'une manière sensible avec ce qu'elle fait pour qu'elle se sente à l'aise en votre présence. Le rapport est essentiel pour coacher les autres, mais ne signifie pas essayer de devenir le meilleur ami de tout le monde. Il existe quatre façons d'établir le rapport pendant le coaching.

La communication non verbale

Si vous communiquez ou faites du coaching en face à face, votre langage corporel donne autant d'indications que votre discours ou que la façon dont vous parlez. Le coaching est une relation placée sur un pied d'égalité, alors oubliez toute velléité d'imposer un quelconque pouvoir en vous présentant comme un expert. S'asseoir derrière une table donne un côté officiel, comme si vous dirigiez un entretien. Pour plus de naturel, asseyez-vous plutôt à côté ou légèrement de biais par rapport à votre ami ou collègue. Vos échanges ressembleront ainsi à une conversation normale.

Votre langage corporel doit traduire la totale attention que vous portez à votre interlocuteur, sans violer son espace vital. Soyez sensible au cercle d'intimité de l'autre. Décelez les petits signes de gêne chez votre interlocuteur si vous vous tenez trop près ou trop loin de lui. D'instinct, les gens se rapprochent ou s'éloignent pour reformer leur cercle d'intimité et, si cet ajustement ne donne pas les résultats escomptés, ils peuvent ne plus faire d'effort et rompre le rapport.

Essayez d'adopter le langage corporel de votre interlocuteur sans tomber dans l'imitation et de faire preuve de calme s'il est particulièrement tendu. Il s'agit pour vous d'avoir une attitude décontractée afin d'encourager l'autre personne à vous suivre, en se libérant de ses tensions. Soyez donc à l'aise, ouvert et regardez-la fréquemment dans les yeux sans trop la fixer.

La voix

Vos qualités vocales sont primordiales en matière de coaching personnel. Ayez pour objectif d'avoir un ton et un volume vocal aussi proches que possible de ceux de votre interlocuteur afin de maintenir le rapport et d'instaurer une certaine confiance. En jouant sur votre voix, vous pouvez l'aider à afficher un état d'esprit plus favorable. Lors d'une séance de coaching, vous pouvez déceler une pointe de découragement de votre ami ou collègue à sa voix et aux mots qu'il utilise. Vous pouvez faire avancer les choses en posant une question pertinente (le chapitre 7 vous en dit plus sur les questions pertinentes) et accroître l'impact de cette question en prenant un ton enjoué.

Le silence

En matière de coaching, le silence peut s'avérer aussi bénéfique que le dialogue. La plupart des gens ont besoin d'un peu de temps pour réfléchir à la réponse qu'ils vont donner et d'autres pensées peuvent surgir une fois leur opinion donnée. Si vous êtes trop soucieux d'alimenter en permanence la conversation et de combler les blancs à l'aide de splendides questions pertinentes, votre interlocuteur n'a pas le temps de réfléchir et se trouve dépassé par les événements.

Adoptez la règle des trois secondes. Attendez la réponse trois secondes avant d'estimer que votre question nécessite des éclaircissements, puis également trois secondes lorsque votre interlocuteur a fini de parler. Des périodes de silence bien plus longues peuvent également s'avérer utiles pendant les séances de coaching. Un coach a raconté que le silence le plus long vécu lors d'une séance avait duré 30 minutes et le client a déclaré que cette séance avait été l'une des plus productives ! Soyez suffisamment à l'écoute et souple pour donner à l'autre personne ce dont elle a besoin et non les choses dont vous pensez qu'elle a besoin.

Le langage

L'être humain a tendance à percevoir son environnement avec l'un des modes de perception suivants, connus sous le nom de *modalités*, terme chic qui désigne simplement les sens. Le fait de savoir quelles sont les préférences de son interlocuteur (la vue, l'ouïe ou le toucher ou un mélange des trois) aide vraiment à choisir le langage approprié pour établir le rapport. Consultez *La PNL pour les Nuls* de Romilla Ready et Kate Burton (Éditions First) pour en savoir plus sur les modalités. Voici les trois principales modalités :

- **La modalité visuelle.** Les adeptes du système visuel fonctionnent avec des photos et des images et cette préférence se retrouve dans leur langage et dans leurs actes. Des expressions telles que « Je vois ce que tu veux dire » ou « C'est clair à mes yeux » traduisent un penchant pour la dimension visuelle. Ces personnes prennent souvent beaucoup de notes et tiennent à coucher les concepts sur le papier. La plupart des gens ont tendance à être visuels, avec une dominante à base d'images ou de mots. Si vous dites le mot « vert » à une personne visuelle, elle verra peut-être l'image d'une chose verte, telle qu'une pelouse, ou le mot épelé. Elle peut avoir une préférence pour les séances en face à face ou aimer que celles-ci contiennent des exercices, afin de mieux « voir » le processus du coaching.

- **La modalité auditive.** Les personnes auditives se sentent naturellement à l'aise avec les séances de coaching par téléphone. Elles ont des expressions telles que « J'entends bien ce que vous me dites » ou « Nous sommes sur la même longueur d'onde ». Lorsqu'elle pense à ses objectifs, une personne auditive peut former des associations audibles, à savoir entendre une voix qui lui dit « Bravo » ou le son des applaudissements lorsqu'elle monte sur scène pour recevoir une récompense.

- **La modalité kinesthésique (toucher).** Les personnes orientées vers la dimension kinesthésique fonctionnent avec les sensations et les émotions. Elles utilisent des mots et expressions « Il est solide comme un roc » ou « il a les pieds sur terre ». Coacher une personne kinesthésique signifie souvent se mettre en phase avec les émotions qui se cachent derrière ce qu'elle dit. Il s'agit aussi de l'aider à s'éloigner des sentiments qui provoquent chez elle de la douleur et de l'anxiété et à bâtir une solide armure d'éléments déclencheurs de bien-être qu'elle associera à ses objectifs.

Écouter d'une oreille

À l'époque où je ne connaissais absolument rien sur les modalités et les préférences, j'avais un patron extrêmement orienté vers la dimension auditive alors que j'étais particulièrement visuelle et kinesthésique. Je me souviens de l'une de mes premières réunions avec lui au cours de laquelle j'essayais avec passion de vendre un projet très cher à mon cœur (vous voyez, mon côté kinesthésique se manifeste !). J'essayais désespérément de croiser son regard et de l'intéresser avec mes grands graphiques, mes jolies photos et mes camemberts époustouflants. Mais il continuait de passer en revue sa pile de factures, la tête tournée dans l'autre direction et marmonnant de temps en temps un « Oui oui ». Je me suis finalement exclamée qu'il ne m'écoutait même pas. Il sourit, me montrant du doigt son oreille droite, qui me faisait face puisqu'il avait la tête tournée. C'était sa façon de se concentrer sur mon baratin, même si cette méthode me paraissait très impolie. Nous avons tous deux procédé à des ajustements pour améliorer notre rapport et nos relations sont devenues bien meilleures. (Il n'a jamais vraiment cru à mes chers projets, mais ça, c'est une autre histoire !)

Dans une conversation ou une séance de coaching, vous pouvez établir le rapport rapidement si vous connaissez la modalité préférée de votre interlocuteur. Ne pas capter ses préférences peut entraîner une rupture du rapport, voire conduire à la colère et à la frustration.

Faire preuve d'éthique dans l'utilisation des techniques de coaching

Le coaching est un outil très puissant pour opérer des changements. Il vous faut donc veiller à agir de manière responsable et avec sensibilité. Si vous envisagez d'appliquer les techniques de coaching avec d'autres personnes de manière informelle, suivez ces conseils afin de veiller à intervenir de façon éthique :

- **Vérifiez vos intentions.** Pourquoi voulez-vous utiliser les techniques du coaching ? Si l'ego fait partie de votre motivation, arrêtez tout ! Le coaching pratiqué de manière efficace est impressionnant à vivre et à observer, mais il ne s'agit pas d'un gala de cirque et l'objectif doit toujours être de contribuer à ce que la personne obtienne un résultat qui lui convient.

- **Ne donnez pas de conseils dans des domaines où vous n'êtes pas compétent.** Êtes-vous vigilant aux signaux d'alarme qui pourraient vous faire perdre pied, comme lorsqu'une personne vous fait part de ses envies de suicide ? Si vous perdez pied, expliquez à l'autre que vous estimez qu'elle a besoin d'un autre genre de soutien et que vous pouvez, grâce à vos habiletés en matière de coaching, l'aider à explorer les autres options existantes, telles que la consultation psychologique. Connaissez-vous des personnes qui pourraient vous aider si vous rencontrez cette situation ?

- **Permettez à l'autre personne de trouver elle-même les réponses à ses questions.** Êtes-vous certain que vous n'avez pas un rôle de mentor ou de conseiller, quelle que soit la force de vos sentiments sur les bons et mauvais côtés d'une situation ? Vous pouvez bien sûr aider l'autre à se constituer des choix s'il se sent vraiment dans une impasse, mais vous devez absolument veiller à ce que vos suggestions n'expriment pas une préférence personnelle ou ne se transforment en conseils. C'est à la personne coachée de prendre la décision et votre rôle est de l'aider à passer clairement en revue les choix existants. Êtes-vous tout à fait certain que vous ferez tout ce qu'il y a en votre pouvoir pour rendre les autres autonomes et ne pas favoriser une dépendance à votre égard ?

- **Tenez-vous informé des derniers développements dans l'univers du coaching.** Vous engagez-vous à vous tenir au courant des meilleures techniques, que vous interveniez à titre professionnel ou de manière informelle ?

Si vous décidez de devenir coach professionnel ou de laisser la part belle au coaching dans votre travail, votre organisme professionnel ou de formation va vous demander de respecter un code de déontologie (voir l'annexe de ce livre).

Développer un rôle de coach dans sa vie

Comment commencer à appliquer ce que vous avez appris ? Les points de départ les plus évidents sont parfois les plus délicats. Cette section vous éclaire sur la façon de commencer à coacher d'autres personnes de manière informelle.

Coacher les amis et la famille

Vos habiletés en matière de coaching, intégrées à votre vie et à vos comportements, peuvent significativement améliorer la qualité de vos relations avec les êtres chers. Et, si ces derniers ont entamé le même voyage que le vôtre et consentent à travailler avec vous, les amis et la famille peuvent s'avérer d'excellents co-coachs. Ils peuvent vous apporter leur soutien pour l'expérimentation mutuelle de nouvelles idées et techniques.

Cependant, vous pouvez également rencontrer une résistance farouche et éprouver des difficultés à adopter une approche de coach avec vos proches, précisément *à cause* des liens qui vous unissent et des modèles de comportement que vous avez façonnés de longue date avec eux. Si vous avez des chances de ressentir une forte implication émotionnelle dans votre démarche de coaching de votre famille et de vos amis (et il est parfois difficile d'empêcher les émotions de s'inviter dans le processus), je vous conseille vivement de procéder autrement. Vous pratiquez peut-être le co-coaching avec une personne qui pourrait travailler à votre place avec l'un de vos proches.

Voici trois principes qui pourraient vous aider à intégrer avec sensibilité le coaching dans votre vie personnelle et dans votre sphère familiale :

- **Concentrez-vous d'abord sur l'écoute avant d'agir.** De toutes les personnes avec lesquelles vous communiquez, votre famille et vos proches amis sont peut-être celles que vous n'écoutez plus sérieusement. Vous pouvez être surpris de ce que vous apprenez sur les personnes lorsqu'elles sont habituées à votre nouvelle attitude, celle d'un individu qui s'abstient de donner des conseils, même bien intentionnés, et leur permet de trouver elles-mêmes et dans le calme des solutions.

- **Efforcez-vous de n'émettre aucun jugement, que ce soit à travers vos pensées ou vos paroles.** Il est tentant de se précipiter pour arranger les choses avec ses proches et d'être trop critique ou indulgent. En optant pour la même approche empreinte de curiosité que vous appliquez avec votre coach intérieur, vous aiderez vos proches à trouver leur voie. Prenez l'habitude de demander à l'autre personne quel est l'impact d'une décision ou d'un choix sur elle. Adoptez un langage en phase avec les modes de communication préférés de toute la famille. Encouragez vos proches à être objectifs et à penser aux conséquences, pour le meilleur ou pour le pire, du parcours choisi. Utilisez vos questions pertinentes avec prudence (voir chapitre 7) et surveillez les signes qui pourraient laisser penser que votre interlocuteur a besoin de consulter un coach professionnel ou d'avoir un soutien d'une autre nature.

✔ **Soyez un modèle plein de calme.** Vous n'êtes pas un saint, ni un martyr, ni le nouveau gourou. Vous êtes un être humain au potentiel extraordinaire, à la fois doté de talents incroyables et de défauts frustrants. Ne vous croyez pas parvenu au sommet d'une montagne que personne n'a jamais gravie. Vous ne connaissez pas la difficulté du parcours de l'autre. Un coach naturel accepte avec humilité son rôle, celui de faciliter le changement, ce dernier n'étant réellement possible que si c'est le bon moment. Vous n'avez pas besoin d'être un être parfait vis-à-vis de vos proches pour leur montrer toute l'efficacité du coaching. Vous devez afficher une conscience de soi et souhaiter poursuivre votre propre périple, malgré les rechutes, les échecs et les pertes de motivation. Le Dr Hawkins, psychiatre et auteur d'ouvrages sur la philosophie spirituelle, a dit : « Nous changeons le monde non pas par nos paroles ou nos actes mais par ce que nous sommes devenus. »

Apporter le coaching dans votre travail

Vous pouvez utiliser dans votre travail avec beaucoup de succès n'importe laquelle des techniques de coaching présentées dans ce livre, que vous soyez directeur ou simple employé. Si le coaching est une attribution officieuse de votre poste, les directives appliquées pour le coaching des amis et de la famille (voir section précédente) conviennent souvent. Vous ne souhaitez pas être celui qui s'enthousiasme à coups de petites phrases et d'injections de doses de dynamisme. Vous pouvez au mieux vous préparer à une baisse si vous ne parvenez pas à maintenir cet enthousiasme et, au pire, vous pourriez dégoûter les autres du développement personnel. Utilisez votre enthousiasme et votre passion pour rechercher des moyens d'améliorer la situation sur votre lieu de travail.

Voici certains domaines dans lesquels vous pouvez envisager d'utiliser vos habiletés en matière de coaching :

✔ Étudiez la façon dont les réunions sont conduites dans votre entreprise. Comment pouvez-vous apporter votre objectivité de coach et exploiter vos talents d'interrogateur ?

✔ Pensez aux moments où vous travaillez seul. Votre fixation d'objectifs est-elle constructive ? Comment pouvez-vous favoriser l'autonomie et la prise de responsabilités individuelles au lieu de l'imposition d'objectifs ?

- Prenez des personnes qui « font bien les choses » et aidez vos collègues à percevoir les raisons de leur réussite. Les gens passent souvent trop de temps à étudier leurs erreurs et considèrent leurs succès comme allant de soi. En tant que coach naturel, vous pouvez aider vos collègues à analyser les facteurs leur permettant d'être performants.
- Considérez-vous comme un « chef coach » et faites en sorte d'aider la personne à exploiter au mieux tout son potentiel. Beaucoup d'entreprises s'inspirent trop souvent des styles de commandement les plus évidents. Pour vous, le commandement consiste-t-il à faire preuve de courage et d'audace et à partir à l'assaut de la montagne ? C'est une option, bien sûr. Mais un coach naturel suit et dirige et peut faire de ce principe une qualité de commandement. Cherchez donc des modèles de bon comportement et de calme au sein de votre équipe, complimentez-les et encouragez-les.

Changer le destin d'un être à la fois

Il marchait souvent sur la plage le matin, planifiant la journée qui commençait. Un jour, il emprunta une nouvelle direction. Ce bout de plage était plus isolé mais à la beauté toujours aussi dénudée. Il pensait avoir la plage pour lui seul, mais vit au loin une silhouette apparemment en train de ramasser des coquillages. Curieusement, elle les rejetait directement à la mer. Il se demandait pourquoi et accéléra le pas pour aller à sa rencontre. Il vit alors nettement ce qu'elle était en train de faire.

Ce ne sont pas des coquillages, pensa-t-il, mais des *étoiles de mer*. Il sourit intérieurement. Elle souhaitait bien sûr donner à ses pauvres petites choses une chance de retrouver l'univers dans lequel elles peuvent se développer, mais c'était une entreprise gigantesque vu les centaines, voire milliers d'étoiles de mer qui jonchaient la plage.

La lanceuse d'étoiles de mer leva les yeux un moment, comme si elle lisait dans ses pensées. Elle sourit et il lui rendit son sourire, un peu gêné, puis poursuivit sa marche.

Les jours passèrent. Il passa un peu de temps en ville, qu'il aimait également, à travailler. Au départ, il ne pensa pas beaucoup à la lanceuse d'étoiles de mer car il s'efforçait de résoudre des problèmes et répondre à des exigences. Pour une raison ou pour une autre, il résolut très peu de problèmes et les exigences lui paraissaient encore plus grandes que d'habitude. Il avait souvent envie d'abandonner. Lui revenait de plus en plus à l'esprit l'image de la femme ramassant et jetant les étoiles de mer dans une parabole harmonieuse vers l'horizon et ce point où le ciel et la mer se rejoignent. À la fin de cette longue semaine, l'image était devenue obsédante et il retourna sur ce bout de plage.

La lanceuse d'étoiles de mer était là. Cette fois-ci, il se tint à ses côtés et se baissa pour en ramasser lui aussi. Son lancer décrivit un arc très précis dans le ciel lumineux et il se dit « Eh bien, nous avons changé le destin de celle-ci… »

Il tendit de nouveau le bras…

Cinquième partie
Les dix commandements

« Nous avons rééquilibré votre alimentation et vous avons prescrit des médicaments contre l'anxiété. Essayons maintenant de desserrer quelques-uns de vos boulons pour voir ce que ça donne. »

Dans cette partie…

L'inspiration instantanée à portée de neurones ! Besoin d'une question génialement pertinente pour faire le point sur votre vie ? Envie de trouver un acte quotidien qui vous équilibrera ? Hâte de savoir comment faire le plein de motivation pour votre développement personnel ? Ne cherchez plus, cette partie est faite pour vous.

Chapitre 19

Dix croyances à propos de vous-même

Dans ce chapitre :
▶ Comprendre son caractère unique
▶ Prendre conscience de ses ressources intérieures
▶ Accepter sa liberté d'action

> *Une chose se produit quand vous y croyez vraiment et c'est la croyance en cette chose qui fait qu'elle se produit.*
>
> Frank Lloyd Wright

Les croyances que vous avez à propos de vous-même vous aident à aller de l'avant ou vous enferment dans une impasse. Vous pouvez choisir de conserver ou de rejeter chacune de ces croyances. Ce chapitre vous donne dix vérités sur vous-même que vous pouvez utiliser pour remplacer les vieilles croyances néfastes telles que « Je suis paresseux » ou « Je ne réussis jamais rien ». Le chapitre 5 vous dit comment le coaching peut bonifier vos croyances.

Au début, vous aurez peut-être des difficultés à assimiler ces nouvelles croyances à propos de vous-même mais persévérez.

Vous êtes unique

Ce qu'il y a devant nous et ce que nous laissons derrière nous est peu de chose par rapport à ce qui est en nous. Et quand nous apportons au monde ce qui est en nous, des miracles se produisent.

Henry David Thoreau

Personne n'est exactement comme vous, même votre vrai jumeau, si vous en avez un, ne l'a jamais été et ne le sera jamais. Cela ne signifie pas que vous êtes « spécial » par rapport à quelqu'un d'autre. Cela ne veut pas dire que personne ne peut connaître votre potentiel jusqu'à ce que *vous* en ayez conscience vous-même. Il n'est jamais trop tard pour déceler son unicité. L'histoire regorge d'anecdotes sur des personnes qui ne se sont découvertes que tard dans leur vie et ont ensuite fait preuve de grandeur. Prenez Grandma Moses, par exemple, artiste américaine qui a seulement commencé à peindre à l'âge de 75 ans et est devenue célèbre après sa première exposition à New York, alors qu'elle avait 80 ans. Et l'écrivain Mary Wesley, qui avait plus de 70 ans lorsqu'elle a publié son premier roman. Elle en a ensuite écrit dix autres et a reçu le titre de commandeur de l'ordre de l'Empire britannique pour ce qu'elle a apporté à la littérature.

La grandeur n'est pas forcément liée à la célébrité et à la fortune. Il s'agit simplement d'exploiter tout son potentiel et de donner l'exemple par votre façon de vivre votre vie. Le chapitre 4, qui traite en détail le caractère unique, devrait vous inspirer.

Votre vie est le terrain d'exploration idéal pour le coaching

J'ai appris qu'il est impossible de tout avoir et de tout faire en même temps.

Oprah Winfrey

Combien de fois entend-on des gens dire des choses telles que « Ma vie serait géniale si je pouvais travailler dans tel secteur… ou vivre avec quelqu'un… ou me payer plus souvent des vacances… ou… ou… ou ». Quand vous décrochez l'élément manquant, vous découvrez des conséquences que vous n'aviez pas prévues. Le travail en question vous inflige un stress supplémentaire qui nuit aux moments de bonheur partagés avec votre partenaire. Vous trouvez l'âme sœur et découvrez que les choses que vous faisiez seul auparavant vous manquent. Vous pouvez vous culpabiliser d'avoir cet état d'esprit car vous avez l'impression de ne jamais être content et que le bonheur ne cesse de vous fuir.

Le coaching peut vous permettre de commencer à accepter le rôle de cet acte d'équilibrage pour le bienfait de votre vie. Identifiez les trois éléments indispensables pour que vous viviez au mieux votre vie : votre plaisir (accomplir les choses qui vous rendent heureux), le sens donné à votre vie, et l'équilibre (trouver une paix intérieure face au désordre qui règne parfois). Par conséquent, s'il est normal de venir au coaching pour traiter un domaine spécifique de sa vie, sa magie n'opère vraiment que si vous prenez en compte votre vie dans son ensemble, dans toutes ses dimensions.

Le chapitre 1 vous en dit plus sur ces trois éléments clés qui vous font avancer et sur leur place dans votre vie.

Votre destin est entre vos mains

Vous saurez le moment venu que vous avez trouvé votre voie car vous disposerez soudain de l'énergie et de l'imagination nécessaires.

Jenny Gillies

L'idée que vous puissiez contrôler l'opinion d'autrui pendant les séances de coaching peut vous sembler bizarre, mais, étonnamment, vous pouvez souvent tomber dans ce piège. Perdez-vous du poids parce que votre conjoint le juge nécessaire ? Vous êtes-vous porté volontaire pour suivre des séances de coaching destinées aux cadres car cela plaît à votre patron ? Pensez-vous que vous « devriez » arrêter de fumer parce que vos amis se plaignent de la fumée ? Souhaitez-vous même obtenir de « bons » résultats pour faire plaisir à votre coach ?

Toutes ces situations sont de puissants éléments de motivation pour opérer un changement et peuvent parfois avoir leur place dans votre arsenal. Mais la base du coaching est ce que *vous* voulez en plus ou en moins dans votre vie. Vous ne pouvez souhaiter inconditionnellement des changements dans votre vie si l'élément déclencheur provient d'une autre personne. Tôt ou tard, des fissures vont apparaître sur tout l'édifice. Commencez par prendre en compte vos propres désirs puis ajoutez toutes les bonnes raisons d'opérer des changements. Vous obtiendrez ainsi une stratégie réellement solide pour réussir.

Vous êtes plein de ressources

Évitez d'être trop timide ou de mettre trop d'émotions dans vos actions. La vie est une grande expérience et plus vous faites d'expériences, mieux c'est.

Ralph Waldo Emerson

Vous vous souvenez combien vous excelliez, étant petit, dans l'art d'obtenir ce que vous vouliez ? Vous possédiez tous les ingrédients du succès : une détermination sans faille, de la créativité et de l'imagination, la souplesse nécessaire pour changer de tactique, un sens irrésistible de la persuasion et même parfois l'effet de surprise. Tout cela pour retarder le moment d'aller au lit ou pour avoir une glace. Le monde des adultes n'était pas de taille à lutter contre vous quand vous vouliez vraiment quelque chose.

Eh bien, toutes ces ressources et bien d'autres demeurent en vous. Vous n'avez pas besoin de piquer une colère dans la rue pour obtenir ce que vous voulez ! Le coaching contribue à dénicher ces ressources dans votre grenier poussiéreux et à les astiquer pour les rendre prêtes à l'emploi. Vous enrichissez ainsi votre panoplie de façon à faire preuve en permanence d'ingéniosité.

Le chapitre 8 vous en dit plus sur vos ressources intérieures.

Vous êtes capable d'obtenir d'excellents résultats

Pensez différemment et vous changerez le monde.

Norman Vincent Peale

Avez-vous déjà été surpris de ce que vous étiez capable de faire ? Vous avez réussi un examen dans une matière qui vous donnait du fil à retordre ou réussi à décrocher une promotion malgré une concurrence féroce. Vous vous êtes lancé dans un programme de remise en forme et vous découvrez qu'au bout de douze semaines, vous êtes capable de courir 30 minutes sans vous arrêter, alors qu'avant, votre record était un « sprint » de 30 secondes pour attraper votre bus. Lors d'un repas de mariage où vous étiez témoin, vous avez surmonté votre peur de parler en public et vous êtes levé pour faire un discours.

Quelle que soit l'intensité du bien-être éprouvé une fois l'objectif atteint, le seul sentiment d'avoir repoussé ses limites est souvent la plus grande source de plaisir. Le coaching vise à exploiter l'énergie produite lors de ces moments sources de résultats exceptionnels, pour que vous preniez toujours un plaisir immense à aller au-delà de ce que vous aviez imaginé. C'est *votre* définition des « résultats exceptionnels » qui importe, pas celle des autres.

Vous pouvez trouver les bonnes solutions pour vous

Toutes les vérités sont faciles à comprendre, le tout est de les découvrir.

Galileo Galilei

Cette vérité contient souvent une part de croyance. Quand les gens viennent au coaching, ils pensent parfois avoir besoin d'un expert qui leur dira comment résoudre un problème rencontré dans leur vie. Mais si vous tournez et retournez le problème dans votre tête depuis longtemps, vous auriez déjà dû trouver la réponse, n'est-ce pas ?

En fait, le coaching vous libère de façon à vous permettre d'aborder différemment vos problèmes et objectifs et de trouver ainsi la réponse qui a toujours été en vous. L'une des joies du coaching réside dans le fait que vous avez toujours en vous les solutions idéales, car personne ne peut vivre votre vie à votre place. Le coaching vous permet d'étudier les options existantes, de jouer avec les idées et d'essayer d'appliquer des solutions jusqu'à ce que cela vous convienne. Le chapitre 9 vous en dit plus sur la découverte de solutions.

Vous n'avez pas à être jugé

Si vous tirez quelque chose de l'échec, vous n'êtes pas vraiment perdant.

Zig Ziglar

Que vous ayez un coach ou que vous fassiez de l'autocoaching, vous devez arrêter de raisonner en termes de bien et de mal. Bien entendu, cela ne signifie pas avoir carte blanche pour violer la loi. Les jugements nuisibles sont pleins de « devoir » et de « falloir ». Très souvent, ce genre de langage autoritaire traduit manifestement une réelle volonté d'influer sur les choses de la part de la personne qui l'utilise. Le coaching vous permet d'étudier avec curiosité et neutralité ce qui se passe. Vous serez ainsi plus susceptible de comprendre les événements.

Vous pouvez faire des choix pertinents

> *Si vous limitez vos choix à ce qui semble réalisable ou raisonnable, vous vous écartez de ce que vous voulez vraiment et ne pouvez obtenir qu'un compromis.*
>
> Robert Fritz

L'un des sentiments les plus affreux qui existent est de se sentir coincé dans une impasse sans le moindre choix à sa disposition. Vous pouvez vous sentir pris au piège par le travail que vous détestez car vous avez l'impression qu'aucun autre employeur n'apprécierait vos qualités. Vous êtes peut-être bien payé et vous ne voyez pas comment vous pourriez assumer vos responsabilités financières si vous percevez un salaire moins élevé pour faire le travail que vous aimez ou pour suivre une formation. Certains choix sont cornéliens et il est parfois difficile de percevoir les avantages à abandonner la sécurité dont vous bénéficiez pour une chose que vous connaissez mal. Il faut parfois faire des choix et sacrifier une chose que l'on aime pour une autre que l'on aime encore plus. Vous ne pouvez avoir le beurre et l'argent du beurre et, curieusement, si vous parvenez à « tout » avoir, vous pourriez vous apercevoir que cela a un prix que vous n'êtes pas disposé à payer.

Ayez l'espoir de disposer de nouveaux choix qui vous feront aller de l'avant de manière inattendue. Vous pouvez peut-être vous recycler en dehors des heures de travail pendant une longue période, ou travailler un peu moins afin de vous libérer un peu de temps pour réfléchir aux options existantes et les mettre en œuvre. Vous pouvez être tenté d'envisager des actes d'envergure et audacieux pour résoudre les problèmes que vous rencontrez dans la vie, mais ce sont souvent les choix de moindre importance qui sont les plus efficaces et réalisables.

Vous assumez la responsabilité des résultats obtenus

> *Nous sommes non seulement responsables de ce que nous faisons mais également de ce que nous ne faisons pas.*
>
> Molière

Le coaching ne garantit pas de « faire mouche dès le premier essai ». Puisque le coaching consiste à vous donner l'occasion d'expérimenter et d'essayer les options existantes, il y a de fortes chances que certaines n'aboutissent pas exactement au résultat souhaité. Mais, par contre, elles vous offrent un plus grand savoir et une meilleure conscience de soi, ce qui est souvent l'essentiel, et vous préparent à relever le prochain défi. Le coaching est parfois cruel et peut vous donner l'impression que vous ne progressez pas assez vite et que cela ne vous mène nulle part. Mais, tant que vous menez des actions positives et assumez la responsabilité des résultats obtenus, vous avancez et vous verrez que votre patience sera bientôt récompensée.

Vous faites confiance à vos sens

Aie confiance en toi-même et tu sauras vivre.

Johann Wolfgang von Goethe

La plupart du temps, vous utilisez votre conscience pour penser à vos problèmes et élaborer des stratégies, avec succès. Le coaching vous suggère d'associer à cette stratégie d'analyse la prise en compte du rôle de vos autres sens. Que *ressentez*-vous ? Quelles *images* associez-vous à la question que vous traitez ? Quels *sons* et *sensations* accompagnent vos pensées concernant vos problèmes et objectifs ? Tous vos sens peuvent vous donner plus inconsciemment des indices sur les options existantes et les actions appropriées.

Il faut du temps et de l'entraînement pour apprendre à faire confiance à ses sens. Commencez simplement par prêter attention à ce qui se passe et, très vite, vous parviendrez à établir des liens qui vous aideront à produire des réponses provenant non seulement de votre esprit rationnel, mais également d'indices fournis par votre corps. Par exemple, dans votre métier, vous acceptez de prendre de nouvelles responsabilités que votre directeur juge passionnantes et valant la peine d'être assumées. Mais vous avez un sentiment persistant et votre instinct vous dit que ces responsabilités vont vous causer des ennuis. Prêtez attention à ce sentiment : il peut s'agir d'une appréhension naturelle face à un nouveau défi ou un signal d'alarme à approfondir. Soyez certain de savoir dans quoi vous vous embarquez.

Chapitre 20

Dix questions pour continuer d'avancer sur la bonne voie

Dans ce chapitre :

▶ Jalonner sa journée de questions pertinentes
▶ Remettre en question ses hypothèses
▶ Aller de l'avant

Quand vous découvrez de nouveaux exercices, vous pouvez demander à votre formateur lequel vous sera le plus bénéfique si vous le faites régulièrement. Concernant le coaching personnel, l'une des meilleures routines capables de vous permettre de garder le cap est de vous poser des questions pertinentes tout au long de la journée.

Les questions présentées dans ce chapitre peuvent produire ce déclic qui clarifie subitement votre situation ou vous la fait percevoir sous un jour nouveau.

Écrivez ces questions sur des petites fiches que vous pouvez conserver dans votre portefeuille ou journal et consulter souvent. Quand vous avez le sentiment que des événements ont une emprise sur vous ou quand vous avez des doutes sur ce que vous faites, faites une pause pour vous poser l'une de ces questions. Cela vous aidera à vous recentrer et à savoir où se situent vos priorités.

J'ai placé au début de chaque section une citation qui incite à la réflexion.

Que ferais-je si je savais l'échec impossible ?

Le courage, c'est être mort de trouille mais seller son cheval malgré tout.

John Wayne

L'échec est la plus grande peur de nombreuses personnes. Il peut vous paralyser et donc vous pousser à éviter d'affronter les difficultés.

Mais l'échec, c'est dans la tête. Le chapitre 5 explique pourquoi la peur de l'échec n'est qu'une illusion et vous indique comment gérer vos peurs. Mais il est vrai que l'idée d'échouer peut vous empêcher d'évoluer à votre meilleur niveau. Un excellent moyen d'éviter cela est de mettre cette peur de côté et d'imaginer ce que serait votre vie si vous ne la ressentiez pas.

Demandez-vous régulièrement ce que vous feriez si vous saviez que vous ne pouvez pas échouer. Cette démarche vous permet de libérer vos rêves d'envergure des contraintes restrictives liées à votre peur de l'échec. Vous imaginer déjouant brillamment les pronostics va vous permettre d'essayer de réaliser votre rêve sans danger et vous aider à savoir si vous y tenez vraiment.

Cette question va vous permettre également de traiter, au même titre que les grands desseins de la vie, les petites peurs de l'échec qui vous épuisent. En réunion, vous vous retenez peut-être de soulever un point par peur de paraître stupide. Vous vous interdisez peut-être d'entamer la conversation avec une personne intéressante que vous ne connaissez pas par peur qu'elle ne vous trouve effronté. Imaginez-vous en train de faire ces choses-là sans endosser la camisole de la peur de l'échec et vous verrez qu'il est beaucoup plus facile de faire le premier pas.

Qui est-ce que je deviens ?

Nous ne changeons pas en vieillissant, nous devenons bien plus nous-mêmes.

Lynn Hall

Ce que vous êtes à cet instant est la somme de tous les choix que vous avez faits jusqu'à présent. Chaque cellule de votre organisme se régénère avec le temps et, d'un point de vue purement physiologique, vous n'êtes pas le même qu'il y a dix ans. Vous évoluez, vous vous développez émotionnellement et mentalement et apprenez aussi de nouvelles habiletés au fil des ans. Projetez-vous dix ans en arrière : pensez-vous devenir la personne que vous êtes aujourd'hui ? Comment vous voyez-vous dans dix ans ? Aimez-vous les tendances que vous voyez se dessiner ? Vous voyez peut-être une personne plus fatiguée et usée par une vie personnelle et professionnelle déséquilibrée.

Vous avez toujours le choix de changer, quelle que soit l'ampleur du laisser-aller détestable que vous observez chez vous. C'est *vous* qui tracez l'itinéraire de la personne que vous allez devenir et qui sera heureuse, épanouie et appréciera la vie à travers les modestes choix faits au quotidien.

Que fais-je actuellement pour respecter mes valeurs essentielles ?

> *Si votre succès ne s'est pas bâti sans concessions, s'il plaît au monde mais pas à votre cœur, ce n'est vraiment pas un succès.*
>
> Anna Quindlen

Vos valeurs sont l'essence même de l'être que vous êtes. Quand vous vivez en accord avec vos valeurs les plus importantes, vous vous sentez en harmonie avec vous-même et votre univers. Vous faire chaque jour la réflexion ci-dessus peut vous stopper net en plein milieu d'activités qui vous éloignent de vos valeurs, par exemple quand vous jouez aux commères avec un ami, à dire du mal du comportement d'une personne absente. Vous estimez alors que vous ne tiendriez pas ces propos si l'individu en question était en face de vous. Ou bien, au travail, vous êtes tellement focalisé sur un délai serré que vous prenez des raccourcis qui vont à l'encontre de votre sens de l'intégrité.

Une fois identifiées les valeurs essentielles à vos yeux (voir chapitre 6), pensez à trouver ou créer un symbole visuel les représentant afin de ne pas oublier votre répertoire des valeurs. Vous pouvez choisir une photo de votre famille qui vous rappelle l'importance de l'amour dans votre vie, ou un caillou que vous avez ramassé lors d'un jogging pour bien rester concentré sur votre objectif de remise en forme.

De quoi est-ce que je me contente ?

> *Je suis parvenue à cette situation extrême dans ma vie à cause de mes actes. Ma situation actuelle est tout à fait inacceptable. Je dois donc cesser de faire ce que je suis en train de faire.*
>
> Alice Koller

Combien de fois par jour supportez-vous des compromis ou acceptez-vous de céder ? Vous vous contentez peut-être d'un travail qui n'est pas épanouissant, d'une amitié qui vous épuise ou d'une relation amoureuse qui vous sape le moral. Le chapitre 17 vous aide à opérer des changements fondamentaux dans votre vie qui impliquent de vous débarrasser de quelque chose d'important. Le problème peut très bien être aussi simple qu'un poste de travail en désordre, un jardin jamais entretenu ou une chambre qui a besoin d'un coup de peinture. Arranger ces choses simples peut vous motiver tout autant que de résoudre des problèmes bien plus épineux. Le fait d'agir ainsi modestement pour privilégier vos besoins peut vous donner le courage nécessaire pour en faire plus souvent de même pour votre personne. Alors, où est ce pinceau ?

Qu'est-ce que je donne ?

> *Soyez le changement que vous voulez voir dans le monde.*
>
> Gandhi

Ce que vous léguez n'a pas besoin d'être une chose qui deviendra évidente une fois que vous aurez quitté ce monde. Il s'agit de votre contribution actuelle, par exemple l'éducation de vos enfants, le soutien que vous apportez à vos amis, aux personnes âgées de votre famille, le bénévolat que vous faites, une entreprise florissante, une œuvre d'art ou de petits actes quotidiens empreints de gentillesse.

Votre legs prend forme chaque jour que vous trouvez des moyens de faire bénéficier les autres de votre énergie.

Quel est l'objet de mon attention ?

> *L'énergie est l'essence même de la vie. Chaque jour, vous décidez de la façon dont vous allez l'utiliser en sachant ce que vous voulez, ce qu'il vous faut pour atteindre cet objectif et en gardant ce dernier bien à l'esprit.*
>
> Oprah Winfrey

Si vous passez plusieurs heures par jour à pleurer sur votre sort, quelle que soit votre raison, vous allez probablement voir votre situation empirer et non s'améliorer. L'objet de votre attention vient polluer votre vie. Votre vie est faite des habitudes acquises en matière de pensées (votre façon de raisonner au quotidien). Si vous vous laissez continuellement aller à penser avec pessimisme à tous les désastres qui peuvent vous tomber sur la tête, vous vous sentez épuisé et nerveux en permanence. Visualiser régulièrement ses objectifs de vie est non seulement un moyen plus agréable de réfléchir, mais contribue également à habituer votre esprit à agir pour atteindre ces buts.

Le chapitre 8 vous aide à comprendre sur quoi porter votre attention et à orienter vos réflexions sur les objectifs positifs qui vous servent à tracer votre véritable voie.

Comment est-ce que j'utilise mes talents ?

Si vous avez un talent, utilisez-le de toutes les manières imaginables. Ne le gardez pas en réserve. Ne faites pas l'avare en l'utilisant au compte-gouttes. Employez-le sans compter comme un millionnaire qui voudrait dilapider sa fortune.

Brendan Francis

Vos talents vous sont très personnels, personne ne peut les utiliser comme vous le faites. Beaucoup de gens sont capables de pousser la chansonnette, mais vous avez peut-être une façon de chanter qui éblouit le public. Ou bien vous avez un talent apparemment banal que vous n'estimez pas encore à sa véritable valeur. Votre don pour marier les couleurs dans la maison que vous retapez ou votre instinct pour créer une ambiance chaleureuse et merveilleuse lors d'un dîner vous paraît peut-être naturel.

Comment utilisez-vous vos talents pour améliorer votre vie et votre univers ? Ne les minimisez pas alors que toutes les personnes de votre entourage vous les envient. L'une des façons les plus efficaces pour trouver le bonheur est de rechercher plus d'occasions d'exploiter vos points forts et d'évoluer dans votre élément naturel. Vous obtenez des succès plus importants en fournissant moins d'efforts et prenez beaucoup plus de plaisir.

Le chapitre 4 vous explique comment utiliser vos talents naturels à votre avantage.

À quel élément est-ce que je m'accroche alors que je n'en ai plus besoin ?

> *Le problème n'est jamais de se forger des idées nouvelles mais plutôt de se débarrasser des anciennes. Chaque esprit est un bâtiment à l'intérieur duquel se trouvent des meubles vieillots. Videz un coin de votre esprit et la créativité l'investira immédiatement.*
>
> Dee Hock

Avez-vous des placards remplis de vêtements que vous ne mettez jamais ? Des papiers que vous conservez « juste au cas où » ? De vieux magazines et journaux car vous pourriez avoir besoin un jour de trouver un article ? Des livres, vidéos, CD et DVD que vous avez achetés mais jamais beaucoup aimés ? Le nettoyage de printemps est incroyablement libérateur car vous vous débarrassez de choses qui encombrent votre espace. Si vous pouvez trouver un bon emplacement pour certains objets et profiter d'autres, vous bénéficiez alors d'un élan vertueux. Et vous trouvez souvent qu'après, votre espace vital mental s'agrandit.

Vous accrochez-vous plus à des éléments significatifs qu'à de petites choses matérielles ? Une vieille croyance, une habitude qui vous nuit, un modèle de comportement devenu destructeur ? En procédant à des changements au cours de votre périple dans l'univers du coaching, il vous est plus facile de vous débarrasser d'éléments dont vous n'avez plus besoin et que vous allez remplacer par des compagnons de voyage plus agréables. Pour en savoir plus, rendez-vous aux chapitres 17 et 18.

Combien de temps est-ce que je passe avec des personnes qui m'inspirent ?

> *La rencontre de deux personnalités s'apparente au contact de deux substances chimiques : la moindre réaction les transforme toutes les deux.*
>
> Carl Jung

Les personnes avec lesquelles vous passez le plus de temps ont beaucoup d'influence sur vous. Si vous avez un travail abrutissant, êtes entouré de personnes qui sont de véritables morts en sursis, il est impossible de ne pas absorber un peu de leur tristesse et négativité. Avant de pouvoir vous sortir de cette situation, vous devez recevoir une bonne dose d'inspiration de la part de personnes réellement pleines de vie et d'énergie. Quelles sont les personnes qui vous inspirent le plus ? Font-elles partie de vos amis, de vos collègues, de votre famille ? Vous orientez-vous vers différentes personnes en fonction du type d'inspiration recherché ? Vos amis savent-ils comment et pourquoi ils vous inspirent et à quel point vous les appréciez ? Promettez-vous de conserver et d'étoffer le réseau d'étoiles qui consolide votre force et votre motivation.

Quelle chose est-ce que j'améliorerais ?

Le désir crée le pouvoir.

Raymond Holliwell

Votre changement positif serait peut-être de perdre du poids, d'arrêter de fumer ou de freiner votre consommation d'alcool. Vous choisiriez peut-être d'améliorer les choses dans votre couple. Ou bien vous opteriez pour une promotion ou décideriez de vous mettre à votre compte. Quelle serait la chose dont le changement vous serait le plus bénéfique ? Qu'est-ce qui vous a jusqu'à présent empêché de procéder à ce changement ? Quelle petite mesure pouvez-vous prendre aujourd'hui pour que cette chose exceptionnelle vous arrive ?

Identifiez la chose que vous souhaitez améliorer et trouvez l'inspiration au chapitre 2.

Chapitre 21
Dix actes quotidiens pour trouver son équilibre

Dans ce chapitre :
▶ Trouver le temps
▶ Faire en sorte que l'équilibre devienne une habitude
▶ Acquérir le don de prendre soin de soi

*V*ous réserver dix moments dans la journée pour équilibrer vos énergies porte vraiment ses fruits et récompense tous les efforts que vous fournissez. C'est par ailleurs le moyen le plus rapide d'introduire l'autocoaching dans votre vie. Essayez d'appliquer les conseils simples de ce chapitre et voyez comment votre vie quotidienne s'en trouve améliorée. Le bonheur est une habitude, pas une destination.

Avoir une vision claire des choses

Prenez quelques instants pour visualiser vos objectifs de vie au moins une fois par jour et lorsque vous vous sentez stressé (le chapitre 8 vous explique comment planifier vos objectifs de vie et créer cette vision). Vous pouvez appeler cela de la visualisation créatrice, et plus vous créez mentalement votre journée idéale, plus vous vous poussez à la réaliser. Le simple fait d'apprécier le luxe de voir, entendre et ressentir votre futur idéal vous aide à vous détendre, à vous recentrer et à revenir au combat quotidien.

Voir avec clarté.

Prendre un bon bol de bonheur pour se regonfler le moral

Toutes les émotions fortes produisent des effets physiques sur l'organisme qui peuvent durer jusqu'à six heures. Quand vous ressentez énormément de colère, de frustration ou d'anxiété, les conséquences négatives se diffusent en vous, bien après avoir pris techniquement le meilleur sur l'émotion néfaste et être passé à autre chose. Toutes ces choses indésirables peuvent favoriser le stress et la dépression. Mais les sentiments positifs, salutaires et solides restent également dans votre système émotionnel.

Vous pouvez contrecarrer l'effet de toutes les toxines absorbées pendant une journée ordinaire juste en vous estimant heureux.

Anna Maravelas, auteur et consultante en entreprise, décrit comment cette technique l'a aidée à surmonter la colère incontrôlable qui l'a poussée un jour à jeter une chaise par la fenêtre depuis le deuxième étage :

> En m'efforçant de m'estimer heureuse deux fois par jour, j'ai créé dans mon cerveau un nouveau circuit de gratitude. Maintenant, dans toutes les situations, je peux exploiter mon énergie positive, je n'ai pas besoin que quelqu'un d'autre me la procure.

Quand vous ressentez une douleur physique insoutenable, vous pensez à prendre un calmant. De même, pour vous protéger efficacement contre la douleur émotionnelle, passez cinq minutes à faire le plein d'émotions positives pour libérer du bien-être dans tout votre organisme et faites cela deux fois par jour. Dès le réveil, pensez à tous les bonheurs de votre vie même s'il ne s'agit que de la chaleur de la couette et du doux ronflement de votre chien couché au pied du lit. Reprenez un bon bol de bonheur vers le milieu de l'après-midi afin de bien finir la journée.

Prenez soin de bien penser.

Menez une action pleine de délicatesse

Vous passez à juste titre beaucoup de votre temps à vous concentrer sur vos propres besoins et objectifs. Équilibrer cette tendance en menant régulièrement une action pleine de gentillesse est un moyen extraordinairement puissant d'injecter du bien-être dans votre vie et de vous aider à relativiser les choses. Voici quelques idées :

- laissez passer une voiture à un carrefour ;
- au supermarché, aidez la personne âgée devant vous à mettre ses courses dans des sacs ;
- félicitez l'employé d'un centre d'appels pour son excellente technique de communication ;
- envoyez un courriel de remerciement à votre patron pour le soutien qu'il vous a apporté lors d'une réunion difficile ;
- ramassez un papier dans la rue ;
- au supermarché, donnez spontanément votre chariot vide à quelqu'un d'autre.

Vous n'avez pas l'impression de perdre quelque chose en donnant, mais vous remarquez la souplesse de votre approche. Et observez les retombées positives du service que vous avez rendu.

Donnez sans compter.

Imprégnez-vous des mots pleins de sagesse

Les mots ont le pouvoir de changer les esprits et les vies. Vous avez une multitude de mots pleins de sagesse à votre disposition pour vous orienter vers vos propres vérités. Recueillez des citations et déclarations stimulantes et gardez-les à portée de main. Vous pourrez ainsi les consulter et vous imprégner de leur sagesse quand vous vous sentirez perdu.

Lisez avec sagesse.

Passez de l'action à la réflexion et vice versa

L'excès de bonnes choses est possible. Alors, même quand vous fonctionnez à plein régime dans votre quotidien surchargé, vous devez basculer régulièrement en mode réflexion afin de trouver un certain équilibre. Prendre le temps de réfléchir sur vos expériences vous aidera également à parfaire votre mode de prise de décisions. De même, si vous avez passé beaucoup de temps à réfléchir, théoriser ou étudier mentalement les options qui s'offrent à vous, repassez souvent en mode action afin de rétablir l'équilibre.

Vous pouvez même automatiser la bascule entre les deux modes afin de ne pas les oublier. Programmez une alarme sur votre téléphone mobile pour vous rappeler de changer d'énergie toutes les heures. L'alarme ne doit pas marquer une rupture totale. Un léger changement de votre état stimule votre inventivité. Vous vous sentirez beaucoup plus centré si vous basculez d'un mode à l'autre tout au long de la journée et vous serez presque à coup sûr plus productif.

Associez l'action et la réaction.

Respirez profondément

Respirer profondément et tout en contrôle revient à boire un grand verre d'eau fraîche en période de canicule. Cela vous fait renaître, vous apaise et vous recentre. Le simple fait de vous concentrer de temps en temps sur vos inspirations et expirations pendant 5 minutes vous aide vraiment à vous centrer sur vous-même, plus particulièrement quand vous êtes anxieux, stressé et tendu.

Trouvez un endroit tranquille et respirez profondément. Concentrez-vous surtout sur l'expiration. Prononcez calmement le mot « expire » dans votre tête à chaque expiration et imaginez en même temps tout le mauvais stress quittant votre corps petit à petit jusqu'à ce qu'il disparaisse et que vous vous sentiez calme et détendu.

Quand vous vous sentez épuisé, regagnez cet endroit calme et focalisez cette fois votre attention sur l'inspiration. Prononcez calmement le mot « inspire » et visualisez l'afflux d'énergie positive dans votre corps, qui vous rend brillant et vigilant, prêt à passer à l'action.

Respirez « utilement ».

Échangez un sourire

Le rire est un merveilleux acte pour trouver son équilibre et même un simple sourire peut dissiper les tensions et créer l'harmonie. Avez-vous déjà remarqué qu'il est très rare qu'une personne ne vous rende pas le sourire que vous lui avez donné ? Alors, quand l'harmonie ne transparaît pas dans l'attitude de votre entourage, rétablissez l'équilibre avec un sourire radieux. Au moins, les personnes en face de vous se demanderont ce qui peut bien vous mettre de si bonne humeur et vous rendront probablement la pareille !

Souriez passionnément.

Faites-vous plaisir

Votre routine s'enrichit des petits plaisirs que vous vous accordez de temps en temps. Au même titre que les récompenses que vous vous octroyez lorsque vous franchissez des étapes intermédiaires vers l'accomplissement de vos objectifs, vous pouvez également aspirer à trouver ou faire quelque chose chaque jour qui vous rappelle que vous méritez un peu d'attention régulière.

Optez pour un plaisir modeste mais important à vos yeux. Créez un « moment » que vous chérirez autant pour l'instant qu'il vous permet de vivre que pour ce qu'il vous apporte. Voici quelques idées :

- achetez-vous une carte postale et envoyez-vous-la ;
- offrez-vous les pêches les plus juteuses des étals au marché ;
- mettez votre casque sur les oreilles et écoutez votre musique préférée en fermant les yeux ;
- dansez avec votre chat ou le nounours de votre enfance ;
- faites un petit gâteau rien que pour vous ;
- décernez-vous une médaille d'honneur ;
- allongez-vous et restez calme et immobile à observer le ciel ;
- quand vous prenez votre petit déjeuner, mettez devant vous une fleur dans un vase.

Retrouvez-vous.

Étirez-vous

Chaque matin, faites des étirements pendant 2 à 5 minutes afin de favoriser votre équilibre pour la journée qui s'annonce.

Debout, tête haute, étirez-vous, les bras au-dessus de la tête en essayant d'aller le plus haut possible. Imaginez votre colonne vertébrale tirée vers le haut, comme si vous étiez suspendu à une solide échelle de corde. Tenez 20 secondes, relâchez, puis répétez l'exercice autant de fois que vous le souhaitez.

Pendant les étirements, vous sentez votre corps qui se renforce et s'allonge et vous vous remémorez tous les objectifs que vous vous êtes fixés.

Ayez de l'énergie.

Soyez naturel

Je parie que certaines forces naturelles vous redonnent un moral flambant neuf, vidé de tout stress. Dans la nature, l'acte qui vous permet de trouver votre équilibre est de sentir l'odeur de la terre juste après la pluie, de respirer à pleins poumons l'air frais ou de voir une plante ou une fleur. Vous aimez peut-être marcher pieds nus dans l'herbe. Le paysage de votre économiseur d'écran vous rappelle peut-être des vacances ou une aventure fantastique.

Vous n'avez pas besoin d'étreindre un arbre pour communier avec la nature. Contempler un gros chêne pendant quelques minutes vous fait vraiment relativiser toutes les petites choses qui vous énervent au quotidien.

Imprégnez-vous de la beauté de la nature.

Chapitre 22
Dix ressources stimulantes

Dans ce chapitre :
- Avoir sa dose d'inspiration
- Rester ouvert aux influences de son environnement
- Essayer de nouveaux styles

Le coaching vous aide à développer votre propre philosophie de la vie. Vous pouvez créer et innover de la même manière qu'un romancier, un scénariste, un gourou de l'entraide ou un poète. Pour ce faire, il vous faut de l'inspiration. Vos éclairs de génie viennent parfois de votre propre vie et parfois de l'extérieur (livres, films, poèmes). Toutes les influences sont des ressources utiles pour l'autocoaching. Même la télé-réalité peut vous aider à savoir quelle est la vie dont vous *ne voulez pas* !

Ce chapitre est une mine de ressources stimulantes qui peuvent toutes vous aider à entretenir votre motivation.

Votre vie est un voyage

C'est vrai, la vie est généralement généreuse avec ceux qui poursuivent leur destin.

Paulo Coelho

Le livre de Paulo Coelho *L'Alchimiste* est un conte sur Santiago, jeune berger qui part à la recherche d'un trésor qui lui tient très à cœur. Il tient à aller au bout de son rêve et entreprend alors un long voyage au cours duquel il apprend la sagesse et enrichit ses connaissances. Hélas, une fois parvenu à destination, il s'aperçoit que le trésor en question est introuvable et éprouve une immense déception. Mais son voyage n'est pas terminé et il trouve finalement son trésor dans les endroits les plus inattendus.

La détermination de Santiago à faire le nécessaire pour trouver son trésor et apprendre de son expérience illustre à merveille la nécessité d'affronter la réalité pour vivre ses rêves et prouve que le parcours y menant fait partie de la récompense.

Ayez une vie riche

La peur peut vous emprisonner et l'espoir vous rendre la liberté.

Les Évadés

Primé aux oscars, le film *Les Évadés* a connu peu de succès à sa sortie en salles mais ce n'est pas étonnant. Qui aurait envie de voir un film particulièrement long racontant l'histoire de deux hommes qui passent ensemble vingt ans en prison ? Mais il figure dans la liste des dix films « incontournables » car l'histoire est un panégyrique qui réchauffe le cœur, basé sur l'amitié, l'espoir et le pouvoir de l'esprit. C'est l'une des plus belles démonstrations d'une fixation d'objectifs cohérente et réussie. La patience et la persévérance finissent toujours par porter leurs fruits !

Voyez les choses comme vous souhaitez qu'elles soient

Pensez à ce que vous voulez et non à ce que vous craignez.

Brian Mayne

Le merveilleux conte pour enfants de Brian Mayne, *Sam, The Magic Genie*, propulse son jeune héros Joseph sur un tapis volant magique, pour un voyage dans son propre esprit au cours duquel il croise l'Arbre du Moi, le Dauphin Foi et la Piscine de la Confiance. Sam encourage finalement Joseph à braver les Doigts de la Peur pour atteindre sa Mer Potentiel. Le livre véhicule les messages suivants : ce sont vos pensées qui créent votre réalité et l'amour de soi est le point de départ du développement personnel.

Chassez vos démons

> *À toi de choisir. Es-tu prêt à devenir fort ?*
>
> Buffy contre les vampires

La série TV de Jos Whedon *Buffy contre les vampires* est devenue culte. Remplie de vampires, cette série indique en fait qu'il faut devenir suffisamment fort pour affronter et chasser ses démons et se fixer ses propres buts dans la vie, même si tout le monde veut vous imposer un destin différent. La série est pleine d'esprit, parfois crue mais toujours attachante. Alors, quand vous avez vraiment l'impression que votre univers s'écroule, trouvez l'inspiration en regardant un épisode de *Buffy* et voyez comment un chasseur vient à bout des monstres de la vie au terme d'une rencontre apocalyptique.

Soyez créatif

> *Quand les choses changent et de nouvelles informations apparaissent, il n'est plus possible de résoudre les problèmes d'aujourd'hui avec les solutions d'hier.*
>
> Roger von Oech

The Creative Whack Pack, conçu par Roger von Oech, est un jeu de cartes (en anglais). Quatre couleurs couvrent les quatre étapes de la pensée créatrice ou du processus de prise de décisions. Le bleu est l'Explorateur, la source de votre idée. L'orange est l'Artiste, le créateur. Le vert est le Juge, qui vous aide à procéder à des évaluations. Le rouge est le Guerrier, qui vous aide à passer à l'action. Les cartes contiennent des histoires, des citations et des idées qui sont liées aux différents stades du processus de la pensée créatrice. Vous pouvez utiliser ces cartes pour dynamiser votre pensée et vous offrir de nouvelles perspectives. Choisissez quatre cartes au hasard, une de chaque couleur et voyez comment le contenu des différentes cartes peut vous aider à établir un nouveau lien pour résoudre votre problème. Par conséquent, quand votre coach intérieur se cache, ce jeu peut vous permettre d'envisager vos difficultés sous un nouveau jour.

Améliorez vos talents de jongleur

Nous sommes vraiment nous-même quand nous affichons le sérieux de l'enfant qui joue.

Héraclite

Vous voulez une vie plus équilibrée ? Apprenez à jongler ! Vous pensez ne pas savoir jongler ? Lisez ce livre stimulant et chassez une autre croyance limitante. Le célèbre ouvrage *Lessons from the Art of Juggling*, de Michael Gelb et Tony Buzan est le livre (en anglais) qu'il vous faut, non seulement si vous voulez apprendre à jongler, mais également si vous recherchez un excellent outil pour chasser le stress. Ce livre peut également vous indiquer comment mieux apprendre et utiliser l'ensemble de votre cerveau (le chapitre 15 vous en dit plus sur les activités bonnes pour le cerveau qui peuvent vous faire mieux apprécier la vie). Vous allez vous sentir perdu quand vous apprendrez à vous concentrer sur le lancer et non sur la récupération des balles et à vous réconcilier avec l'idée de l'« échec ». (Avantage annexe merveilleux, à force de ramasser les balles qui tombent, vous vous musclez les jambes et les fesses !)

La poésie génère le mouvement

Les poèmes déstabilisent le lecteur et le rendent plus complet, plus conscient du monde, plus vivant et plus en phase avec l'être humain.

Neil Astley

La poésie n'est pas très à la mode à notre époque. Vous jugez peut-être les poèmes obscurs, difficiles à comprendre et très éloignés de votre vie. Mais prenez le temps de chercher le type de poésie qui vous plaît et vous découvrirez une merveilleuse ressource pour vous faire oublier vos préoccupations et tracas quotidiens. L'intérêt est même parfois de faire marcher ses méninges pour décoder le sens des mots. La bonne poésie marque votre esprit même si vous ne comprenez pas tout immédiatement.

Un poème se lit plus rapidement qu'un roman, vous apaise l'esprit comme la méditation et peut combler votre temps libre à tout moment de la journée. Alors, presque convaincu ?

On n'est vraiment bien que chez soi

> *Les oiseaux peuvent voler au-dessus de l'arc-en-ciel, pourquoi et pourquoi moi je ne peux pas ?*
>
> Dorothy, *Le Magicien d'Oz*

Dans *Le Magicien d'Oz*, Dorothy, l'Épouvantail, l'Homme de fer-blanc et le Lion empruntent le chemin de briques jaunes pour aller demander de l'aide au Magicien. Ils découvrent qu'ils ont déjà le cerveau, le cœur et le courage nécessaires et que Dorothy peut retourner chez elle à tout moment en tapotant ses chaussures rouges. *Le Magicien d'Oz* est un livre et film classique intemporel sur les voyages et l'amitié, la conscience de soi et le développement personnel. Et vous pouvez aussi chanter avec les personnages du film.

Votre vie a un sens

> *Toutes les fins sont également des commencements mais nous ne le savons pas sur le moment.*
>
> Mitch Albom

Dans son livre *Les cinq personnes que j'ai rencontrées là-haut*, Mitch Albom raconte l'histoire d'Eddie qui meurt tragiquement en essayant de sauver une petite fille. Eddie se réveille au paradis et apprend qu'il a rendez-vous avec cinq personnes qu'il avait connues sur Terre et qui vont lui expliquer sa destinée. Tout au long de l'histoire stimulante de ses rencontres avec ces cinq défunts plane cette question : Eddie a-t-il vraiment sauvé cette petite fille ou était-ce son dernier acte inutile sur Terre ?

L'histoire est stimulante car elle véhicule le message selon lequel tout ce que vous faites est important et, en étant vous-même, vous accomplissez votre but dans la vie.

Laissez votre coach intérieur entrer dans la danse

Chacun de nous a sa propre définition du succès.

Spencer Johnson

De toutes les ressources stimulantes à votre disposition, la meilleure est peut-être votre volonté de vivre l'instant présent dans votre univers. Alors, tirez les leçons de votre passé, envisagez des rêves et réalisez-les maintenant. Lisez *Le Précieux Présent*, de Spencer Johnson, pour un rappel opportun de la façon de vous faire le plus beau des cadeaux, une attention entièrement tournée vers l'instant présent, qui vous récompense de tout ce que vous faites en vous offrant plaisir et succès. Retrouvez-vous fréquemment dans la journée et faites corps avec ce que vous voyez, entendez et ressentez. Goûtez simplement le simple plaisir « d'être là ».

Annexe
Devenir coach professionnel

Coach est une profession incroyable que je n'abandonnerais pour rien au monde. Ce travail ressemble à un jeu, ma vie a un sens et je suis capable de contribuer au bonheur et au succès des gens grâce à une technique convaincante. C'est un sentiment incroyable !

Tout le monde ne peut pas devenir coach professionnel. Ce n'est pas parce que vous ressentez la puissance du coaching que vous identifiez clairement les besoins et que la demande en accompagnement est facilement accessible. Le coaching fonctionne vraiment à titre personnel et professionnel, mais nombre de personnes le considèrent encore comme léger et trop nouveau. Il vous faut donc faire des pieds et des mains pour faire l'éducation de votre marché sur les bienfaits du coaching. Ne vous lancez pas la fleur au fusil dans une carrière de coach professionnel. Vous devez non seulement aimer le coaching personnel, mais également être prêt à aimer le travail de Romain que constituent la création et le maintien d'une activité florissante.

Les débuts

Les programmes de formation varient énormément en termes de rigueur et de qualité. Les programmes de certification ou d'accréditation associent à la fois la formation en présentiel et à distance. La partie en présentiel, qui peut durer une journée, un week-end ou plus longtemps, concerne généralement l'application des habiletés primordiales (une bonne communication, par exemple) et l'étude des connaissances (la compréhension des modèles, croyances et valeurs de base du coaching). L'enseignement à distance implique la réalisation de travaux et de modules pour contrôler vos connaissances. Vous participez également à des travaux pratiques par groupe de deux ou trois qui vous permettent de démontrer vos compétences. La plupart des formations demandent une longue dissertation sur un thème de coaching. Vous devez parfois également passer un examen oral qui permet d'évaluer votre style.

Comptez entre trois mois et un an pour obtenir une bonne qualification, en fonction de la formation choisie et du temps dont vous disposez.

Vous pouvez également choisir une autre orientation en préparant, avant de suivre une formation spécifique de coaching, un diplôme de troisième cycle universitaire (de psychologie, par exemple) qui vous permet d'étudier les théories utilisées en matière de coaching. Cette voie est assez lourde en termes de charge de travail (travaux à rendre et cours).

Plusieurs excellents sites Web donnent des informations détaillées sur les modalités pour devenir un professionnel du coaching personnel, ainsi que sur les codes de déontologie qui font leur apparition dans la profession :

- l'Association européenne de coaching : www.aecoachingbis.org ;
- ICF France : www.coachfederation.fr (association internationale de coachs professionnels) ;
- la Société française de coaching : www.sfcoach.org.

Mon site Web contient différentes ressources, informations et liens pour vous aider à faire le grand saut : www.reachforstarfish.com (site en anglais).

Quand vous commencez à diriger des séances de coaching personnel, veillez à vous faire aider par un formateur professionnel qui répondra à vos questions sur les compétences et connaissances, vous donnera des conseils en matière de déontologie et vous fera part de son expérience sur le terrain.

Se vendre

Un bon organisme de formation vous aide généralement à vous faire connaître une fois votre certification acquise. Avant la fin de votre formation, vous aurez certainement tissé des liens avec les autres participants et pourrez tirer vraiment parti de ce nouveau réseau au moment de commencer à exercer pour de bon. Si vous envisagez de démarrer seul, ne sous-estimez pas l'aide que peuvent apporter des confrères, en partageant notamment vos expériences.

Avant de commencer à vous vendre, vous devez être sûr à cent pour cent que le métier de coach est fait pour vous et croire absolument aux vertus du coaching. Si votre nouvelle carrière est pleinement en accord avec vos valeurs (faites un détour rapide par le chapitre 6 si vous souhaitez vérifier cela !), vous ferez votre possible pour vous faire connaître. Il y a toujours des moyens de cibler les personnes qui répondent à vos critères et si vous détestez l'idée de racoler les clients, vous pouvez trouver des méthodes plus naturelles qui permettront d'attirer les bonnes personnes en établissant un rapport. Mais le marketing est une tâche ardue qui demande beaucoup d'investissement et d'énergie, comme pour n'importe quelle nouvelle activité dans laquelle vous vous lancez.

Nombre de coachs professionnels travaillent chez eux et la plupart du temps par téléphone. Les frais d'installation sont donc modestes. Et vous avez toujours la possibilité de travailler à temps partiel (le soir et les week-ends) et de conserver votre emploi actuel jusqu'à ce que vous puissiez vivre uniquement du coaching. En fait, la plupart des coachs commencent par offrir des séances gratuites pour se faire la main. Il est plus facile que vous ne le pensez d'attirer vos premiers clients grâce au bouche-à-oreille pratiqué par votre famille et vos amis !

Se décider

Dans le véritable esprit du coaching, vous pouvez vous poser les questions suivantes avant de prendre la décision de devenir coach professionnel :

- Qu'est-ce que le fait de devenir coach professionnel va m'apporter ? Que vais-je perdre si je choisis cette voie ?

- Est-ce que je dispose de la stabilité financière nécessaire pour opérer les changements de mode de vie éventuellement imposés par mon installation ? Est-ce que je vais commencer par exercer à temps partiel et conserver mon emploi actuel ou vais-je travailler directement à plein-temps ? Est-ce que je suis convaincu de la valeur financière du service que je vais proposer ? Comment vais-je fixer mes tarifs ? Comment vais-je me vendre ?

- Quelles seront les valeurs de mon activité ? Est-ce que je suis prêt à faire tout ce qu'il faut, avec intégrité, pour être le meilleur coach possible et me constituer une clientèle ?

- Quelles habiletés dois-je encore développer pour être le meilleur coach possible ? Quel type de formation me conviendrait le mieux ? Une brève formation en présentiel, un enseignement à distance ou d'abord un diplôme universitaire pour me procurer une base solide ?

- Suis-je prêt à gérer mon temps et mes ressources et comment est-ce que je vais veiller à toujours être motivé et déterminé ? Est-ce que je souhaite travailler étroitement avec d'autres coachs qui pourraient m'aider ?

- Est-ce que je vais me spécialiser dans un domaine précis tel que l'entreprise ou les problèmes de couple ?

N'hésitez pas à prendre conseil auprès de sources variées, faites vos recherches minutieusement, posez des questions pertinentes et soyez certain de *vraiment* vouloir devenir coach. Il n'y a pas de place pour les coachs peu enthousiastes. Ce métier est trop important pour vous et pour les personnes sur lesquelles vous aurez une influence. Si, après tout ça, vous estimez que votre vocation est de devenir coach, félicitations et bienvenue dans une carrière qui change la vie !

Index

A

abondance 192-193
affirmations 79
alimentation 218-219
âme sœur, trouver 200-201
amitié 205-208
analyse positive,
  méthode 269
apprentissage 229-234
    accéléré 230
approche
    créative 137-139
    du coaching 35-36
argent, rôle 184-185
association
  coach-coaché 36
attitude, vis-à-vis
  du travail 162-165
auto-évaluation 70-71
autocoaching 38
avenir, penser à 179-181

B

balayage superficiel 123
besoins, connaître 92-93
bien-être 223-227
bienfaits du coaching,
  évaluer 26-31
but, trouver 28

C

carte de motivation
  personnelle 90-92
centre d'équilibre 246
centrer, se 249-250
cercle d'influence 209-210
cerveau 137, 231-234
changement
    assumer 270-271
    de priorité, gérer 103
    radical 263-267
    se préparer au 13-14
coach
    devenir 315-317
    domaines
      de spécialités 35
    expérience 35
    habiletés pour
      devenir 276-280
    intérieur 17-21
    qualifications 34-35
    qualités naturelles 274-276
    rapport avec
      le coaché 36
    rôle de 282-284
    trouver le bon 32-36
coaché, rapport avec
  le coach 36
coaching personnel
    approche 35-36
    ce qu'il n'est pas 11-12
    choisir
      une méthode 31-40
    définition 10
    directif 35-36
    évaluer les bienfaits
      et les défis 26-31
    historique 16
    non directif 12, 35
    première séance,
      modalités 33-34
    se préparer
      à la séance 41-42
co-coaching 36-37
communication
    niveaux 206
    non verbale 278
    non violente 223
compétences,
  dynamiser 62-65
comportements
    nouveaux,
      adopter 71-72
    orientés vers
      la tâche 66-69
    orientés vers les
      personnes 66-69
    styles de, trouver 66-71
concentration
  détendue 125
conditions, réunir 141
conflits de motivation,
  régler 101-103
confusion 107
conscience de soi,
  prise 29-30, 45
conversation 20-21
corps, s'occuper de 217-222
courbe de l'équilibre 247

critique intérieur 17-20
croyances
　apport 77-78
　choisir 44
　limitantes,
　　refaçonner 79-80
　modifier 78-82
　provenance 74-76
　rôle dans le
　　façonnement de la
　　personnalité 74-78

D

décision, prendre la
　meilleure 267-270
défis du coaching
　évaluer 26-31
　tenir compte 30-31
déléguer 252-253
déni 13
domaines
　de prédilection 61-62
　de spécialité
　　du coach 35
dons, inventaire 59-65

E

échecs, prévoir 52-53
écoute 112-114, 276-277
émotions
　gérer 223-225
　modifier à l'aide
　　de sensations
　　physiques 225
endorphines 219
énergie, niveaux 113-114
entonnoir
　à questions 109-111
entretien
　d'évaluation 177-178

équilibre
　atteindre 27-28
　centre 246
　courbe 247
　énergétique 246-249
　retrouver 250-255
　trouver 243-250, 303-308
estime de soi, définition 198
établir le rapport 278-280
état d'esprit, changer 29
état de grâce 125
éthique 281
évaluation, entretien 177-178
exercice physique 219-222
expérience du coach 35
extraversion 65-66

F

fixation d'objectifs 143-150
frustration 108

H

habiletés pour devenir
　coach 276-280
hésitations 106-107

I

images, créer 54
influence, cercle 209-210
instinct 123-124
introversion 65-66
intuition, exploiter 123-125
inventaire des dons 59-65

J

jalons 151
jalousie, gérer 156-157

jeu 234-237
journal, tenir 53-54

L

langage 279-280
lucidité 115-122

M

mantras 79
méthode
　de coaching, choisir
　　31-40
　de l'analyse positive 269
modalités (sens) 279-280
　fixer lors de la première
　　séance de
　　coaching 33-34
mode de vie, choisir 188-189
moi 266-267
motivation
　carte personnelle 90-92
　régler les conflits
　　de 101-103

N

niveaux
　d'énergie 113-114
　de communication 206

O

objectifs
　atteindre 26-27
　de santé,
　　sélectionner 213-216
　de vie 128-130
　fixation 143-150
　intermédiaires 49-50
observateur 36-37

options, ajuster sur les objectifs 150-152

P

personnalité, façonnement via les croyances 74-78
peurs
  connaître 85-87
  d'échouer 85-86, 296
  d'être gêné 86
  d'être rejeté 86
  de réussir 86-87
  identifier 84-85
  maîtriser 82-87
préférences, identifier 65-72
priorités
  changement de, gérer 103
  identifier 21-24
problèmes, passer aux solutions 132-134
progression, jalonner 49-55
promesse 38-40, 154-157

Q

qualifications du coach 34-35
qualités naturelles du coach 274-276
questions
  bien poser des 105-108
  entonnoir à 109-111
  d'approfondissement 110
  d'éclaircissement 110-111
  de réflexion 111-112
  fermées 111
  induisant une présupposition 112
  mauvaises 108-109
  ouvertes 110
  pertinentes 44, 109-112

R

rapport, établir 278-280
rechutes, prévoir 52-53
reconnaissance 176-179
relations 198-203
  familiales 203-205
réponses, écouter 112-114
réseaux
  bâtir 208-211
  utiliser 176
résistance mentale 226-227
ressources, évaluer 135-137
résultats, se concentrer sur 121-122
rire 124
rôle de l'argent 184-185

S

santé
  alimentation 218-219
  sélectionner ses objectifs 213-216
séance de coaching, se préparer à 41-42
sécurité financière 185-188
signaux d'alarme du stress 255-257
silence 279
situations
  négatives, gérer 172
  nouvelles, assimiler 270-272
SMARTEN UP 143-150
solutions 132-134
spirale de la connaissance 230-231
spiritualité 237-240
stress, gérer 255-258
styles de comportement, trouver 66-71
succès, redéfinir 118-121
supervision 34
SWOT 180

T

temps libre, exploiter 236-237
tergiversations 48
  peur 83-84
  stratégies pour y mettre fin 153
tests
  psychométriques 70-71
travail
  ajustements 168-169
  améliorer 169-172
  attitudes 162-165
  de ses rêves, trouver 172-176
  évaluer 166-167

V

valeurs, connaître 94-101
vie
  prendre du bon côté 124
  stades de la 260-262
vision d'ensemble 43
voix 278
volonté 156

« Pour les Nuls », la collection de tous les savoirs !

Disponibles dans la collection « Pour les Nuls »

Culture générale

Histoire

Titre	Auteur	Prix	ISBN
La Culture générale illustrée, 2e édition	Florence Braunstein, Jean-François Pépin	29,90 €	978-2-7540-1275-1
La Révolution française	Alain-Jacques Czouz-Tornare	22,90 €	978-2-7540-0811-2
Les Années 60	Stéphane Benhamou	22,90 €	978-2-7540-0610-1
La Mythologie illustrée	Collectif	29,90 €	978-2-7540-0989-8
Les Grandes Civilisations	Florence Braunstein, Jean-François Pépin	22,90 €	978-2-7540-0605-7
La Première Guerre mondiale	Jean-Yves Le Naour	22,90 €	978-2-7540-0616-3
La Ve République	Nicolas Charbonneau, Laurent Guimier	24,90 €	978-2-7540-0620-0
Le Moyen Âge	Pierre Langevin	22,90 €	978-2-7540-0563-0
L'Histoire de la Suisse	Georges Andrey	22,90 €	978-2-7540-0489-3
La Culture générale	Florence Braunstein, Jean-François Pépin	22,90 €	978-2-7540-0277-6
Paris	Danielle Chadych, Dominique Leborgne	22,90 €	978-2-7540-0168-7
L'Égypte ancienne	Florence Maruéjol	22,90 €	978-2-7540-0256-1
La Mythologie	Christopher W. Blackwell, Amy Hackney Blackwell	22,90 €	978-2-7540-0257-8
L'Histoire de France illustrée	Jean-Joseph Julaud	29,90 €	978-2-7540-0110-6
Léonard de Vinci	Jessica Teisch, Tracy Barr	22,90 €	978-2-7540-0037-6
L'Histoire de France	Jean-Joseph Julaud	22,90 €	978-2-8769-1941-9

Religion

Titre	Auteur	Prix	ISBN
Le Coran	Malek Chebel, Sohaib Sultan	22,90 €	978-2-7540-0982-9
La Torah	Arthur Kurzweil, Victor Malka	22,90 €	978-2-7540-0978-2
Le Christianisme	Richard Wagner, Père Denis Metzinger	22,90 €	978-2-7540-0991-1
L'Islam	Malcolm Clark, Malek Chebel	22,90 €	978-2-7540-0531-9

Titre	Auteur	Prix	ISBN
Le Judaïsme	Josy Eisenberg	22,90 €	978-2-7540-0596-8
La Bible illustrée	Éric Denimal	29,90 €	978-2-7540-0274-5
Le Catholicisme	John Trigilio, Père Pierre Lartigue	22,90 €	978-2-7540-0182-3
La Franc-Maçonnerie	Christopher Hodapp, Philippe Benhamou	22,90 €	978-2-7540-0150-2
Le Bouddhisme	Jonathan Landaw, Stephan Bodian	22,90 €	978-2-7540-0062-8
La Bible	Éric Denimal	21,90 €	978-2-8769-1800-9
Sagesse et Spiritualité	Sharon Janis	21,90 €	978-2-8769-1769-9

Société

Titre	Auteur	Prix	ISBN
L'Europe, 2e édition	Sylvie Goulard	22,90 €	978-2-7540-1213-3
L'Écologie	Franck Courchamp	22,90 €	978-2-7540-0554-8
Le Socialisme	Alain Bergounioux, Denis Lefebvre	22,90 €	978-2-7540-0317-4
La Géopolitique	Philippe Moreau Defarges	22,90 €	978-2-7540-0623-1
La Justice	Emmanuel Pierrat	22,90 €	978-2-7540-0553-1
La Philosophie, 2e édition	Christian Godin	22,90 €	978-2-7540-0460-2
L'Économie	Michel Musolino	22,90 €	978-2-7540-0351-3
La Politique	Philippe Reinhard	22,90 €	978-2-7540-0335-3
La Géographie française	Jean-Joseph Julaud	22,90 €	978-2-7540-0245-5

Sciences et techniques

Titre	Auteur	Prix	ISBN
L'Histoire des sciences	Vincent Jullien	22,90 €	978-2-7540-0977-5
La Physique	Dominique Meier	22,90 €	978-2-7540-0915-7
La Conquête spatiale	Michel Polacco	22,90 €	978-2-7540-1143-3
Le Corps humain	Dr Patrick Gepner	22,90 €	978-2-7540-1121-1
Les Maths	Jean-Louis Boursin	22,90 €	978-2-7540-0093-2
L'Astronomie	Stephen Maran, Pascal Bordé	21,90 €	978-2-8769-1634-0

Beaux-arts

Titre	Auteur	Prix	ISBN
Les Séries télé	Marjolaine Boutet	22,90 €	978-2-7540-0912-6

Titre	Auteur	Prix	ISBN
Le Rock	Nicolas Dupuy	22,90 €	978-2-7540-0819-8
L'Histoire de la peinture	Jean-Jacques Breton, Dominique Williatte	22,90 €	978-2-7540-0812-9
La Danse classique	Evelyne Cisneros, Scott Speck, Florence Balique	22,90 €	978-2-7540-1045-0
L'Histoire du cinéma	Vincent Mirabel	22,90 €	978-2-7540-0609-5
Le Jazz	Dirk Sutro, Stéphane Koechlin	22,90 €	978-2-7540-0779-5
L'Histoire de l'art illustrée	Jean-Jacques Breton, Philippe Cachau, Dominique Williatte	29,90 €	978-2-7540-0493-0
L'Histoire de l'art	Jean-Jacques Breton, Philippe Cachau, Dominique Wialatte	22,90 €	978-2-7540-0229-5
L'Opéra	David Pogue, Claire Delamarche	22,90 €	978-2-7540-0244-8
La Musique classique	David Pogue, Claire Delamarche	22,90 €	978-2-7540-0151-9

Langue française

Titre	Auteur	Prix	ISBN
La Littérature française illustrée	Jean-Joseph Julaud	29,90 €	978-2-7540-0258-5
La Littérature française	Jean-Joseph Julaud	22,90 €	978-2-7540-0061-1
Le Français correct	Jean-Joseph Julaud	21,90 €	978-2-8769-1640-1

… en Poche

Titre	Auteur	Prix	ISBN
L'Histoire de France – tome 1 Des origines à 1789	Jean-Joseph Julaud	11,90 €	978-2-7540-0180-9
L'Histoire de France – tome 2 De 1789 à nos jours	Jean-Joseph Julaud	11,90 €	978-2-7540-0181-6
Paris Rive droite	Danielle Chadych, Dominique Leborgne	11,90 €	978-2-7540-0694-1
Paris Rive gauche	Danielle Chadych, Dominique Leborgne	11,90 €	978-2-7540-0695-8
La Culture générale – tome 1 Histoire, géographie, art et littérature	Florence Braunstein, Jean-François Pépin	11,90 €	978-2-7540-0798-6
La Culture générale – tome 2 Sciences, sports, loisirs et spiritualité	Florence Braunstein, Jean-François Pépin	11,90 €	978-2-7540-0799-3
La Franc-Maçonnerie	Philippe Benhamou	11,90 €	978-2-7540-0696-5
Le Bouddhisme	Jonathan Landraw, Stephan Bodian	11,90 €	978-2-7540-03148

Titre	Auteur	Prix	ISBN
La Philosophie – tome 1 Antiquité, Moyen Âge et Renaissance	Christian Godin	11,90 €	978-2-7540-0796-2
La Philosophie – tome 2 Du XVIIe siècle à nos jours	Christian Godin	11,90 €	978-2-7540-0797-9
L'Astrologie	Rae Orion	11,90 €	978-2-8769-1999-0
La Littérature française – tome 1 Du Moyen Âge au XVIIIe siècle	Jean-Joseph Julaud	11,90 €	978-2-7540-0611-8
La Littérature française – tome 2 Du XVIIIe siècle à nos jours	Jean-Joseph Julaud	11,90 €	978-2-7540-0612-5
Le Français correct	Jean-Joseph Julaud	11,90 €	978-2-8769-1924-2

Business

Titre	Auteur	Prix	ISBN
Trouver un job	Joyce Lain Kennedy, Nicolas Barrier	22,90 €	978-2-7540-1092-4

Titre	Auteur	Prix	ISBN
Le Marketing, 2e édition	Alexander Hiam	22,90 €	978-2-7540-0688-0
La Comptabilité	Laurence Le Gallo	22,90 €	978-2-7540-0617-0
Créer sa boîte	Laurence de Percin	22,90 €	978-2-7540-0492-3
Le Management	Bob Nelson	21,90 €	978-2-8769-1952-5
Business Plans	Paul Tifany, Steven D. Peterson	21,90 €	978-2-8769-1712-5
La Vente	Tom Hopkins	21,90 €	978-2-8769-1670-8

… en Poche

Titre	Auteur	Prix	ISBN
Le Management	Bob Nelson	11,90 €	978-2-7540-0454-1
Business Plans	Paul Tiffany, Steven D. Peterson	11,90 €	978-2-7540-0094-9
La Vente	Tom Hopkins	11,90 €	978-2-8769-1950-1

Langues

Méthodes de langues

Titre	Auteur	Prix	ISBN
Le Latin	Clifford Hull, Steven Perkins, Tracy Barr, Danièle Robert	22,90 €	978-2-7540-0881-5
La Grammaire anglaise	Géraldine Woods, Claude Raimond	22,90 €	978-2-7540-0564-7
Le Russe	Vincent Bénet, Oleg Chinkarouk, Serafima Gettys, Andrew Kaufman	22,90 €	978-2-7540-0813-6
Le Portugais	Karen Keller, Ricardo Rodrigues	22,90 €	978-2-7540-0831-0
L'Arabe	Amine Bouchentouf, Sylvie Chraibi, Aboubakar Chraibi	22,90 €	978-2-7540-0312-4
Le Japonais	Eriko Sato, Vincent Grépinet	22,90 €	978-2-7540-0495-4
Le Néerlandais	Margreet Kwakernaak, Michael Hofland, Annick Christiaens	22,90 €	978-2-7540-0313-1
Le Chinois	Wendy Abraham, Joël Bellassen	22,90 €	978-2-7540-0212-7
L'Allemand	Paulina Christensen, Claude Raimond	22,90 €	978-2-7540-0038-3
L'Anglais	Gail Brenner, Claude Raimond	22,90 €	978-2-8769-1973-0
L'Espagnol	Suzanna Wald, Anne-Carole Grillot	22,90 €	978-2-8769-1974-7
L'Italien	Francesca Onufri, Sylvie Le Bras	22,90 €	978-2-7540-0039-0

Guides de conversation

Titre	Auteur	Prix	ISBN
L'Anglais pro	Claude Raimond	5,90 €	978-2-7540-1519-6
L'Anglais du voyageur	Claude Raimond	5,90 €	978-2-7540-1520-2
Le Parler québécois	Marie-Pierre Gazaille, Marie-Lou Guévin, Yannick Resch	5,90 €	978-2-7540-1476-2
Le Chti'mi	Pierre-Marie Gryson	5,90 €	978-2-7540-1475-5
Le Basque	Jean-Baptiste Coyos, Jasone Salaberria	5,90 €	978-2-7540-1239-3
Le Breton	Hervé Le Bihan, Gwendal Denis, Martial Ménard	5,90 €	978-2-7540-1240-9
Le Japonais	Eriko Sato, Vincent Grépinet	5,90 €	978-2-7540-0653-8
L'Arabe	Amine Bouchentouf, Sylvie Chraïbi, Aboubakr Chraïbi	5,90 €	978-2-7540-0839-6
Le Portugais	Karen Keller, Ricardo Rodrigues	5,90 €	978-2-7540-1016-0
Le Russe	Vincent Bénet, Oleg Chinkarouk, Serafima Gettys, Andrew Kaufman	5,90 €	978-2-7540-1010-8

L'Allemand	Paulina Christensen, Claude Raimond	5,90 €	978-2-7540-0324-7
L'Italien	Francesca Onofri, Sylvie Le Bras	5,90 €	978-2-7540-0325-4
Le Chinois	Wendy Abraham, Joël Bellassen	5,90 €	978-2-7540-0485-5
Le Néerlandais	Margreet Kwakernaak, Michael Hofland, Annick Christiaens	5,90 €	978-2-7540-0484-8
L'Espagnol	Suzanna Wald, Anne-Carole Grillot	5,90 €	978-2-7540-0178-6
L'Anglais	Gail Brenner, Claude Raimond	5,90 €	978-2-7540-0177-9

Kits audio

Titre	Auteur	Prix	ISBN
L'Italien	Teresa L. Picarazzi	17,90 €	978-2-7540-1328-4
Le Chinois	Mengjun Liu, Mike Packevics	17,90 €	978-2-7540-1329-1
L'Anglais	Gail Brenner	17,90 €	978-2-7540-0963-8
L'Espagnol	Jessica Langemeier	17,90 €	978-2-7540-0964-5

… en Poche

Titre	Auteur	Prix	ISBN
L'Anglais correct	Claude Raimond	11,90 €	978-2-8769-1923-5